心海 远航
XINHAI YUANHANG

初中班主任工作实践与研究

高飞 等 著

上海社会科学院出版社
SHANGHAI ACADEMY OF SOCIAL SCIENCES PRESS

图书在版编目(CIP)数据

心海远航：初中班主任工作实践与研究／高飞等著.——上海：上海社会科学院出版社，2023
 ISBN 978-7-5520-3735-7

Ⅰ.①心… Ⅱ.①高… Ⅲ.①中学—班主任工作—文集 Ⅳ.①G635.16-53

中国版本图书馆 CIP 数据核字(2021)第 235528 号

心海远航：初中班主任工作实践与研究

著　　者：高　飞　等
责任编辑：杜颖颖
封面设计：裘幼华
出版发行：上海社会科学院出版社
　　　　　上海顺昌路 622 号　邮编 200025
　　　　　电话总机 021-63315947　销售热线 021-53063735
　　　　　http://www.sassp.cn　E-mail: sassp@sassp.cn
照　　排：南京理工出版信息技术有限公司
印　　刷：镇江文苑制版印刷有限责任公司
开　　本：890 毫米×1240 毫米　1/32
印　　张：12
字　　数：268 千
版　　次：2023 年 3 月第 1 版　2023 年 3 月第 1 次印刷

ISBN 978-7-5520-3735-7/G·1143　　　　　　　定价：58.00 元

版权所有　翻印必究

代序

对接需求,搭设舞台,研修一体促成长

上海市第三期班主任带头人高飞工作室成立于 2016 年 3 月,根植于老城厢地区的光明初级中学,汲取中华优秀传统文化之精髓,聚焦学生核心素养,集合来自全市 7 个区优秀班主任的智慧,共研班主任工作艺术,共促学生健康发展、可持续发展。在市学生德育发展中心的领导和帮助下,在区德育主管部门、学校、导师的关心和大力支持下,工作室建规划、树目标、定课题、勤研修,有序推进,顺利完成了招生、集训、自主培训、交流合作等重要工作。在此过程中,我们深刻领会到了合作、实践、思考的重要性,体会到了携手奋进、攻坚克难的成功。

工作室以"心航"为名称,寓意班主任工作是师生心灵对话的旅程,同时也是班主任自身劈风斩浪、不断成长的过程。工作室以"研修的平台、成长的阶梯"为工作宗旨,充分发挥优秀班主任的骨干作用,建设"德育高地",提升班主任的职业崇高感,切实推进班主任的专业化发展。

工作室成员来自全市7个区，共11名伙伴，都是语数外任课教师。他们在繁重的教学任务之外，工作和学习热情饱满，倾情投入班主任工作，不断提升自己的教育能力，在实践过程中把自己的独到经验与成功做法进行了提炼与辐射。

从基层班主任的实际情况出发，经过与学员的个别交流、与导师的沟通，我们把工作室培训的主线定为"提升研究能力，促进专业成长"，以期通过两年的共同学习，增强大家主动学习的意识、探究问题的自觉、引领发展的能力，踏踏实实开展了以下4方面的工作：①在班集体建设中提升研究能力；②在课题研究中提升研究能力；③在辐射引领中提升研究能力；④在活动保障中提升研究能力。

为了更好地帮助学员梳理自己的成功经验，在原有研究的基础上形成自己的班主任工作特色，对接学员个人成长的需求，同时对接各个初中学校青年班主任培养的迫切需求，工作室组织学员开展了微讲座的设计和实施。讲座的课题来自一线班主任的真实需要。前期工作室学员在各自学校进行了青年班主任疑难问题的调查，并从中归纳出了10个方面的问题。采取"讲座—交流—答疑—改进"的方式，举行联合活动，既为学员搭建展示的舞台、发挥辐射引领的作用，又为各校提供特别的班主任研修方式。

两年的时间很快，在繁忙的工作之余，学习、研究、实践，充实而有意义，学员们也在各自领域取得了显著成绩。在市教委德育处和学生德育发展中心的领导帮助下，工作室顺利完成了计划，达到了预期培养目标。让我们以勤为帆、以实为桨，放眼未来，在引领学生健康发展、促进自身专业成长的大海上激情前进！

高　飞

心航,我们在一起

心航

上海市班主任带头人高飞工作室

工作室理念:信任关爱促成长,快乐合作共发展!

用师爱与智慧,点燃学生进取的激情,携手共成长!

——上海市光明初级中学 高飞

静下心来品味德育的魅力，倾听孩子们的内心，师生共成长。

——上海市市东中学　周　琦

两年学习收获丰，理论更新素养升。微课讲座互相长，课题研究齐用心。主题谈话课堂新，各校特色眼界开。专家团队来引领，育心之路乐无穷。

——上海市敬业初级中学　杨　颖

让生命在激情中闪烁，让事业在责任中发展。不忘初心，不断进取！

——上海市金山剑桥实验中学 王 慧

用看天使的眼光看待每一个孩子，用蹲下的姿态倾听每一个孩子，做他们成长的陪伴与守护者。

——上海外国语大学闵行外国语学校 黄世言

Ⅳ 心海远航:初中班主任工作实践与研究

师生情感交融,助力学生发展。
——上海市光明初级中学 张葛颖

专家引领、团队合作、校际交流,帮助我打开教育的视野。教育的根是苦的,但果实是甜的。
——上海市金陵中学 方婷婷

贴近学生、理解学生、关爱学生,做有理想、有追求、有干劲、有智慧的班主任!

——上海市市南中学　庄　瑾

在专家引领中找寻发展方向,在理论学习中不断充实自我,在实践活动中不断反思改进,在同伴互助中不断启迪智慧,在学生成长中体验幸福。

——上海外国语大学松江外国语学校　刘　可

教育的艺术不在传授,而在于鼓舞和唤醒。沉淀自我,智慧育人,不断追寻新的工作境界。
——上海市储能中学
刘 燚

从爱出发,走一段心路,陪一程青春。育人,也是一种成长,而研究与实践为成长插上了飞翔的翅膀!
——上海市曹杨二中附属江桥实验中学
崔 宏

目 录

代序 / Ⅰ
心航，我们在一起 / Ⅰ

第一章 特色班集体创建范例

诚于心　敏于行
　　——让诚信的旗帜飘扬
　　　　　　上海市金山剑桥实验中学　王　慧 / 003
静待花开
　　——浅析"培花"活动育"感恩"文化之特色班集体创建
　　　　上海市曹杨二中附属江桥实验中学　崔　宏 / 015
"源"来一家人
　　——故土文化交流在和谐班集体创建中的尝试
　　　　　　　　　上海市储能中学　刘　燚 / 025
翩翩法兰西　悠悠中国心
　　——"趣无限"法语班集体特色创建纪实
　　　　　　　　上海光明初级中学　张葛颖 / 035

让"幸福"滋养"行规教育"
　　——"幸福自律"特色班创建实录
　　　　　　　　　上海市敬业初级中学　杨　颖 / 046
展鸿鹄之志　扬自信之风　　上海市市南中学　庄　瑾 / 053
舌尖上的绽放
　　——"决胜舌尖"特色班集体创建纪实
　　　　　　　上海外国语大学闵行外国语中学　黄世言 / 065
扬起自信的风帆
　　——以"励志成长"为抓手的班集体特色创建纪实
　　　　　　　上海外国语大学松江外国语学校　刘　可 / 080
老房有戏　弄堂藏情
　　——以"海派建筑文化"为载体的创建班集体特色的实践
　　探索　　　　　　　上海市金陵中学　方婷婷 / 089
遵循教育规律，创建班集体特色
　　——对"诗书伴我行"班集体特色创建的思考
　　　　　　　　　　上海市市东中学　周　琦 / 100

第二章　读书笔记

只要用心　定有改变
　　——读《变出品牌班级》有感
　　　　　　　上海市金山剑桥实验中学　王　慧 / 111
《哲学的故事》中读"人"
　　　　　上海市曹杨二中附属江桥实验中学　崔　宏 / 115

尊重家长,有效沟通
——读《与学生家长过招》有感
上海市储能中学 刘 燚 / 118
激活幸福力
——读《哈佛幸福力公开课》有感
上海市敬业初级中学 杨 颖 / 121
读《给教师的一百条新建议》有感
上海市市南中学 庄 瑾 / 125
竞争,让初三的学生激情燃烧
——读郑学志《做一个会偷懒的班主任有感》
上海外国语大学闵行外国语中学 黄世言 / 128
努力做一名有精彩故事的老师
——《给教师的建议》读后感
上海外国语大学松江外国语学校 刘 可 / 134
他山之石,可以攻玉
——读《班主任文化建班100篇千字妙文》有感
上海市金陵中学 方婷婷 / 139
言必行,行必果
——读《56号教室的奇迹》有感
上海市市东中学 周 琦 / 143
尝试、体验改变的力量
——读《遭遇问题学生——问题学生的教育与转化技巧》
有感　　上海市光明初级中学　张葛颖 / 145

第三章　教育案例

让学困生更加自信
　　——教育工作的改善案例分析
　　　　　　　　　　　金山剑桥实验中学　王　慧 / 151
给孩子快乐的理由
　　　　　　　　曹杨二中附属江桥实验中学　崔　宏 / 155
班级小团体的管理建设　　上海市光明初级中学　张葛颖 / 159
心病还需心药医　　　　　上海市储能中学　　　刘　燚 / 162
助梦飞翔　　　　　　　　上海市敬业初级中学　杨　颖 / 165
孩子，你慢慢来　　　　　上海市市南中学　　　庄　瑾 / 171
课间"怒发冲冠"的杨军
　　　　　　　上海外国语大学闵行外国语中学　黄世言 / 175
"四菜一汤"带来的收获
　　　　　　　上海外国语大学松江外国语学校　刘　可 / 180
春雨润物　　　　　　　　上海市金陵中学　　　方婷婷 / 194
爱之动容　　　　　　　　上海市市东中学　　　周　琦 / 199

第四章　微课案例

引导学生合理使用智能手机　　金陵中学　　　　方婷婷 / 207
青春期男女的交往问题　　上海市市东中学　　　周　琦 / 213
家访技巧及应注意的问题
　　　　　　　上海外国语大学松江外国语学校　刘　可 / 216

班主任要学会思考
     上海外国语大学闵行外国语中学　黄世言 / 222
如何培养班干部　 上海市市南中学　庄　瑾 / 232
如何上好主题谈话课　 上海市敬业初级中学　杨　颖 / 241
规则意识薄弱学生的教育指导
      上海市光明初级中学　张葛颖 / 249
接手新班级，如何提高班级凝聚力
      上海市储能中学　刘　燚 / 256
学习习惯的培养
   上海市曹杨二中附属江桥实验中学　崔　宏 / 263
一日常规落实中的几个重要环节
     金山剑桥实验中学　王　慧 / 270

第五章　主题班会设计方案

志不强者智不达
  ——目标引领发展
     上海市金山剑桥实验中学　王　慧 / 285
友善，让社会生活更美好　上海市储能中学　刘　燚 / 291
幸福在哪里　 上海市敬业初级中学　杨　颖 / 296
橘瓣的三道风味
  ——"互帮互助，友善他人"体验式主题班会
     上海外国语大学闵行外国语中学　黄世言 / 302

静待镜"花"开

——自律伴我成长

上海外国语大学松江外国语学校　刘　可 / 312

破壳而出——坚持的力量　　上海市金陵中学　方婷婷 / 320

洪荒少女的初心　　　　　　上海市市东中学　周　琦 / 333

不忘初心　聚力前行　　　上海光明初级中学　张葛颖 / 340

让关爱充满尊重的温暖

上海市曹杨二中附属江桥实验中学　崔　宏 / 345

第六章　研究报告

聚焦核心素养"责任担当"，提升初中班级活动育人成效的案例研究 / 355

第一章 特色班集体创建范例

诚于心　敏于行
——让诚信的旗帜飘扬

上海市金山剑桥实验中学　王　慧

摘　要　《公民道德建设实施纲要》中明确提出要在全社会倡导"爱国守法、明礼诚信、团结友善、勤俭自强、敬业奉献"的基本道德规范。利用班级文化建设这个教育平台,对学生进行诚信教育,创建诚信班级、育诚信之人是特色班集体建设的一个新方向。本文将从环境的布置、制度的建设、活动的分层、多维的评价等方面探讨如何创建诚信之班级,培育诚信之人才。

关键词　由外到内　活动分层　多维评价

一、创建缘起

党的十八大从公民个人层面提出了要在全社会倡导爱国、敬业、诚信、友善的社会主义核心价值观。诚信作为公民基本道德规范,是每个公民必须恪守的基本道德准则。对于中学生来说,诚信乃是弘扬和培育民族精神教育、思想道德建设和素质教育的重要组成部分。

初中学生正处于行为习惯养成教育的重要阶段,也是其世界观、人生观和价值观形成的关键时期。但是初中学生的思想理念尚不够成熟,加之其活泼的性格,他们很容易受到外界的种种影响,他们会把从社会上看到的、听到的用到自己的言行中。因此,作为初中阶段的老师,有必要对学生进行正面的引导,使其朝着正能量方向发展。

我所带的班级的学生总体来说行为习惯较好,绝大多数同学都有着阳光积极的心态,追求上进。在平时的考试作业中,他们独立思考、按时完成,他们讨厌抄袭作弊,在他们身上,我看到的是满满的正能量。此外,我通过家访等渠道了解到班级的大多数学生为人真诚、作业独立认真、尊敬师长。但是由于学生来自不同的学校和家庭,受各方面的影响,他们对诚信的认识程度也不一样,部分学生抄袭作业、考试作弊、言行不一,欺骗老师、家长和同学的情况也时有发生。为了进一步传递诚信的正能量,遏制不诚信作风,推进诚信的班集体建设显得尤为必要。

诚信作为一种文化,理应当成为班集体建设的切入口。综上所述,我将诚信作为创建班集体特色的主窗口,旨在让每一位同学都认识到诚实守信是中华民族的传统美德,从身边的每一件小事做起,争做诚实守信的小公民。

二、由外到内开展特色创建

"由外到内"即从外部环境的建设逐渐发展到学生的自觉行为,从而树立起讲诚信、践行诚信的良好氛围。

1. 诚信环境——诚信班级建设的载体

班级环境的布置是班级建设的最基本内容,是班级文化建设的"硬件"条件。诚信的文化氛围布置主要包括黑板报的宣传、海报的设计和布置、名言警句的张贴、花草的摆放等。在布置过程中要保持美观、整洁、大方，并注意及时地更新，发挥良好的激励作用。为了营造一个良好的诚信环境，我们做了以下方面的工作。

（1）诚信的公约天天见。为使全班同学都能够意识到诚信的重要性，在学期之初，全体学生共同参与制定诚信公约，并对公约内容达成一致。结合本班的学情、班情，我班的诚信公约主要包括：按时搞好教室卫生、按时完成作业并及时上交、不抄袭作业、考试不作弊、不欺骗父母和老师等。在诚信公约的制定过程中，参与的不仅仅是班级的学生，而且还有一直关心孩子成长的家长朋友们，目的是为了让家长和学校一起监督孩子的诚信行为，帮助孩子更好地践行诚信。

（2）诚信的墙壁会说话。我们的教室空间虽小，但教室的每一面墙壁都可以成为育人的平台。我们可以充分利用班级的黑板报和教室四周的墙壁、窗台，营造出整洁清新、充满美感、具有浓厚诚信的文化氛围，使班级环境成为建设积极向上、勤学乐读、团队奋战、诚实守信的班集体的无声力量。如我们在教室的两侧墙壁上张贴了诚信的班训（"说诚实话、办诚信事、做诚信人、创诚信班"）、有关诚信的名人名言（"读书品立，诚信先行"）；我们在教室的前侧墙壁上悬挂了一棵"诚信树"，学生们将自己的诚信诺言张贴于诚信树上，每天在教室时刻都能看到这棵诚信树；我们在教室后面的黑板报区域专门开设了诚信专栏，每个学研体小组依次出一期关于诚信的黑板报。总之，我们可以充分利用教室的每一个角落，做到处处育人、时时刻刻育人。浓郁的诚信文化氛围，是推动班级发展的无声力量。

图 1　诚信板报

2. 诚信制度——诚信班级建设的关键

班级是学校教育教学的基本单位,班级管理对学生的个性发展产生直接而又深远的影响。而良好的制度建设对班级的班风班貌及班级凝聚力的建设起着至关重要的作用。

根据《中学生守则》和《中学生日常行为规范》及学校对学生的诚信要求,结合本班的班情,我们讨论制定了《预备(六年级)(5)班　班级公约》。此外,我们为每位学生设立了"诚信卡",建立诚信档案。诚信卡片中主要包括:学生的个人基本信息、学生日常的诚信行为表现、学业考纪、礼貌待人、遵守承诺等。在填写诚信卡片的过程中，充分发挥班级各学研体小组的作用，由各小组组长统筹管理每位组员的诚信档案。在班级的制度建设方面，重要的是发挥学生的主体精神。因此，我在班级管理中一直坚持人人有事可做、人人有岗可站的原则，人人享有平等的权利和义务，并将每一位学生的表现行为纳入信用评价体系，每学期末将诚信档案交由班主任保存。

基于低年级学生好动、好表现的特点，教师加强检查和督导，对于学生的诚信行为采取多元化的评价机制，坚持"多激励表扬，少打击批评"的原则。为了激励学生的热情，我们在班级中开展了"每周诚信之星""月诚信之星"及"学期诚信之星"的评选活动。

三、活动分层——彰显年级特色

班级活动是特色班集体建设的重要组成部分。诚信班集体的建设不是简单的纲领制度建设，更不是苍白无力的说教。作为新时代的班主任，应当寓教于乐，充分利用各种平台让学生从中得到启发，真正感受诚信的重要性。在诚信班集体建设的过程中，我结合学生的年龄段特征，开展了丰富多彩的活动。

1. 初中预备年级——营造诚信的班集体氛围

初中预备年级的学生刚刚进入中学，由于家庭、学校等各方面的影响，行为习惯、作业习惯等有着很大的差别。因此，对于预备年级的学生，首先要努力让学生对自己的班级有一种归属感和认同感，组建一个和谐的、充满诚信氛围的班集体显得尤为重要。

为了营造诚信的班集体氛围，我们在预备年级这一学年开展了一系列的活动。如：9月初入学时我们开展了"诚信班级班栏制作"评比比赛，活动中每位学生都在自己的设计中表达了其对诚信班集体的定义和对班级发展的愿景；10月初，我们开展了班级内的"诚信小故事"分享活动，学生不仅仅分享了历史上的诚信典故，也挖掘了很多身边的诚信案例。11月中旬，结合即将到来的期中考试，我们开展了"按时作业我最棒"的作业评比活动。半学期下来，班级已经初步形成了诚信的集体氛围，学生对诚信班集体也有了初步的了解，班级正朝着诚信的特色创建方向发展。一年的实践下来，"诚信"二字已成为班级发展的风向标。

2. 初一年级——寻找身边的诚信之美

经过了预备年级一年的学习和教育，学生对诚信的定义有了初步的了解，班集体的诚信氛围也在逐渐形成，但是还不够深入。为了帮助学生更好地走进诚信、了解诚信、感悟诚信，我设计了一系列的主题活动及比赛。比如：我们结合十月份的感恩教育月，让学生关注家庭成员中善待亲友的真人真事，并开展了以"说说我家的好人好事"为主题的讲故事比赛；我们还结合十一月份的诚信考试月，开展了以"诚信之美"为主题的班级征文比赛，并在语文老师的协助下评出奖项；此外，我利用每周的班会课让学生对一周的班级日志进行回顾，评出班级每周的、每月的"诚信之星"。我们不仅仅让学生学会寻找身边的诚信之美，我们也让学生学会发现自身的诚信行为，只有不断地挖掘诚信之美，诚信的正能量才能得以传播。

3. 初二年级——传播诚信的正能量

经过两年的培养，诚信的班集体建设已经步入正轨，学生也对诚信的概念理解更加深入。但是仅仅是自己认识到诚信的重要性还不够,诚信之花应当开满校园。学生进入初二已经具备一定的独立管理能力和组织策划能力,结合我校的"双自主"培养目标,为了让学生的综合能力得到锻炼、为了让诚信的正能量得以传播,学生自主策划以"让诚信之树常青"为主题的班会,并在全校进行了展示。在这次班会中,我对学生进行了明确的分工。如第一组负责搜集有关诚信的新闻报道;第二组负责设计调查问卷;第三组负责准备关于诚信的历史典故;××同学负责设计课件;等等。在师生的配合下,家长及校领导的支持下,主题班会成功开展。在本次班会结束时,学生们都纷纷写下了自己的愿望,并将自己的诚信诺言张贴于"诚信之树"。此外,我们还在全区开展了以"诚信花开"为主题的中队活动展示。

4. 初三年级——践行诚信我最棒

为了使主题教育效益最大化,结合学校的质量检测,我班自主申报了无人监考。这也是我们进行诚信教育的主题实践活动之一。无人监考是基于学生的内驱力而产生的,主要目的是从自觉考试出发,让学生在实践中体验诚信的力量。考试过程中,初三(5)班的所有学生不分考场,在原班级考试,只有寻找老师收发卷,但无老师监考,整个考试过程学生自我监考。考试结束之后,学生纷纷说道:"这次考试虽然没有老师监考,但我们精力集中,丝毫没有松懈,圆满地完成了两天的考试","我们感到无人监考比有人监考要求更高";还有同学这样说道:"无人监考是对自己诚信的一次真正考验"等。

一次次的无人监考,一次次独立作业的实践,一节节由学生自主安排和规划的课堂,都给予孩子们极大的信心和鼓舞。原来个别学生抄袭作业、考试作弊的现象已经没有了;早晨到校补做作业的情况也不复存在;就连平时的默写,学生们宁可默写不出也不愿意抄袭他人;更让我感到可喜的是,孩子们都因为自己在这样一个自觉、自主、自律的班级而倍感自豪。家长们也纷纷打来电话,讲述着孩子在家中的变化,他们都表示本次的主题活动取得了非常好的效果,比如:小何同学不再和妈妈顶嘴了;小张同学到家之后就能立即开始做作业;等等。从此,诚信的种子就一直种在每个学生的心中。

四、多维评价——感悟诚信之美

德育工作不同于学科教学,对学生德育教育的评价方式也大不同于学科教学。诚信教育不仅仅局限于初中四年,更应该是贯穿于每个孩子的一生。因此,开展诚信教育的同时,也应该更多的从可持续发展方面考虑诚信教育,即后期的评价体系也应相应及时地建立。只有开展多维度的评价,才能让学生真正感受到诚信的力量及诚信之美。

1. 评价主体的多元化

(1)学生自评。学生作为诚信班集体建设的主体,理应当对自身的诚信行为做出相应的评价。如每天放学之前学生可以对照桌角上张贴的诚信公约进行自我评价,对自己一天的行为给出"优秀""良好""及格""需努力"的评价语,同时也可以对第二天的自己提出新的要求。

(2)同伴互评。学生自评时有时不能全面客观地做出评价,但是来自小组同伴之间的评价或许会更加公正合理。在我的班级中,学生都是组团发展的。每个学研体都配有一名认真负责的大组长,同时每位组员都有自己的角色和分工。在每天的班务日志中,各小组的组长都会将组员的情况汇总在班级日志上,可以是好人好事,也可以是组员需要改进的地方。表1所示为同伴诚信评价表。

表1 同伴诚信评价表

G2组	第周	按时到校并戴红领巾	按时交并完成作业	按时打扫卫生	按时并认真早读	待人真诚不虚伪	知错就改不重犯	做事认真不推诿	学习求实不浮躁	信守承诺不失约	考试认真不作弊	周一	周二	周三	周四	周五
		10分	10分	10分	10分	10分	10分	10分	10分	10分	10分	总得分					
备注																

(3)家长参评。父母作为孩子的第一任老师,是孩子成长道路上重要的引路人。在诚信班集体创建的过程中,我们也邀请了全体家长参与到诚信建设的活动中来。在每一次大型考试结束后,每位家长都要和孩子共同分析考试的得失,就考试本身的结果给出一个客观的评价。同时,我们也请家长就孩子前期的学习和生活情况给予一个综合的评价。家长参与评价不仅仅局限于考试后,在平时,家长也可以通过电话、短信、微信等形式与老师及时沟通,特别是对于孩子近期的一些不诚信的行为可以与老师及时沟通,便于家校合作更紧密。

(4)教师综评。班主任老师作为诚信班集体建设过程中的主导，对班级每一位学生的诚信档案都应该有一个翔实的记载。在每学期末，我们都将学期初下发的诚信档案收齐，并结合学生的自评、同伴的评价、小组的评价、家长的评价、学科老师的评价等给予学生一个综合性的评价。此外，在每学期的成长手册的综合评语部分，我也会就学生的诚信行为给予单独的评价。

2. 评价内容的多元化

诚信，即诚实无欺，信守诺言，言行相符，表里如一。评价一个人的诚信主要从真诚待人、诚实做事这两大块进行评价。

(1) 真诚待人。对于中学生来说，真诚待人主要体现在尊重自己的师长、孝敬父母、关爱同学，对待父母、老师、朋友等真诚相待、不撒谎、言行一致，说到做到。

(2) 诚实做事。对于中学生来说，诚实做事主要体现在按时独立完成自己的作业、考试不作弊、上学不迟到、按时值日、不浏览与学习无关的网站等。

3. 评价方式的多元化

信息技术的加速发展给教育教学带来了一系列的转型和变革，在互联网＋的时代，教育教学的评价方式也有了新的途径。

(1) 口头评价。在每日放学之前的总结会上，值日班长和班主任可以对学生一天的诚信表现给予口头的评价。班主任老师也可以抓住各种契机就班级的诚信行为给予及时的评价。

(2) 书面评价。主要包括每日的积分记录表，在每周五的班会课上进行汇总；还包括学生的自评表格及教师学期末的综合评语。

(3) 网络评价。主要包括家长通过 QQ 群、微信群及时对孩子的诚信行为给予表扬，传播正能量；学生还可以通过微信将自己看到的诚信行为或者不诚信的行为发布于朋友圈，让更多的同学参与评价，提出见解等。

五、成效及反思

在四年的诚信特色班集体建设的推进过程中，在师生与家长的共同努力下，我们的班集体建设取得了一定的成效。

就学生的表现来看：自习课无论有没有老师来，学生总能够自觉合理地安排好时间，有时班长及班委会自觉地担当起小老师，协助老师们讲评练习；各门功课在随堂测试时，哪怕没有老师监考，学生总能够安静独立地完成考试，而且会更加紧张；平时的作业中，部分学生碰到难题时，宁可做不出来也不去抄袭他人的作业；学生之间的矛盾变得越来越少了，家长和孩子们之间的沟通越来越顺畅了；等等。

就班级整体的表现来看：在4年的发展过程中，班级参加了两次校内外的诚信展示活动，获得了优异的成绩；我们中队是全校首个无人监考的示范班级；同时，我们中队也多次获得五星班集体及学校优秀班集体。2013年6月，我们中队还获得了区快乐中队。而这些荣誉的获得都离不开一个诚信的班集体氛围。作为班主任的我，也一直和孩子们一起成长着。

诚信，是人生旅途中美丽的种子，只要认真播种，辛勤耕耘，就能绽放。诚信特色班集体的创建使得诚信教育有了一个丰富的载体、一个有力的抓手，使诚信走进学生的心里，落实到行动上。如何让每个孩子心中时刻装着诚信，从点滴做起，创诚信之班级，培养诚信之人才是班级管理与建设的过程中值得探讨的问题,需要我们为之不懈努力!

参考文献

[1] 郑立平.把班级还给学生——班集体建设与管理的创新艺术.北京:中国轻工业出版社,2010.

[2] 张斌.新课程成功班级文化建设.黑龙江:黑龙江文化音像出版社,2005.

[3] 张仁贤.班主任工作方法与技能.天津:天津教育出版社,2010.

静待花开
——浅析"培花"活动育"感恩"文化之特色班集体创建

上海市曹杨二中附属江桥实验中学　崔　宏

摘　要　感恩是中华民族的传统美德,传承这一美德是中华儿女的责任和使命。我们每个人从呱呱坠地到长大成人,都会获得父母的养育、老师的教导,还有朋友的陪伴、大自然的馈赠。每个生命都应该感恩,只有心怀感恩,才会有所敬畏,有所信仰,才能产生无穷的力量。

关键词　特色班集体　感恩　培花　活动育人

一、引　言

"感恩"是做人最基本的道德素养,是中华民族的传统美德。传承这一美德,"学会感恩,做一个感恩的人"是学校民族精神教育及生命教育的重要内容,是培养合格的社会主义接班人的必修课,是"以人为本""终身发展"的培养方向。

初中阶段,学生的心智发展正处于一个关键时期,人生观、价值观逐步形成。目前,大部分学生是独生子女,备受宠爱,往往形成"以自我为中心"的个性,长此以往,会变得自私偏执,难以沟通。因此,开展"感恩"教育,是对学生生命负责,对学生的发展负责,对家长负责,对社会负责。

马斯洛"人本"理论强调人的不同层次的需求,而"真、善、美"是"人的本性",可见心灵所需必定是生活所缺,要自我实现,需要环境与方法同时发挥作用。教育家杜威提倡"在做中学",著名儿童心理学家皮亚杰"内因与外因相互作用的发展观"也肯定了"动作"对认知形成的重要意义。因此,设计一个适合学生,具有可操作性、延续性的活动就显得尤为重要。

开展活动与及时总结反思相结合,班主任及语文教师的双重身份具有极大的优势。"以'培花'活动育'感恩'文化"源自一次作文课。写一篇与"感恩"有关的作文,学生在作文中"满含深情"地述说自己感受到家人、老师、朋友的关爱,但泛泛而谈者居多,注重了作文的技巧,语言也很优美,却无法打动读者。这是为什么呢?众多作文中一篇《你是我的宝贝》让人眼前一亮。小作者回忆成长中妈妈对自己关爱的同时,一反常规地将妈妈当做自己的"宝贝",用自己的爱和力量呵护妈妈,就像妈妈疼爱自己一样。结尾处,一句"妈妈,你是最美的一朵花,让我用小小的手呵护你的美丽,我会陪你一起沐浴阳光,承受雨露,散播芬芳"深深地打动了读者的心。的确,从呱呱坠地到长大成人,父母付出了极大的心血,能感受到这份爱是懂事,能回报这份爱就是"感恩"。

一个人的成长需要家人、朋友的呵护,一朵花的开放需要阳光雨露的滋养,感受到这么多的爱与呵护,该如何回报、感恩呢?建班之初,班级里"小王子""小公主"的娇气任性;开展活动时的"互不相让";家长电话中述说"叛逆"的无奈;对他人帮助的"冷漠";等等情况,层出不穷。开展"感恩"教育,让学生学会感恩,做一个感恩的人势在必行。"知"与"行"要统一,了解了付出的不易,才会懂得珍惜和感恩。在分享了这篇作文后,与学生们共同商议,开展"培花"活动,从培育一株花开始,体会付出的艰辛,懂得理解他人,学会感恩。以"培花"育"感恩"文化的"培感恩之花,育感恩之心"特色系列活动及"学会感恩,提高素养,传承美德,铸就成功"的特色班集体创建活动拉开序幕。

二、播下感恩的花种

以"培感恩之花,育感恩之心"为主题设计活动方案,分年级设立不同的"培花目标"和活动内容、形式。

"培花活动"分为3个阶段:培花、护花、敬花。

1. 培花(预备年级)

(1) 独自领养培育的花种(由父母选择花种,不告知孩子花的品种,交给孩子培育,送花种仪式要郑重、精致)。

(2) 做好每周的培花记录,及时记下培花的心得(自己设计记录表,每周至少一次周记写写培花的收获或心得)。

(3) 汇报、展示培花成果(学期末展示自己培育的花朵,交流培花的心得)。

(4) 评选培花小达人(结合所培育花朵的情况及培育过程中的闪光点,评选出勤劳、美丽、自信等"小花匠")。

2. 护花(初一年级)

(1) 将培花成果归类(分小组,分花的种类等,合作培花)。

(2) 设计主题装点教室(布置温馨教室,美化教室环境)。

(3) 班级中开展以"花"为主题的系列活动(体验"培花"带

来的乐趣)。

(4) 确立"感恩"班级文化(共同营造班级文化氛围)。

3. 敬花(初二年级)

(1) 向全校推广培花活动(经验介绍)。

(2) 成立"小花匠"俱乐部(招募小花匠)。

(3) 开展"花语"感恩行动(发挥能量,走出校园,感恩家庭,感恩社会)。

(4) 设立"花语"感恩明星榜(寻找并宣传身边的"感恩明星")。

三、成长的洗礼

1. 发芽

"培花"活动启动了。

在主题为"快乐小花农"的班会课上,家长代表将事先准备好的花种和工具郑重地交给学生们。花种放在一个精致的纸包里,打开纸包,里面有一张小纸条,上面写好了花的品种,还有简单的种花的常识。学生们好奇地研究花种,抚摸精美的花盆,还有那些精致的小工具,那神情,当真是在做一件非常重要的事情。此外,给每位学生准备的还有一个小小的记录表。

最开始总是充满了乐趣和动力,学生们精心呵护着自己的"花儿",培土、撒种、盖土、浇水……每一个动作都小心翼翼,每一回浇水都仔仔细细,每一次记录都非常详细。时间久了,学生们竟开始创作了!他们把各自的花盆打扮得很漂亮,还给自己的小花取了好听的名字。记录表上,由每天一次,变成了每天两次、三次,有奇思妙想的学生甚至把记录表和花盆涂上了"主题色",教室里还真是异彩纷呈!一段时间后,语文课上,设计了一次"幸福的期待"为主题的作文练习。几乎所有的同学都写到"培花"活动。期待花种能破土而出,期待花儿开放的颜色和形状,写到期待时自己内心的感受,有煎熬,有焦急,有幻想,有担忧……似乎幸福的味道并不是想象中那么甘甜。但是,每位学生又都感觉到这样的期待就是幸福。借此机会,把"培花"与"感恩"结合在一起,让学生们想想,其实我们每个人都是一粒花种,只是我们没有种在泥土里,而是种在了别人的心里,哪些人的心里呢?学生们说到了亲人、朋友、老师……再细细地想,原来生活中那些看似不起眼的小事,都是那么的重要。因为每一个爱自己的人都有一个幸福的期待,期待自己快快长大,期待自己早日成才,期待自己快乐无忧……一粒"感恩"的花种,已悄然种在了学生们的心中。

"培花"活动有了一个良好的开端,学生在养花过程中,体会到照顾一个生命的不易,需要细心、耐心、恒心,遇到了问题难以解决,他们会寻求家长的帮助,无形中增加了亲子互动,很多家长感受到了孩子的变化,能够专注地做一件事,也愿意跟父母交流,变得平和了许多。在学校里,老师也成了学生们"培花"的"助手",一起查找资料,一起写记录,有时复习时间太紧张,还会托付老师帮助照顾花儿,学生们感受到了老师的平易近人,在课堂上也愿意认真听讲了,课下交流的时间增加了,有难题也敢开口了,作业更加认真了,师生关系变得更加和谐。

在"培花"活动中,通过让学生亲自动手,学会"栽培花卉"这一过程,真切地体验到劳动的不易,以及做好一件事需要付出极大的耐心和恒心。学生们明白了很多事理,懂得了爱与奉献的含义,那些原本生活中的小事在他们心中也显得有意义了,在沟通和理解的土壤里,"感恩"的种子已生根发芽。

2. 含苞

花儿争奇斗艳,开得异常灿烂。花儿的成长,需要阳光雨露,同样也要接受风雨的洗礼。学生们的"培花"过程中还真的遇到了不少难题,"娘炮"风波与"比花"事件算是"培花"活动中的小插曲。

"男生还养花,真是'娘炮集中营'!……"听到这样的"评价",班级中的男孩子不淡定了,原本对"培花"活动存有疑虑的同学此刻也打起退堂鼓,有的男孩子觉得无所谓,而乐在其中的听到了是气愤难平,更有人认为是侮辱了整个班级,不能罢休……作为班主任,不能忽视一个细节,那就是对"培花"对男同学而言,到底合适不合适。为了解决这个问题,班级同学一致认为,应该向心理老师咨询。

心理老师在了解了细节之后,给学生们上了一节特殊的"心理辅导课"。课上,心理老师用一个生动的事例引导学生思考:一个人要获得成功需要具备哪些素质?学生们尽其所能地畅所欲言,毅力、自信、宽容、创意、感恩……心理老师紧接着提出的第二个问题:养花的过程,需要我们具备哪些素质?学生们似乎明白了什么。心理老师语重心长地告诉学生们:养花需要一个人付出很多的时间,这既是一种爱好,也是一种奉献,还需要极大的耐心,如要学习养花的知识、按时悉心照料等,在这个过程中所获得的,绝不是最后开出的那朵花而已,更不在于种花的人是男还是女……学生们在老师的指导下,明白了养花和成才的关系,也认识到,成长中总要面对他人的质疑或嘲笑,这不应该是自己前进道路上的障碍,反而应该成为前进的动力。

语文书上有一篇课文，题目是《花的话》，讲的是花儿们比美的故事，而班级里也因为养花有了一次"比美"事件。

每人都有自己的花，自然是自己的长得最好，这样的"比美"悄悄地进行着。如果只是单纯地比美还好，但是争强好胜和虚荣心就要不得，为了让"比美"有个比的标准，班级里展开了一次大讨论，决定评出"美"的标准。但似乎这个标准有点难把握，因为每个人栽培的花卉不同，花期也不同，没办法比。陷入僵局的"比美大讨论"因为一句"我们组队比"而打破。是呀，一个人的力量小，可集体的力量大啊！就这样，班级里按照自然分组，6个小组认领教室的一处地方，用组员栽培的花卉进行布置装饰，美化环境，然后再进行评比。

"比美"活动热热闹闹地开始了，从组员的七嘴八舌，渐渐地统一了意见，由统一意见到逐步突显"主题"，因为主题而与其他小组合作，由合作到整个班级营造出良性竞争的氛围。而"比美"活动也收到了意想不到的效果，因为每个小组的奇思妙想和团结合作，班级在"温馨教室"评比中获得了特等奖，"绿竹"小组布置的"节节高——进步的阶梯"、满天星小组设计的"星星知我心——心灵导语站"均获得了特别创意奖。

两次风波带给学生们深深的思考：在生活中遇到他人的非议或质疑该如何处理？在老师帮助和同学的鼓励下，学生们明白了：一个人的成长需要经受挫折的考验，正如花儿的成长需要风雨的洗礼，而战胜困难的法宝，是自己坚定的信念和伙伴的支持。"护花"活动让学生们体会到集体生活的乐趣，明确了感恩也是一份责任，是对自己的负责，对家人的负责，对集体的负责。

可见，在学生思想发生"动荡"的时候，及时寻求专业的心理老师的帮助,利于及时解决问题。

"护花"行动让学生们产生了强大的凝聚力,开始重新设计班名班徽、班级口号,要让"感恩"的班级文化亮起来。"花语"意为"花儿的语言",是班级以"培花"为特色活动营造班级文化的概括。班徽是一朵"七色花",寓意6个小组团结一致,以责任爱护集体,以感恩绽放光彩。那还有一瓣是什么用意?学生说,那是他们的爱,爱自己的同伴,也爱自己的老师。师生同心同力,一起打造美好的未来。班级口号则是"培感恩之花,做感恩之人"。

3. 绽放

学校的育人理念是"三会一有",其中"会做人"和"有特长"给了学生们发挥的空间。学生们希望将"培花"活动在全校推广,让更多的老师和同学体验"培花"的快乐,学会感恩。于是他们想到了很多的点子。

要让大家认可,必须有完整且真实的材料让人信服,学生们把两年多来"培花"积攒的材料进行整理,开展了一次"花语"展示活动,一盆盆美丽的花卉,一份份真切的心得,一张张感恩的照片,吸引了师生的注意,也引起了领导的关注。于是,结合感恩教育月,全校开展了一次"让友善之花绽放——感恩在行动"活动。号召所有班级做友善之人,懂尊重之意,做一个感恩的人。参与活动的班级纷纷到"花语"班讨教经验,这给了"花儿们"极大的鼓舞,亦感恩学校对他们倡议的重视,更加尽心尽力,活动收到了圆满的结果。

至此,一发而不可收,学生们在校园里成立了"'小花匠'俱乐部",招募社员,一起"培花",开展系列活动。同时还借助少先队的"雏鹰假日活动",走出校园,走进社区,开展感恩行动。学生们将精心培育的花卉送给社区里的孤寡老人,给老人们带来快乐。他们在假期的社区活动中,与伙伴们一起学习养花的知识,特别是最近流行的多肉植物栽培。越来越丰富的生活,让学生们体验到"培花"带来的快乐,他们也心怀感恩,将这份快乐散播出去。感恩的花苞始终绽放。

评选"培花"小能手,推荐"感恩之星",每朵花都有自己的芬芳,每个学生都有感恩的故事。"'花语'感恩明星榜"既是对"培花"活动的总结,也是对学生"感恩"成长的肯定和鼓励。

延续活动,推广活动,将自己的感恩故事与他人分享,学生把"感恩"内化为具体的行动,开展志愿者服务活动、社区活动等,以自己的力量回报社会。在一系列的活动中,学生们心中渐渐坚定了一个信念,那就是"做一个感恩的人"。因此,一项活动的最终目标与发展的过程实际上能够产生巨大的效能,能够感染周围的环境,这也是心理学上所说的"趋同心理"。

四、做你的护花使者

1. 毕业礼物

那一年的毕业典礼,相信这个集体中的每一位成员都难以忘记。

集体订制的班服上,一朵美丽耀眼的七色花,粉得似霞,蓝得如海,红得像火……赠送给老师的感恩之礼,是学生们亲手栽培的花卉,有太阳花、小雏菊、阔叶兰……将礼物轻轻放到老师的手中,说出酝酿已久的"感谢",那一刻任谁都无法止住感动的泪水。

2. 花样男孩儿

曾经"放荡不羁"的大男孩儿,毕业两年后打来了电话,后悔学习的时光没好好珍惜,贪玩闯祸,跟家长对着干,虽然后来懂事了,但落下的功课却很难补起来,不知道未来怎样就随意选了一个专业。现在又将面临毕业,他已经找到了自己的方向——开一间花店,用所学的"生物科技"专业培花售花,赚钱让父母过安稳的生活。他感恩初中时老师的教导和同学的宽容,今后他一定不会再浪费时光。

3. 记忆的书签

粉色的信笺,点缀着美丽的花瓣,隽秀的字体一看就知道是她,那个文静甜美、认真细致的女孩儿。信中她说高中的生活紧张枯燥了一些,但是她总能找到乐趣,还继续养花,继续写她愿意写的文字。她说感恩初中时那些养花的时光,多少获奖的作文都是花儿给了她灵感。毕业时,她用自己种的绣球花花瓣制作了好多书签,送给大家,因为那是她的记忆,是整个班级最美好的时光。

在活动中体验,在体验中成长,让学生在培花活动中学会感恩,体会感恩带来的快乐,相信这一份沉甸甸的成长,将会是学生生命中最绚烂的一页,最温情的记忆。"培花"活动没有结束,它教会了学生珍惜身边的人、事和时光,教会了学生感受生活的快乐,让学生变得坚强自信,变得平和宽容,让学生懂得了感恩的意义。花儿在绽放,感恩在行动,从一个"培花"的特色活动浇铸班级的特色文化,有几点宝贵的经验值得分享:①捕捉班集体生活中的闪光点;②做一件大家都能做的事;③有一个美好的愿景;④不要忽视家长的力量;⑤与学生一起学习,一起成长。剩下的,就是静待花开吧!

"源"来一家人
——故土文化交流在和谐班集体创建中的尝试

上海市储能中学 刘燚

在气氛融洽的环境中长大的孩子更善于合作和自控,适应能力强,具有良好的独立性、积极性、首创精神和社会责任感,友善、活跃、开朗而外向。孩子们除了家庭环境,接触得最多的莫过于班集体,因此,一个人际关系融洽和谐的班集体对学生健康成长而言,必不可少。

截至2009年12月,在上海接受义务教育的外来流动人口子女总数为42万人,不可否认,外来务工人员子女在上海在读学生人数中比例不小。以我校为例,2014年9月,入学新生中,外来务工子女占新生总数的48%,2015年比例增至62%,2016年则高达76%。外来务工子女占新生总数比重逐年递增,作为班主任,该如何让比例不小的外来务工子女在良好班级环境中健康成长呢?

一、班级特色创建:缘起

1. 纷争四起,事出有因

那天,接到家长来电,对方表示孩子不愿意跟自己沟通,主要原因是嫌弃父母的口音,觉得家乡话老土,不愿受影响。电话还没结束,就听到门外有人大喊:"不好了,不好了,打起来了……"紧接着,就看到有学生冲进办公室直奔我而来。我匆匆挂了电话,快步赶进教室,看到几个孩子扭打在一起。于是立刻叫上观战的学生,把几个人强行拉开。了解起因,原来两人因小事发生口角,一个骂对方"乡下人",另一个不服气,表示"大家都是外地人,你有什么资格说我乡下人?"有同乡的同学参与进来,有的劝说,有的帮腔,于是"混战"起来……

事情平复下来后,我重新审视这个班级:学生来自五湖四海,除却两个上海本地学生外,其余都来自大江南北,小打小闹不断,抱团排外的情况也不少。这次的纷争反映出整个班级几个问题:①外来务工人员子女自我认同感低,敏感而自卑;②地域文化有差异,且互不认同;③同乡同学抱成一团,排斥他人,班级团结面临极大挑战。

2. 文化自信,多元融合

习近平总书记提到"四个自信"中,文化自信是更基础、更广泛、更深厚的自信,他更明确,中国人民培育了历久弥新的优秀文化,而中国文化本就是多元归一的结果。

如何让这些来自不同地域,有着不同风俗习惯、不同文化背景的外来务工子女相互理解和接受,发挥教育自身的文化熔炉作用,让每个孩子都珍视自己、尊重他人,能够自主、和谐、健康地发展,达到"多元交融"的目的,需要我仔细思考、精心策划。

为此,我在班集体中开展了以"'源'来一家人——故土文化交流"为主题的一系列活动,进行和谐班集体环境的构建。

二、班级特色创建:目标

"'源'来一家人"是指围绕故土文化交流,设计系列班级活动,让学生自我认同,彼此理解。

总体目标:学生在主动参与过程中,逐渐认同家乡文化,尊重他乡文化,并最终意识到我们同根同源,彼此取长补短,和谐相处,共同成长;班集体在师生互动中,逐渐发展成为一个和谐温暖、快乐团结、有凝聚力的大家庭。

阶段性目标:六年级——以故土文化交流为主题,鼓励学生发掘家乡特色,增强自我认同与自豪感,树立个人自信心;七年级——以故土文化交流为载体,增加学生的交流机会,促进彼此合作,增进情感,营造和谐班集体氛围;八年级——以故土文化交流为主线,开展各类班级活动,促使学生逐步了解海派文化的特点、中华文化的融合过程,体会"海纳百川、有容乃大"的含义,实现彼此理解、互相尊重、取长补短、共同进步,争创团结和谐的优秀班集体。

三、班级特色创建:措施

(一)活动主题:我从哪里来,我爱我家乡

1. 活动一:我夸家乡特产好

寒假结束,同学们从家乡返回上海,都会带来不少家乡特产。借此契机,我组织同学们进行了一次"特产推销会——我夸家乡特产好"的主题班会。

首先,是各地特产的"推销"会,同学们拿上自己带来的家乡特产,吆喝推销,介绍特产的选材、制作工艺、特色风味。比如:

上海白斩鸡和五香豆,海南的椰子食品和咖啡,湖北的麻糖和米酒,云南的鲜花饼和过桥米线,安徽酥糖和贡糕……五花八门,琳琅满目。

为了成功"推销",同学们往往诚挚邀请其他同学品尝自己带来的特产,你尝尝我的,我吃吃你的,你试试我这个……同学们忙得不亦乐乎。

最后,群策群力,邀请大家为自己的特产想想广告词,方便进一步推广。于是,就有了以下这些广告词:

"浓浓豆香,口感细腻,尝尝老上海的味道"——上海五香豆;

"'芝'道最美,回忆童年"——湖北麻糖;

"彩云之南,过桥米线"——云南过桥米线;

"甜酥留香"——安徽酥糖。

通过这个活动,学生们了解、甚至品尝到了各地特产,并为了成功"推销"出自己的家乡特产,收集资料,卖力"吆喝",不仅进一步增加了自己对家乡的了解,激发了对家乡的热爱,增强了对家乡文化的认同感,也在了解他人家乡特产的同时,开拓了眼界,树立了学生的地域平等意识。

2. 活动二:我爱家乡方言美

利用家长开放日的机会,我们开展了一次主题班会,名为"我爱家乡方言美"。

首先,我布置大家一起说说在自己的家乡方言中,如何形容一个姑娘"漂亮"。有的学生当场脱口而出,而有的学生则需要向父母请教。在交流时,我们欣赏到了温州方言的"真生好""生好显",湖北方言的"漂亮""呱遛"、广东潮州方言的"雅哉哉"、四川方言的"伸展"(chenzhan)、重庆方言的"好乖"、南通方言的

"徐正",等等。说完"漂亮",我们开始说"你好"。学生们分享来自自己家乡的方言版问候语,又通过"师徒带教"的小游戏,向其他同学学习其他地方的方言问候语,玩得不亦乐乎。

接下来,我们进行了方言配音游戏。一段相同的影视片段,请同学们先用各自的乡音配音,再角色分配进行合作,共同完成配音任务。配音过程中,还邀请了现场家长参加。在这个过程中,如果有学生不是特别精通自己家乡的方言,可以向到达现场的家长请教。

之后,我们欣赏了部分方言戏,从中领略方言之美。两位略有方言戏功底的家长不仅为我们介绍了他们熟悉的地方戏曲,还为我们现场表演了清唱片段,气氛相当热烈。

最后,我们一起讨论,人们为什么要使用方言交流。

通过这个活动,学生们欣赏到了各地方言,感受到了方言的韵味。更让他们意识到,方言的使用,可以让同乡人有轻松亲切感。方言的存在,丰富了我们的语言体系,更彰显了一种文化的传承与认同。我们可以通过某些方言的词语,触摸到一个地方和另一个地方共同跳动的脉搏。更重要的是,学生们发现,各地方言都有悠久的文化背景,各有千秋,地位平等,并没有高低贵贱之分,没有所谓的"洋""土"之别。对各地方言的接触,促使学生们感受到我国方言的多样性,以及所蕴含的丰富文化背景,从而产生对异地方言、乃至异地文化的尊重和理解,同学之间能够相互尊重,班级氛围逐渐温馨和谐。

(二)活动主题:我们一起来,"源"来一家人

1. 活动一:我嬉家乡游戏乐

春暖花开,正是春游的好时光,利用春游自由活动时间,我开展了一次"我嬉家乡游戏乐"活动。

准备工作开始于春游前一周,请同学们回去收集父母小时候和自己小时候常玩的游戏,从中选出一两个同时兼具趣味性和操作性的游戏,在班级里进行游戏大汇总,筛选出最受欢迎和最值得推荐的5组游戏。各由3人负责,其他同学则可以轮流参加这5组游戏。经讨论,这5组游戏分别是:跳房子、跳长绳、纸飞机比赛、掷沙包、斗鸡。

春游自由活动开始时,5组游戏人各占一地,活动开始进行,除了负责人以外的其他同学根据个人意愿轮流选择游戏项目进行游戏。

通过这个活动,学生们发现各地虽然风俗迥异,但游戏形式却大同小异。在老师的引导下,学生们意识到,传统游戏也是一种文化,经过多年的传播,各地游戏融合变化,变成了我们现在看到的样子。所以说,不管我们的家乡在哪里,我们最终都是中国人,有着共同的祖先和文化传承。

2. 活动二:我悟海纳百川谛

(1) 以"吃"入手,体会彼此借鉴。

学生以小组为单位,收集整理资料完成微型系列讲座"吃货在上海"。

讲座后,大家都会讨论哪一道上海特色小吃或菜点与自己家乡菜有相似之处。来自四川的学生说,四川的口水鸡与上海的白斩鸡做法上有相似之处,只是蘸料不同;来自广东的学生则说,同样是烧卖,但是广东烧麦虾仁为馅,而上海烧麦以糯米为馅;来自福建的学生则评价说,他们的三鲜馄饨体现在内馅构成,而上海的三鲜馄饨则是"鲜"在汤料;等等。

在活动的最后,我启发学生一起思考,为什么虽然我们来自各地,但饮食文化中却有那么多相似之处。作为拓展讨论,他们带着这个问题回家各自寻找答案。答案由学生纷纷揭晓:各地饮食习惯与气候、地势、宗教等都有关系,但是各地之间的饮食习惯也在不断变化、相互影响与借鉴,经过多年的磨合与融合,变成了现在这样——既有地方特色、又有共同之处。

(2)以"读"为径,感悟海纳百川。

以"吃"入手,我们很快从上海饮食延伸到了上海的文化特色。为了真正了解上海文化,我引导学生们寻找相关书籍,有学生很快推荐了"海纳百川系列丛书",并将其作为阅读角的推荐书目轮流阅读,并写下读书笔记。"海纳百川系列丛书"如下:

《走近上海——海纳百川文库　中外记者笔下的上海丛书》
《东望上海——海纳百川文库　中外记者笔下的上海丛书》
《品味上海——海纳百川文库　中外记者笔下的上海丛书》
《回眸上海——海纳百川文库　中外记者笔下的上海丛书》
《拥抱上海——海纳百川文库　中外记者笔下的上海丛书》

此外,我们还通过家长委员会邀请到了复旦教授,为我们进行了一次专题讲座,谈谈上海的"海纳百川,兼容并蓄"。使得学生们对上海文化有了一个更深入的认识,并了解到中华文化本来就具有多元互补、多源同归的特点。因此,不论来自中国何地,我们都是同源——我们本就"源"来一家人!同时,在合作完成任务的过程中,学生之间接触更为紧密,感情愈发深厚,班集体愈加团结。

四、班级特色创建:成效

(一) 学生:自我悦纳,开阔胸怀

在"'源'来一家人——故土文化交流"的特色活动过程中,原本归属感不强的外来务工人员子女,正视了自己的家乡,并通过特产、方言等方面再次感受和领略了家乡文化,不仅了解了它的过去,更发现了它的变化和进步,激发了他们对家乡文化的自豪感,在一定程度上实现了了解自我、悦纳自我,进而提高了自我认同感,大大改善了其自我接纳和自尊上所存在的问题,增强其心理健康水平与个人自信度。

同时,在了解他乡文化的过程中,开拓了眼界,减少了狭隘,感受到上海文化"海纳百川,兼容并蓄"这一精髓,明白了中华文化在多元互补、多源归一中形成,了解到各种文化都需要平等共处、和谐发展,从中体会感悟如何自信地融入班集体之中。并引导学生学会以一种宽广的胸怀看待世界、看待周边,为其顺利踏上未来人生道路奠定良好的基础。

(二) 教师:自我充实,深入思考

在创建过程中,我充实而忙碌,一边和学生们一起搜索各种资料,一边思考着如何引领他们感受家乡文化,却又能冲出家乡文化的局限,看向更高,立志更远。与此同时,对各地文化的了解也同样开拓了我的视野,让我进一步接触了上海文化和中华文化的内质特点,体会到了文化自信对一个民族强盛的重大意义。不仅如此,我还发现,不同的家长有不同的兴趣爱好,如果将家长个性优势资源整合到课堂教学中,就能取得意想不到的效果。它让我重新思考如何定义"和谐班集体",如何在多元文

化环境下创设它、建立它,并且把它经常化、制度化、系统化,使其行之有效地进行下去,最终实现它。

更为重要的,这个过程让我意识到以下两点。

(1) 问题解决,在于源头挖掘。不少学生之前的自卑敏感,根源在于对比:自己家乡与自己现在所在城市之间的经济落差与发展不平衡,让他们仅着眼于自身的不足,而忽略了家乡固有的美丽与优势,只有引导孩子们意识到这一点,才能真正解开他们的心结,怀揣自信,融入班集体。

(2) 优势碰撞,得以摆脱局限。自卑心理造成的另一个问题,就是同乡学生为免受欺负而抱团排外,过度保护,局限了学生的视野,更不利于和谐班集体的构建。通过引导学生体会"海纳百川"内涵,而感受到的海派文化精髓及中华文化的"同源一体"特点,启发他们明白,各地优势碰撞,带来彼此借鉴、扬长避短、不断融合,重塑学生格局观。

(三) 班级:和谐发展,其乐融融

学生在特色创建过程中,彼此合作、互相理解,逐渐形成团结向上、友好合作的风气氛围,在这样的氛围下,学生具有归属感,能够自然融入班级当中,心灵舒展、精神惬意、快乐学习、互帮互助、积极向上、团结勤奋,既有个性张扬又有集体荣誉感,既尊重他人个性,又尊重彼此共性。一个友善、民主、平等、相互理解、相互进取的班集体初具规模。

参考文献

[1] 韩楠楠.外来务工人员子女的社会认同——他人接纳感与城市适应的关系研究.杭州师范大学.2016.

[2] 于海涛.外来务工人员子女自尊、自我接纳和心理健康及教育对策的研究.天津师范大学.2015.

　　[3] 王莹.创建班级和谐环境引导学生健康成长.中国校外教育.2009(12).

　　[4] 唐远成.营造班级和谐氛围引领学生共同发展.

　　[5] 王东波.高中和谐班集体建设研究.东北师范大学.2008.

翩翩法兰西　悠悠中国心
——"趣无限"法语班集体特色创建纪实

上海光明初级中学　张葛颖

育德树人是班主任德育工作的最终目的。如何在班级管理中做好教育资源整合，将学生的道德养成、学科素养、行为规范等教育融汇于学生学习实践全程，促进其共性和个性全面发展，并提高班主任自身育德树人的教育意识、能力与成效，是我在班主任生涯发展中一直思考与实践的主题。于是，我和我的学生们以法语作为班集体特色创建的实践点，踏上了寻觅、品读"趣"味的班集体发展之路和共同成长之路。

一、"趣"之缘起

犹记我的学生们初踏进中学校门，开始接触法语课程。一次偶然听到三两学生在教室里大声说着"笨猪"取笑对方，我惊诧于他们的鲁莽，提醒他们文明交流。一番来去后才得知他们用"bonjour（法语：你好）"的特殊发音互相玩笑。我启之于学科学习的严肃与规范，也不由深思：偶发的教育是契机，但有时难免治标不治本，也不能触及心底，达不到育人筑底的功效。如何才能利用学生猎奇的心理，激起他们对法语学习的兴趣、激发他们成长主动，发挥育人教育长效？在之后与学生和家长们的沟通中，我了解到部分同学在小学就接触过法语，对此很感兴趣，家长也希望孩子在法语学习上有进一步拓展空间；更多的则抱着期待和憧憬。于是，我们三位一体，共同想到可否在带动班级全员积极学习法语之时，把法语学习历程拓展为更快乐的成长体验？

从学生情感和成长需求出发，我和我的学生们将"趣无限"法语作为班集体特色创建的共识。

二、"趣"之思考

从学生的实际需求出发、整合各方资源、以学生未来发展为目标、以社会人才需求背景为导向，共同制定班集体特色创建目标。

我班学生受经济、地域文化等多重限制，苦于对语言内涵的文化学习资源、途径与机缘的缺位。

我校设置了法语课程，并由专业的法语老师和外教教学；我校地处豫园旅游区，是开展实践活动的有利资源。

随着上海国际化进程的加快，对人才的要求也日益增高。民族精神教育纲要指出：弘扬和培育民族精神是上海建设社会主义现代化国际大都市的迫切需要。中学生核心素养包括：社会责任、国家认同、国际理解；人文底蕴、科学精神、审美情趣；身心健康、学会学习、实践创新。因此，培养具有国际视野、能够传承民族精神的现代学生尤为重要。

"趣无限"法语班集体特色建设，通过激发"兴趣"，提高学生语言学习积极性；畅享"乐趣"，帮助学生获得成功体验，发现自身在集体中的价值，从而增强对班集体的归属感，提升班集体凝聚力；萌生"情趣"，引导学生关注身边老城厢文化，激起对我国悠久历史文化的热爱之情；树立"志趣"，鼓励学生参与国际交流，学习他国文化、加强自己对中华民族共同历史、文化、生活方式的认同和归属感，形成具有"中国心"的现代公民的良好道德品质和行为习惯，传承和弘扬民族精神的时代内涵。

三、"趣"之纪实

依据学生身心发展规律，分年级制定班集体特色创建阶段目标。

1. 预备年级：激"兴趣"——法语学习初体验　好学乐学初奠基

预备年级的学生往往具有广泛求知欲与强烈的好奇心，乐于参加各种创造性活动的特点。同时，对于语言学习而言，创设语言环境尤其重要。

因此我根据学生年龄特点，通过创设轻松法语语言学习环境，利用每天午自修，开展"唱法语儿歌，看法语动画、读法语漫画"等法语学习实践，利用多感官刺激，为学生营造浸润式学习体验，增强学习过程即时感，品读法语习得快乐感。

2. 初一年级：享"乐趣"——乐中学学中乐　乐享成功体验

青少年期又被称为"自我的第二次诞生"的时期，自我的发展是这一时期一个非常重要的课题。初中生逐渐高涨的自我意识，使得其个性出现了暂时的不平衡性。

我从关注个体情感和归属、尊重和自我实现的需要，在集体活动中创建各种平台,通过法语小报制作比赛、班级文化墙设计与布展、法语歌曲排练与展示,提高学生们的法语运用能力,畅享成长"乐趣";帮助个体自我实现,解读竞争与协作,在竞争和合作中增强班集体凝聚力和集体归属感。

3. 初二年级:生"情趣"——实践体验获真知　共系豫园民族情

初二的孩子正值青春期,关于自我的思考和感受,往往是矛盾的,因此,会出现知行统一上的矛盾性。在初尝法语学习的快乐、法语创作的精彩与小成后,当面对更多姿的大社会,许多同学不禁自问"我是谁","我可以成为谁"。诚然,当学生逐渐熟知了校园生活的每一个细节,成为学校舞台上升起的新星,如何从"学校人"成长为"社会人",又一次激唤了我和学生们的创新热情。

为了帮助学生实现一次完美转型,满足走进实践大课堂的发展需求,我们的法语小导游团队,走进豫园实践大舞台。实践法语知识:为外国友人提供帮助,获得法语学习的成就感;探究老城厢的故事:在探究实践交流中萌生对豫园老城厢的情愫;做豫园文化代言人:学生们化身为豫园地区文化的传播者,树立主人翁意识,走进社区,通过《"魅力老城厢"倡议书》的制定与宣传,提高实践创新能力,为美丽家园献出一份力。

在这个过程中,同学们对生活区域有了更深层次的认识。

4. 初三年级:树"志趣"——拓展国际视野　争当文化使者传承"中国心"

利用国际交流契机,引导学生关注自身行为礼仪,拓展提高自我人际交往能力,开拓国际视野,激发学生对城市文化、民族文化的求知欲,树立文化自信。在国际交流中,化身中法文化交流"小使者",展现中国学习风采。

通过徒步法租界等的实践探究活动,增加学生们对上海历史和人文底蕴的了解;在住家环节中,传承和推介中国文化的"人、情、味",展示了"中国心"的丰厚底蕴。

四、"趣"之品牌

(一) 让个体发光 与集体共赢

1. 关注个性需求,乐享成功喜悦

人在感情发展中的需求要比生理成长上的需求来得细致。对于成长中的青少年更是如此。对于部分有特长的同学,"被需要"是重要的,也许不经意间的忽视,就会让他们逐渐游离于集体成长之外。

马斯洛的理论指出:人人都希望自己有稳定的社会地位,希望个人的能力和成就得到社会的承认。学生亦是如此,他们希望得到同学间的信赖尊重和公正评价,感受自己价值的存在。"法语小报制作"活动不失为一个彰显个性特长,品享成功体验的平台。

各组长培训开始,根据同学的不同特点,进行任务认领:绘画能力强的负责版面设计与彩绘;文字功力强的同学负责资料收集与编撰;具有电脑特长的同学负责PPT制作;平日里那些巧言善辩的同学则负责成果汇报。

在活动进行的过程中,组长遇到参与不主动、个人时间不愿牺牲等同伴不配合的困难,有些气馁退缩。为了解决这些问题,我们进行了多次鼓劲讨论会,制定了多种解决的对策:利用学生

"小论坛",号召不配合的学生行动起来;鼓励缺乏自信的同学加入到各项活动,并给予一定的方法指导等。于是大家都开始积极配合自己组长的调令,小干部的组织能力也得到了充分锻炼和发挥。

当最后《西餐文化》《法国建筑》《法国旅游》等一张张精美的小报纷纷"问世",同学都为自己的大作而惊叹。在汇报环节,大家更惊奇地发现:平日里的"游戏大王",做得一手精美的PPT;不善言辞的小王,竟在台上滔滔不绝地介绍着他钟爱的法国旅游主题小报。

孩子们感受了法兰西文化的独特魅力,渐渐喜欢上了法语,更是发现了同伴的优点。在中华传统节日的体验活动中,更多的"小画家""小作家""小演讲员"一展身手,对传统节日文化的热爱更是浓厚。大家互学互利,相互欣赏鼓励,班集体活动能效在提高,伙伴间的互动也变得更加和谐。

2. 汇聚多彩光芒　畅享成长硕果

经过一系列的活动,班级的法语学习成绩明显提高。每一位同学的潜能都得到了一定程度上的挖掘。为了迎接学校法语节演出活动,班级同学团结一致,从节目的甄选、策划、排练到最后的演出,每一位同学都参与进来。他们克服困难,精益求精。这些为了共同目标而奋斗的经历,加强了同学们对集体的归属感。

班级先后在光明高中,法领事馆等进行法语节目表演,他们的精彩表现,获得了校内校外的诸多赞扬和认可。多次舞台的历练,帮助同学们收获自信,更积极地参与到学校各项活动中,展现更好的自己。

（二）创新实践活动　勇担社会责任

责任担当和实践创新是学生核心素养中的一大方面，在社会活动参与中、在社会实践历练中，发挥社会资源的育人功能，帮助学生完成从"学校人"到"社会人"的学习积累是思考的基点和实践的重点。

1."豫园小导游"初体验

我校毗邻"豫园"旅游区，每天来往豫园的中外游客络绎不绝。同学们纷纷表示：要把豫园最美的一面，展示给国内外游客。因此，经过与班委的商议，开发了"小导游"走进豫园活动项目。

经前期语言准备和礼仪的培训，学生们分为"豫园活地图""美食哒达人""豫园亲大使"小组，为有需要的游客"指点迷津"。每次活动返校后，我们都会组织指导各小组对当天的活动情况进行反馈，分享活动趣事、总结"导游"经验、分析问题原由、寻找解决方法、制定新活动方案。小导游们在活动中收获了困难解决的方法、收获了同伴互助的幸福、收获了文化交流的自信，我们的集体也朝着公益与责任的方向从容进发。

2."文化小使者"大转型

走进老城厢活动，源于一次小导游活动中法国友人询问的老城厢问题难住了同学们。他们深感愧疚：每日生活在老城厢，却不知她背后的故事。他们发现，此时的自己不仅是豫园的小导游，更是豫园文化的传播者。意识到身份转变后，学生们借助班级探究性课程的学习，深入上海老城厢旧巷探宝；品读"四牌楼""梦花街"等街道名的诗意；检索老南市地标，寻觅新貌与旧颜并存着的魅力。

"老城厢文化小使者"们以全新的姿态重新投入活动,他们不仅向游客们介绍豫园游园攻略,更多讲述老城厢地区美食、街道、建筑背后的故事。游客们满意的笑容,再一次激起了学生们心中对老城厢的热爱之情,在学习生活之余,他们结伴或是带着父母,放慢脚步,徒步感受老城厢的美。

"文化小使者"的转型记让我班学生领悟、珍视更多城市文化中的瑰宝,也让更多的学生学会了用求知的饥渴和严谨的态度去探寻社会大学堂中所蕴含的真知,他们醉心于每一次的体验,他们更在为自己未来的成人成才筑底加油。

3. "豫园保卫"大实践

在志愿者活动中,"小使者"们也目睹了一些令人不满的陋习。我启发他们:如何更好地号召游客和居民们注意文明出行,使老城厢更有魅力更动人呢?在集体智慧下,我们制定了《"魅力老城厢"文明倡议书》。学校红领巾广播站的同学在校广播站以及升旗仪式发言上进行宣传;假期社会实践中,在社区街道工作的学生家长也主动联系牵头,让我们走进社区,宣讲文明倡议书。

(三)怀揣中国心 放眼大世界

人文底蕴、科学精神是培养全面发展的人的文化基础。如何培养学生的人文底蕴,我从体验学习、大胆实践、自我积淀这3个步骤着手。体验学习是对人文的感知阶段;大胆实践,是将人文精神内化于心,外显于行的阶段;自我积淀,是反思内化,激发新的求知欲,提升人文素养。我校定期举行中法友好学校互访活动,我班还有部分同学承担了接待法国小伙伴的住家任务,我认为这是培养学生们人文底蕴的契机。

1. 尽赏欧陆风情　品读沧桑历史

有朋自远方来，不亦说乎？同学们利用每周的十分钟队会时间，学习中外礼仪。

为了能够更好地向法国小伙伴介绍上海城市文化，我们开展法租界徒步活动，去探寻、感悟这座城市的人文底蕴，揭开上海这座城市最迷人最具欧陆风情的区域面纱。我们通过网络搜索定位相关街道以及景点建筑，解读这些地标背后的故事，实地考察，设计探究徒步路线。

做城市历史文化的传人。与道路和建筑对话，曾经对我们来说是"最熟悉的陌生人"的路与楼，而今，已化身为睿智的老人，向我们诉说着老上海的故事。学生们被老上海的深厚文化底蕴所打动，于上海变迁的惊叹中回望城市历史，在感慨中坚定了要把上海的历史人文底蕴传承下去的信心与决心。

2. 敞现内化行为　展示悠久文化

互访活动期间，学生们为法国小伙伴设计了中国舞蹈和书法的体验课程。外出实践时，学生们再次转型为"中法文化"大使。他们将学习到的中华礼仪内化于心，外显于形：搭乘公共交通，绿色出行；遵守交通规则；用餐游览有序排队，响应光盘行动，杜绝浪费，减少一次性餐具使用等；学生带领他们领略法租界的魅力，将中法两国在上海留下的岁月故事娓娓道来，法国伙伴不仅领略了上海景色之美，更是感受到中华人文之美。

承担住家任务的同学自己收拾房间，做起了力所能及的家务，父母与子女之间有了更多沟通的机会，彼此感恩，相互理解。住家期间，时值中秋，孩子们在父母的带领下，学习制作月饼，法国小伙伴乐此不疲地尝试，迫不及待地想要品尝亲手制作的美食;随后一同赏月,吃月饼,共话佳节情。法国小伙伴对中国家庭其乐融融的生活氛围以及中华传统节日背后的文化赞不绝口。

3. 续写友情篇章　反思自我积淀

国家间的文化交流,是一个具有持续性的双向学习过程。在访问活动结束之后,孩子们的友谊仍通过网络延续着,他们分享自己学习生活的点滴。法国小伙的旅行照片和游记,让我们充分感受到法国古老的精致的建筑与现代人的浪漫风情并存的特色文化。每逢佳节,他们互寄美食,共同分享对美好生活的热爱与对未来的向往。

为总结此次接待收获,我邀请了数名参与住家接待的家长,举行了名为"融情之旅·友谊在光初"的班会。亲子们以"接待日记"诵读、"接待趣事"访谈等形式,真实地再现了孩子们在这次接待经历中的成长历程。

同学们回想起法国小伙伴在书法课上围着老师提问的情景;在舞蹈课上认真听讲,反复操练的身影,联想到预备和初一年级自己学习书法和中国舞蹈的情景,反差之大,令我们深思。为什么被我们自己忽视的文化,在西方人眼里却视为珍宝?这样的反差,促使我们重新审视和学习中华文化。

五、探"趣"不止　"趣"味无限——成效与反思

在探索寻觅"趣味"班集体的过程中,学生个体、班集体和教师共同成长。班集体各种活动,已成为班级常规活动,相信在日后的学习生活中,还会有更多的创新空间。

学生个体养成了乐学善学,勤于反思的学习意识;具有了一定的理性思维,勇于探究的科学精神;自身的人文积淀、人文情

怀和审美情趣得以提高。

更多的同学参与到班级日常管理中,自发地为班集体各项活动出谋划策;班级凝聚力加强,形成了一股向上的合力,相互欣赏,合作共赢已蔚然成风;班级的美誉度也不断提升,荣获区优秀中队称号。

静待花开,每个孩子都是种子,我在教育实施过程中关注了不同学生的需求,给予他们更多成长的时间与空间,帮助他们发现自我、实现自我。同时,我看待学生的眼光发生了变化,慢慢地发现每个孩子都有其可爱之处。他们的表现,打破了我对他们的固有的认识,我尝试着遵循教育规律、多角度、多维度地去评价学生,对他们的认可度逐渐提升,增强了教育耐心。

"趣无限"班集体特色建设,是由建班之初的问题激发,遵循学生身心发展规律,以法语学习兴趣拓展为抓手,通过个人与集体发展共赢、创新实践活动、开拓国际视野,满足学生自我实现需求,助力学生终生发展的教育探索与实践。

让"幸福"滋养"行规教育"

——"幸福自律"特色班创建实录

上海市敬业初级中学　杨　颖

对学生进行行为规范养成教育一直以来都是班主任的重要工作组成部分,其重要意义毋庸置疑,也正是因为如此,这项工作历来都被列入重中之重。然而,在现实工作中,由于我们面对的是中学生这个特殊年龄的群体,他们个性张扬、追求自由,最讨厌的就是被各种规章制度束缚住手脚的感觉。因此,在行为规范养成教育中,班主任和学生往往会像"敌我双方",你进我退,你退我进,成效甚微。作为年轻班主任,我也有这样的困惑。几经思考,我觉得行为规范养成教育应该要融入班级文化建设中去,才能在文化认同中让学生进行自我约束和成长。于是,结合我们班定下的"幸福"班级文化,我实施了班级"幸福"系列课程,并从中进行班级行为规范养成教育。

一、"幸福班级规"——促使行为规范内化为一种学生认同和自我需求

"幸福"课程便是要实现每个学生的幸福。虽然幸福是各人

有各人的定义，但不应违背这样一条准则——不破坏社会基本原则下的个人自由最大化，而这一点与"行为规范养成教育"的目标不谋而合。所以，首先我们进行了"幸福班级规"系列的制定，旨在制定我们的班级规则，确立班级的共同文化认同。

"幸福规则"主要为了实现班级规则的制定。考虑到本班学生实际情况，班级规则的制定是以班主任出初稿，班干部修改，最后全班核定的模式进行的。其实，班级规则无外乎就是些关于课堂、休息、作业这些常规方面，但是将这些变成规则条款，一本正经地变成白纸黑字，学生们虽然嘴上没说，但从表情上来看，还是看得到他们的心里感受。说心里话，我在这样做的初始还是担心学生们觉得这样有些束手束脚，但是，一个月后的交流中，大家却反映很喜欢这样的规则，学生们说，虽然我们有所约束，但上课效率明显高了，老师表扬给的多了，同学之间摩擦少了，回家会做作业的多了，空闲时间反而多了。"这让我觉得很开心"学生们就是这样评价着。学生的肯定给了我信心，也让我意识到，其实，学生们也都是懂事的，他们知道遵守规则，才能带来更好的秩序，而良好的秩序能够使得一个集体更好地发展，而集体的发展也能促使各人得到更好发展，从某种意义上来说也是实现了个人的自由。因此，"行为规范不仅仅是束缚，更是帮助我们变得更好的朋友"这是孩子们提到的最多的观点。

趁热打铁，"幸福力量"课程接棒了。既然集体得到更好的发展可以让其中的每个人都更好享受自由，那么如何让一个集体变得更好就是至关重要的问题了。于是我提出了班级凝聚力的问题。我利用一篇半月谈，要求学生回答两个很简单的问题：①一根筷子和一把筷子，哪个更容易折断？为什么？②如果上课有两个人不断讲话,老师会怎样做?你会因此受到影响吗?学生们的回答是意料中的。他们知道了劲要往一处使;他们知道了班级中其他人犯了错误,对自己也是有影响的,别人犯错时,不再是事不关己,高高挂起。这样的凝聚力使得学生们之间互相督促,让班级内部形成自我修正的能力,学生们有了主人翁的意识。此时,"这把筷子"已经排列整齐,班级规则这根准绳又使他们更紧密地结合在一起,向着共同的方向努力。同龄人具有长辈或权威不具有的感染力,同样一句批评的话,老师讲来,学生可能会抱着"我们有代沟,你不理解我"的心态,假意认错或者直接不愿意接受;而当同龄伙伴指出时,他们往往不会有这样的抵触心态,意识到自己有问题并愿意及时改正的概率相当高,而不想在同伴面前丢脸的想法,往往也会促使他们自觉地尽可能避免同样的错误再次发生。

"幸福班级规"课程,确立了班级规则,形成了班级凝聚力,使得班级运行成为一个良性循环,让"行为规范养成教育"不再是班主任的独角戏,而内化为学生对于个人自由追求的内在动力。

二、"幸福一家门"——履行行为规范不应该仅仅是校园内的行为

在平时与学生的交往中,经常会听到他们对于家庭的抱怨,有嫌父母管得严、管得多的;有觉得父母没有为自己创设良好家境的;有抱怨父母不理解自己的。而与家长的沟通中,我也了解到,孩子们对于父母的沟通和理解是不通畅的,甚至很多孩子对父母的态度都是较差的,看不到父母对自己的付出,或者把父母对自己的付出视为理所当然。这不由得使我想到行为规范养成

教育的目的不应该仅仅是让孩子在学校中成为知书达理的自由人，更应该是一种内化的自觉行为，在任何时候都应该做到，当然包含家庭生活。于是，我结合班级幸福课程，进行了"幸福一家门"课程。

在"感悟幸福"板块中，我利用主题谈话课"这些都是你给我的爱"，和学生们一起细细品味十几年来父母对我们的无微不至的关怀。我仍然深深地记得，在谈到父母对我们付出这一问题时，小余同学激动地说："我觉得妈妈最辛苦，虽然她没有工作，但每天为我们做饭洗衣，别的工作总有休息天，但这份工作却是365天，年中无休的。"当时，我也深受感动，脑中浮现的是我母亲忙碌的身影。主题谈话课"幸福在哪里"的进行，让学生感受到了幸福就在天天相处的亲人、同学、老师为我们的付出中体现，幸福就在我们身边，帮助学生感受了身边的小确幸。细水长流，让学生们慢慢体会幸福，感受幸福。

孩子和家长的矛盾很重要的一点就是不理解或者认为对方不理解自己，所以，接下来的"幸福换位"板块就登场了。利用双休日，孩子有的去家长单位体验工作，有的在家负责家务。孩子们忙碌的同时，家长们也没闲着，一周时间内，他们根据自己的实际情况，选择一门学科，每天和孩子一起完成老师布置的学科相关作业，并在一周结束后，写下自己的感想。真实的"换位"让家长和孩子真正体验了对方的辛苦和不易，对对方多了一点理解和包容。

明白了家庭生活中的幸福，接下来便是"创造幸福"，我们就要来付诸努力，尽自己一份责任，让别人感受幸福。于是，母亲节学生们给妈妈准备了小礼物，不仅如此，学生们也学会了推己及人,也为年级中其他女老师和她们的孩子准备了礼物。父亲节到了,给爸爸一个拥抱,说一声"爸爸辛苦了",为爸爸做一天活。学生们在他们的感悟中写道:"原来,做爸妈是份苦差事,但他们因为我却认真坚持。我也是家庭的一份子,对这个家也有责任,也应该付出!""做了家务才发现,其实我什么都不会干!以后要好好学一下了,帮妈妈分担一点。不过,回头想想,我至少还会读书,好吧,这份责任我要认真一点。"家长会上,我读了学生们的感悟,幸福的微笑绽放在家长的脸上。

"幸福一家门"系列活动使得学生们体会了生活中父母对自己的点滴关怀,家人的关怀就是最好的幸福源泉。而对于家庭成员的付出,一旦有了真实的感知,便不会再嫌弃平平的家境,不会再抱怨父母的严要求,而是会发自内心地理解父母,从而生出对父母的敬畏和感恩之心。这种发自内心的触动会促使孩子们自发地在行动上尊重父母,在家庭生活中的行为符合孩子身份,并且,由于是一种思想认同下的自发行为,这种规范的准则本身也是具有持久力的,远比说教和操练所得来的要稳定得多。而生命力也是这种自发准则的另一个特点,在今后的家庭生活中,可能孩子们还会遇到之前未遇的情况,这种对家庭的认同感一定也会让他们从善出发,做出符合行为准则的合理决定。这就使得我们的行为规范养成教育不仅仅是校园内的事,更扩展到了家庭生活中。

三、"幸福 e 系列"——行为规范
不仅是传统生活中的,也是网络媒体中的

现今社会,是信息时代,也是网络时代。大部分班主任一定

都面对这样一个问题——电脑和手机的使用。常常会有家长说，孩子一直玩手机，一直玩电脑，还不能说他（她），说了脾气还大，声音还高！其实，这样的困惑也伴随着我的班主任工作。定下心来细想，这是不可回避的问题，当今社会，如果阻断孩子们与手机、电脑的联系，不仅可能性低，而且不利于今后踏入社会的适应。因此，我决定增设"幸福e系列"课程，将现代新新工具的使用规范纳入我们幸福课程中，让它们成为学生幸福生活的一部分，而不是绊脚石。

于是，我们召开了班会，会上同学们畅谈自己喜欢手机和电脑的原因以及手机、电脑的用途，在同学们的踊跃发言后，我总结了一下，孩子们对于手机和电脑的使用，主要是在打游戏、看视频和查询学习资料3方面。对于前两项，他们自己也说，其实就是在这个过程中放松身心以及通过游戏升级冲关，感受成功的刺激。而对于查阅学习资料，有时候也免不了有抄袭之嫌。对于孩子们坦诚的表述，我很欣慰，幸福源于真诚沟通。于是，我提出手机和电脑都是我们的工具和伙伴，应该成为我们幸福生活的组成部分。我和孩子们一起探讨如何能够将手机和电脑带给我们的诸如放松、快乐、感受成功之类的"美好"保留住，同时将它们带给我们的诸如网瘾、抄袭等"麻烦"剔除掉。此时，孩子们提到了"监督"，对于一味"享受"手机、电脑玩乐的人来说，很难自己约束自己，如果想要摆脱出来，必然就要有外力作用，而这种外力，便是"监督"。我引导孩子们如何"监督"？"监督"什么？谁来"监督"？在这样的"步步为营"下，同学们通过一个星期的讨论给我提交了一份"保证书"，内容是关于他们对于以后在使用手机、电脑中要绝对禁止的行为以及如果犯规后怎么处理的条文,后面附有全班的签名。我很欣慰,因为他们有了自主纠正的意识,但"保证书"3个字以及其中没有奖励只有惩罚的条文让我觉得这样的规则是很难持久的,因为人心总是向往美好的,更何况是十几岁的花样年华的孩子。于是,我召集班干部就这份"保证书"进行修改,首先要改标题;其次,要在最前面添加需要使用手机、电脑做的事情以及每周的大致使用时间,内容不得少于不能用手机、电脑做的事情的一半。于是,又一个星期过去了,我们班的《我的幸福伙伴——手机、电脑使用准则》正式出炉了。打那以后,大部分学生会主动和家长沟通手机、电脑的使用时间和用途,有些自控力较差的学生会在游戏前设个闹铃作为提醒,学习繁忙阶段,有些人会主动上交手机,而我也更多布置一些需要使用手机、电脑的任务,让家长也明白使用电子产品也是学习的组成部分。学生们不仅会接受家长的监督,更会彼此监督。以前,源于长者的威严,学生们往往会被迫接受我们的要求,但来自同伴的力量会使他们更好地从内心里接受和内化,真正成为他们的行为准则。八年级时,我们开设了"微信班级群",学生们把自主制定的"群规"放在我面前时,我深深地笑了,这种自觉让我体会到"幸福e系列"课程的效力。

"幸福课程"让行为规范成为学生们生活中自然而然的行为,而这种源于内心的力量才能持之以恒,焕发长久的能量!"堵"永远不是行为规范教育的目的,"疏"才是行为规范教育的有效途径,而"导"便是行为规范教育的目标。班级行为规范教育不正是为了让学生们自发形成更良好的人格、从而在将来更好地适应和融入社会,获得幸福人生而存在的吗!

展鸿鹄之志 扬自信之风

上海市市南中学 庄 瑾

摘 要 "爱的教育"是德育教育的核心内容,是开展一切德育教育活动的基础。培养学生具有爱心,是培养其他良好情操的重要基础。本文叙述了一群来自困难家庭的学生们,摆脱自卑、确立自信,从自爱到关心他人,直至感恩社会的成长历程。

关键词 爱的教育

爱心是人类最美的心灵之花。培养孩子具有爱心,是培养其他良好情操的重要基础。现在绝大多数学生是独生子女,家长望子成龙、望女成凤,许多家长在智力上的投资是全方位的。不少家长认为,只要孩子读书好,长大就什么都不用愁。所以有些孩子在家里过着"衣来伸手,饭来张口"的锦衣玉食的生活,造成有的孩子只知受爱,不知爱人,凡事以自我为中心,不懂奉献,更缺少爱心。在这个社会大背景下,在重视学校德育教育、提高学生素质的今天,培养学生的爱心,让爱在他们的心灵生根发芽,让爱充满这个美丽的世界显得非常重要。

一、特色班集体创建的定位

1. 缘起

2010年9月,一批新的学生走进了市南中学。他们是市南中学鸿志班的学生。市南中学鸿志班是由那些品学兼优但家境贫困、家庭收入低于社会保障线的学生所组成。这些学生的家庭情况较为特殊,有的同学父母亲都是残疾人,有的来自单亲家庭。总的来说家庭的环境都不太理想。父母迫于生活的压力,忙于生计,很少有时间陪伴孩子,他们对孩子的唯一希望就是读好书,考进好的学校,将来有好工作、好前途。所以往往只重视孩子的成绩,而忽略了孩子情感上的需求,造成绝大部分学生性格孤僻,不合群且比较自私。因为班内有为数不少的同学"两耳不闻窗外事,一心只读圣贤书",使得整个班集体人心涣散,缺乏集体凝聚力。作为班主任,我看在眼里,急在心里。要知道如果学生只关心学习,除学习之外的事不闻不问,不关心他人,不关心集体,长大后就很有可能被社会边缘化。所以我下定决心,一定要竭尽全力改变这一现状。让班上的每个学生都乐观向上,积极进取,拥有一颗爱心,形成一个"充满爱心"的特色班集体。

2. 目标

通过4年的教导,让学生可以开阔视野,有积极面对困难的信心,有健全的人格。使每位同学在集体中都能发挥自己的特长,使我们的集体充满着关爱。

二、特色班集体创建的过程

(一) 尊重自己——自爱(六年级)

学会爱自己,是源于对生命本身的崇尚和珍重。它可以让我们的生命更为丰满、更为健康，让我们的灵魂更为自由、更为强壮。我决定从学生个体的内在需求出发，尊重学生的身心发展规律，引导他们从学会尊重自己，爱护自己开始。

1. 注重自身的形象"美"

小李来自单亲家庭，每天都是头发蓬乱地来到学校，校服上经常油迹斑斑，同学们反映经常能闻到小李同学身上有股酸酸的味道。因此，大家很少和小李说话，慢慢地，小李的话也越来越少，经常独自一个人坐着。发现这个情况后，我决定帮助小李走出困境。担心会伤害到小李的自尊心，我没有直截了当地和他谈论此事。在和班委商量后我们决定开展一次"美与丑"的主题班会，最终通过讨论，大家懂得了干净，整洁的形象是一种自爱的表现，是对他人的一种尊重。通过此次活动，小李也意识到了形象美的重要性，每天出门前都会检查一下衣服是否穿整齐，头发是否梳理干净，人也慢慢地自信起来。除了开展主题班会，班级每个月还会评选本月的"形象大使"，通过具体事例来告诉学生注意自身形象的重要性，从而激发学生的自信心。

2. 体现自身的言行"美"

言行举止，简单说，就是人们相互交往中的语言和行为。从一个人的言谈举止中，马上可以凭直觉判断出他的修养素质，以及他的性格中的某个特点。我利用周一到周四的半小时午自休时间，组织班级里每位学生按学号轮流说一个有关于《语言美，行为美》的小故事。让学生从古人和伟人的故事中感受到语言美，行为美的力量；在教室的宣传栏里张贴着一些礼貌用语。班委会还制定出一些措施，如：当老师进教室要说"老师好"，老师出教室要说"老师再见"，收交本子时要双手奉上给老师，同学之间见面要互相问好,离开教室时要互道再见等。

让学生在日常生活中收集一些语言行为不够礼貌的事例并记录下来,不论多少,哪怕是一件也可以。也可收集一些行为礼仪好的事例也相应地记录下来,然后写下自己的看法。每个月的最后一周的班会课上,大家把这些不文明的行为罗列出来,讨论改进的措施;同时发扬好的文明礼仪行为。我们班在每个月还评选出"文明礼仪标兵",以此来鼓励懂礼貌、讲文明的优秀学生。通过这些实践活动,营造一个人人注重礼仪,注重品德修养的和谐班级氛围。

3. 关注何为心灵"美"

(1) 方法一:通过阅读。从书籍中找到何为心灵之"美"。由于我校鸿志班每周有两节阅读课,在语文老师的大力配合下,在学生们自发的讨论下,我们班制定了六年级一年的阅读主题——通过阅读文章和故事来找寻心灵美。同学们从古到今,从国外到国内,阅读了很多有关名人的故事,从中收集了一些有关心灵美的事例;也有同学摘抄了描写心灵美的诗句和名人名言。从经典文学作品中找寻心灵之美。

(2) 方法二:通过诵读。从朗诵中体会心灵美的意义。六年级时学校读书节,学生们根据阅读主题自发地找来朗诵的材料:关于培养自身的心灵美的文章进行诵读,在诵读的过程中,每位学生深深地感受到了,只有心灵美才是真正的美。让我们把美的德行结合起来吧!只有这样,美才会放射出耀眼的光辉。能使人心灵净化,生活彩化。整个六年级通过从生活实践到理论学习,学生们逐渐地明白了要尊重自己,要对自我有高度的认同,才会得到他人的爱护和尊重。只有做到自爱,才能有意识地去爱他人。

(二) 关心他人——爱他(七年级、八年级)

关爱他人,助人为乐,是中华民族的传统美德,也是社会主义精神文明的重要内容。作为新时代的中学生,在自尊自爱的同时更要关爱我们的同学,关爱我们的父母,关爱我们的老师,关爱我们身边的所有人。

1. 活动激发"爱"

七年级伊始到初中毕业,在与同学的商议和班委会的讨论下,我们班设定了"两个问候"。

(1) 生日问候。记住别人的生日,表达你的祝福。祝福在什么时候都不会多余,在生日的当天,为同学唱一曲生日快乐歌,向他表示生日的祝愿;这个月中所有生日的同学,在月末的那天会收到来自老师和其他同学们给他们送上的生日卡片,每一张小小卡片都承载着满满的祝愿,成为学生们永久的回忆。同学们还会给当月生日的同学送上小礼物,当然有时还会买上蛋糕与大家一起分享。那一刻,笑在脸上,甜在心里,整个教室充满了真诚的爱。这一幕让很多毕业的学生仍历历在目。

(2) 生病问候。人在生病时,情感比较容易脆弱,他人的关心慰问就像是一帖良药,令人难忘。我鼓励学生们根据自己的条件,用任何一种方式来关心生病的同学,如帮助同学整理好缺课的知识点,整理好缺课时所发的试卷,打电话关心病情,等等。

整个活动以情感人,让每位学生都能感受到被暖暖的爱包围着。

2. 互助体现"爱"

自八年级开始,随着学科任务的加深,个别学生在学习上遇到了困难。这时我们班级内部就自发形成了"大手牵小手"的互帮互助活动,这似乎已经是我们班的特色。由成绩好的同学来帮助那些在某些学科上有薄弱之处的同学,每周一次。尽管这样耗费了成绩优异的同学的不少时间,但是我会告诉他们,在帮助其他同学们解决难题的同时,自己也会收获快乐。所以学生们还是尽到了能给予的最大的执行力度。每位"大手"总是在课余时间抽空准备材料和习题,尽可能地针对同学们的疏漏之处,从而帮助他们提高成绩,取得进步。补缺期间也细心地留意他/她是否还有不理解的地方。如果有同学有事无法参与,"大手"们还会义务利用双休日帮他们补上缺的内容。互助表格上密密麻麻的记录,见证了同学间最淳朴的友情。如此循环往复,短板有了增长,原本的支柱也变得更坚实,双赢的局面逐渐形成。我们班级也被满满的爱心包围着,大家都享受到了赠人玫瑰手留余香的快乐。一年过去了,原来自顾自的学生渐渐地关心集体了,原来不愿与人交流的学生也在课后能与其他的同学畅谈未来了,整个班级比起开学初时气氛融洽了不少。

到了七年级,作为班级名片存在的班长,更是把牵手的范围主动地扩大到了年级组。在班内就有"学霸"美名的他,只要听到同学的呼唤就会不辞劳苦、耐心地为同学们讲解。而这种助人为乐的我班精神,更是被他潜移默化地发挥到了整个年级组。当隔壁班级开始邀请他去分享学习经验后,这种时不时出现的邀请让他花费了不少课余时间,但是看到其他班级同学开心地诉说他们的成功时,班长淳朴的笑容令人动容!这件事也更坚定了同学互帮互助,为班集体奉献爱心的信念。

我们班有一道亮丽的风景线,那就是在教室的门口有一排颜色各异的长柄伞。起因是有一次突遇大雨，有很多学生因为没有带伞而淋雨生病了。经班委讨论决定，每人出资买了一些伞挂在教室门口，以备不时之需。每把伞都标有数字，同学们可以随时借用。渐渐地，越来越多的学生将自家多余的伞带到学校里，悄悄地挂在教室的门口。有时邻班的孩子也会来借用，有的时候老师们忘了带伞也会来借。同学们说这真是一把把"爱心伞"，同学们从这一实际行动中享受到了帮助别人的快乐。

当他人正处在困难时期你所给予的帮助是最有效的关爱。

3. 关心回馈"爱"

培养学生对生活、对世界的爱，和对周围人、周围事的关心，对他们的身心的健康和成长成熟都有重要的意义。而这种爱的能力的培养，都要从身边小事做起。

每年的5月15日是我校的"爱家日"，我们班就开展了"一句祝福，一封家信，一件力所能及的事"的活动。在这一天，班上的每位同学要向父母说一句祝福的话，为父母亲做一件力所能及的事，以表达父母对自己的养育之恩。

开展主题班会，同学们进一步懂得了"感恩"不仅是一种情感，更是一种人生境界的体现。一个人对社会、对父母、对亲朋好友，要永存感恩之情，永怀感恩之心，才能从各个方面获得更大的情感回报。

4. 自律表达"爱"

老师是孩子们的良师益友。每年的教师节，我班的学生都会亲手给老师制作小贺卡，写上自己想说的话。有的学生还会为老师倒上一杯茶，以表达对老师辛勤工作的感谢。在平时的学习生活中，我们班的学生都会以最佳的状态在学习上努力奋进。上好每一节课，做好每一次作业，用最佳的学习状态来向老师们表达爱。这也是学生们送给老师最好的礼物。

（三）服务社会——感恩之"爱"（九年级）

若一个人仅仅考虑自己，就不可能成就多大的事业，"为人民服务"绝对不是一句空话，其实是告诉我们如何成就事业，实现自身价值，获得快乐。一个人能为社会做的贡献越大，自身的价值越大。

当我们牵起了彼此的手，心中的那份爱被播撒到了更广阔的空间。

每年暑假，我会组织我班同学以小队的形式开展交通小卫士等系列活动。比如组织学生在南浦大桥下的十字路口提醒、阻止行人不要乱穿马路。在炎炎烈日下，孩子们就这样站在南浦大桥下的十字路口，劝阻着每一个闯红灯的路人。汗水渐渐浸湿了他们的衣衫，但令他们倍感欣慰的是，每一个经他们劝阻的行人都会自觉地改正并且会提醒周围的路人，这份人与人之间的关爱就这样在行人之间传递着。这次的行动取得了很大的成功，在这种人心之间的关爱下，我和我的学生们相信不管城市还是生活都将变得更美好！

除此之外，每月我还组织学生开展帮助社区清理垃圾、保护环境的活动。不管是严寒还是酷暑，学生们一只手拿社区借来的火钳，一只手提着白色的塑料桶，不断地翻找着草丛里的垃圾，弯腰踮脚寻找并清理垃圾，汗滴从额角滑落，衬衫黏在身上，这样辛勤的努力也赢得了他人的夸赞。每当这时，他们便说觉得脸上热热的，嘴角也不自觉地扬起，充满喜悦与自豪，天气也仿佛不再炎热。

5月12日——母亲节,汶川地震五周年。我特意组织了一次志愿者活动。作为志愿者的我班同学们来到正大广场门口,希望让每一位过路人铭记这一天,付出点滴的爱,帮助雅安灾区的孤童。尽管天气较热,起先无人光顾,但是我们的毅力让我们坚持了下来,马路上留下了我们忙碌的身影,也留下了形形色色路人的爱心。

同学们升到九年级(初三),在学校领导的支持配合下,为了让学生将感恩反馈于社会,我们班自愿参加了"智力助学"活动。每周日下午我们班都会有两位同学去四年级小学生胡佳霁的家,教他朗读英语单词和课文并进行默写,为他检查数学与语文学科的练习。有时,我班同学也会带来些新颖的例题给他做,拓展他的思维、提高准确率,为他打下了深厚的基础。同学们还会在补习结束后陪他下棋、踢足球,玩得乐此不疲。尽管九年级学习紧张,学习任务重,但我们班的两位同学从来没有间断"智力助学"活动,之后小胡同学也进入了理想的中学。

通过这些志愿者活动,给我和我的学生们留下了深刻的印象,是他们的一次成长历程,让他们感受到了助人为乐后由心底发出的喜悦。

三、"特"了吗——特色班集体创建之成效

(一) 学生的成长

1. 在具体事例中体现"爱"

预备年级,我班丁同学在楼梯间不慎滑倒,导致尾椎骨骨折。同学们听了,纷纷自发成立补习团队,无论刮风还是下雨,在他缺勤的这段时间里,每组同学都坚持在放学后为他辅导。

任课老师也每次批好他的作业，及时反馈给他。就是通过这样一次次的"小事件"让我们这个集体从此紧密团结在一起。每一个队员都视中队如家。每一个队员都团结一心组成了一个怎么拆也拆不散，怎么打也打不垮的集体。事后，丁同学的家长为了表示感谢还给学校送来了锦旗，并表示能在这么温暖的集体生活学习很幸福，小丁也会尽自己所能帮助他人。

不但对本班的同学伸出援手，在其他班级的同学遇到困难时，我们班的学生也会尽自己的一份力。初一的下半学期邻班的许同学家遭遇了火灾。不过幸运的是，他们一家人都逃出了这可怕的火海，可是他们的家却淹没在了这场大火之中。

当我们班得知了这个消息的时候，所有学生都露出了震惊和担忧的神情，得知我们能够用捐款或捐物的方式去帮助她的时候，同学们开始议论起来：有的说家里有学习用品可以捐赠，有的说可以捐一些家用物品，还有的说要捐出自己的压岁钱……大家都怀着同情和关心，渴望尽一份自己的绵薄之力去改善她现在的处境。第二天中午，同学们纷纷带来了捐赠的物品，还有的同学将她的遭遇告诉了家长，同学的家长也积极地响应，让孩子带来了一个崭新的书包。

书包、毛巾、书本、杯子、钱物……同学们一份份的爱心，渐渐地汇聚到一起，成了一股爱的暖流，浇熄了那可怕的烈火。烈火无情，人有情，尽管我们班孩子家境不是最好，但不知不觉捐款已近千元，令我也感到吃惊。尽管，无情的烈火吞没了同学的家，让她的家庭遭到了破坏，但在同学们和学校的帮助下，那破损的缺口一点一点地变小。那黏合剂，正是我们班每个孩子那满满的爱心！

两年来，孩子们的脸上时刻挂着天真活泼的笑容，怀着纯洁善良的心灵，他们就像一群放飞的雏鹰，有着在蓝天翱翔的凌云壮志，他们用35颗朝气与热情的心组成了一个温暖、团结、和谐的大家庭。

2. 在获得荣誉时感受"爱"

2012学年度，我们班被评为上海市"金爱心"集体提名奖。在颁奖时，我班代表说了如下的一番话："秉承着市南厚德日新的校训，我们在其熏陶下也充满了爱心。现在作为鸿志班的一员，我们在好好学习的同时，也不会忘怀有一颗爱心回馈这个社会。我们会坚持去做这些义务的活动。但是我们做这些义务的举动并不是单纯地想获得这个荣誉，只是想尽自己的绵薄之力来传递这些正能量、让我们的这个世界充满爱！"淳朴的语言让我动容，是啊，如果人人都献出一份爱，世界将变成美好的人间！

（二）教师的成长

在创建的过程中，我的学生慢慢地从只关心学习到自尊自爱，关心身边的人，甚至关爱社会，回馈社会这一变化的整个过程，让我感到很欣慰。同时这一过程也让我的心灵得到了净化，让我深刻感受到作为一名教师，教育过程中必须充满着爱心，让学生快乐学习，健康成长，成为一个拥有爱心的人是教师的首要责任，也是践行科学发展观的重要课题。2016年我很荣幸地评为上海市第十二届"金爱心教师"。这更坚定了我的工作目标——让每一个学生拥有一颗爱心。

（三）班级的成长

学生在特色活动创建过程中逐渐形成凝聚力和向心力，凝聚成一个班风正、学风优、团结、自信、向上向善的班集体，2014

年，我们也被光荣地评为市级"先进集体"。

（四）培养"爱心"将持续进行下去

我们都希望得到他人的关爱与帮助。如果我们悭吝对他人施以援助，那么困难之时我们又怎能奢望他人给予自己帮助，其实关爱他人就是关爱自己。我们都应有助人为乐的善良之心，在见到别人身处困境的时候，都想尽自己的能力去帮助别人。这是内心的爱的体现，是生命本质中的美好情感的体现。作为教书育人的老师，更应该把奉献爱心、关爱他人、感恩社会的理念传递给学生。让孩子们心存美好、心存感恩。让他们在奉献爱心的同时，也被关爱包围着，幸福地生活下去。用他们纯真的爱心温暖身边的每一个人。

舌尖上的绽放
——"决胜舌尖"特色班集体创建纪实

上海外国语大学闵行外国语中学　黄世言

摘　要　特色班集体建设中资源的开发利用要基于学生的实际需要。本文把"吃"这一饮食文化作为教育资源引入课堂，从学生的需要出发，关注学生的兴趣点，对"吃"这一资源进行开发利用，引导学生在活动中体验、感悟，最终达到创建"决胜舌尖"特色班集体，培育学生感恩情怀、家园情怀、民族情怀、责任情怀，促进学生自我成长的目的。

关键词　"吃"　情怀　特色班集体创建

特色资源的开发利用是班集体建设中的一个重要内容。在当前班集体建设中，班主任都非常注重各种教育资源的开发利用，如利用班级中的特长生、利用家长的资源等。但在开发利用教育资源的时候，往往容易忽略学生真正的需要。《教育部关于培育和践行社会主义核心价值观进一步加强中小学德育工作的意见》(教基一[2014]4号)中指出："德育要改进方式方法"，要"从中小学生的身心特点和思想实际出发，注重循序渐进、注重因材施教、润物细无声,真正把德育工作做到学生心坎上"。因此,资源的开发使用,必须基于学生需要、激发学生兴趣、真正以学生为主体。

民以食为天,"吃"成了每个个体的生命必需,也成为生活不可或缺的重要部分。我们的教育主体是11—15岁的中学生,从生理上来看:正处在身体发育的第二高峰期,身高增长迅速,体重增加明显,快速的生长使他们对"吃"充满了极大的渴望与需求;从心理上看,他们对外界事物充满好奇,爱好尝试与挑战,总想知道、掌握一切,同时乐于接受新事物,敢于尝试新事物。他们所处的上海,有着丰富的特色饮食;他们所处的中国,是个美食大国,饮食文化历史悠久,博大精深,蕴含着丰富的育人价值。

因此,把"吃"这一教育资源引进班级,从学生的兴趣点、需要点出发,同时结合六至九年级各年段学生的特点,从探究"吃"的缔造者、搜罗上海的"吃"、发掘中华民族的"吃"、反思"吃"中存在的问题4个方面对"吃"这一教育资源进行开发利用,以"吃"的系列活动为载体,培育学生的"感恩情怀、家园情怀、民族情怀、责任情怀",创建"决胜舌尖"特色班集体。

那么,如何具体地巧用生活中的"吃",进行"决胜舌尖"特色班集体的创建?我主要从以下4个方面进行。

一、探究"吃"的缔造者——培育感恩的情怀

班级组建时,独生子女比例占到近90%。他们身边有父母和祖辈围绕着,却不感激父母,不体谅他人,导致班级凝聚力不够。因此把感恩的种子植入开始初中生活的学生的心中,那么,

该如何进行感恩教育呢？

我们每天享受的美食，都来自一群为之辛勤付出的美食缔造者：我们的亲人、密切相关的他人，还有大自然，他们与我们的"吃"息息相关。因此，我们以一个个美食的缔造者为"序"，通过"感恩亲人——感恩他人——感恩大自然"这样一个序列活动进行感恩教育。

首先是感恩亲人。菜场内、厨房里、餐桌上，是亲人辛劳的付出，才有了一顿顿美餐。于是，我以夺人眼球、击破味蕾、刺激食欲的美食活动，开启了这一教育活动。美食系列活动见表1。

表1 感恩亲人系列活动

活动名称	活动内容	活动目的
1."美食汇——亲情会"美食大比拼	同学带来家人制作的美食一起品尝	品味家人对自己的爱，更是品味美食背后的亲情
2.观看《舌尖上的中国第二季：家常》	节目讲述了3个与家常菜有关的感人亲情故事	唤起学生内心对家常菜的记忆，更是唤起他们对亲情的共鸣
3.聆听《吃吧，孩子》：妈妈讲述"吃"的故事	父母讲述幼时给孩子喂饭、孩子生病精心做饭、出差担心孩子吃饭的故事	让学生了解到在成长的路上，父母的无私付出与伟大的爱
4."今天我下厨"体验活动	学生亲自下到厨房，完成一顿饭的烧制	领悟亲人十年如一日烧饭的不易，感受亲人爱
5.节日礼物：书写《感谢一路有你》书信。	写一封信给自己的亲人，感谢他们十多年辛苦苦烧饭，用他们的辛劳换来自己的健康成长	引导学生通过笔下无声的语言，感恩亲人的辛劳
7."美食汇——儿女情"班级美食大比拼	开展亲子活动，让学生们每人准备一份自制的美食，带到班级里分享，邀请各自的父母品尝	呼应开头的活动，更是让学生通过自制美食的方式，提高动手能力，践行反哺之情。同时，家长的肯定与激励更能促进学生自主发展

活动从美食开始,又以美食结束。前后美食品尝中,品出来的更是浓浓的亲情。让学生深切感受到父母亲人的爱,增进彼此间的理解与关爱。

当然,除了感恩亲人系列活动外,还设计了感恩他人系列活动(见表2)、感恩大自然系列活动(见表3)。这些系列活动由人及物,由近及远,紧紧围绕着"吃"的缔造者展开,让学生明礼感恩。

表2 感恩他人(以感恩食堂工作人员为例)系列活动

活动名称	活动内容	活动目的
1. 食堂大窥秘——调查团在行动	班级调查小组深入食堂,了解食堂工作人员一天的工作情况	让学生认识到这个被他们忽视的群体,在默默辛苦地为全校上千名学生服务的艰辛与不易
2. 将光盘进行到底——午餐在行动	调查团同学谈自己在食堂调查后的感受;学生体验食堂工作人员的工作;最后视频呈现学生在校用餐现状	体验中感受到食堂工作人员的辛苦与不易,从而懂得感恩他们
3. 最美莘光人——我们在行动	争做最美莘光人:践行"光盘行动",用微笑面对每天送饭菜及汤的食堂工作人员等	让学生用实际行动去感恩他人

表3 感恩大自然系列活动

活动名称	活动内容	活动目的
1. 美食大拼盘——大自然赐予的那些独特美食	以小组的形式,让学生上网收集大自然给予我们的那些独特美食:如山里的奇珍果,菌菇人参等等。制作成PPT,在班级分组展示	学生们认识到大自然是无私的、厚爱的,给予人类许多营养价值高、味道鲜美的食物,大自然本不求回报
2. 走进农产品基地——感恩大自然的阳光雨露	以社会实践活动的形式,走进大型农产品基地,了解农作物生长所需的条件等	学生认识到餐桌上的食物,是离不开大自然的阳光雨露的滋润的,懂得感恩

(续表)

活动名称	活动内容	活动目的
3. 讲座——《伸向大自然的罪恶之手》——珍爱大自然	请班级学生家长通过讲座的形式,给学生讲人类对大自然过度的、无节制的索取所造成的后果	触目惊心的画面与数字,让学生感到那些不珍惜大自然的人们的可恶,大自然的伤痕累累
4. "小小河长"——做大自然的守护者	学校前后各有一条小河。让学生做河道的守护者,制作标语、制止人员捕捞河中的鱼虾等活动	用实际行动,保护大自然,做大自然的守护者

二、搜罗上海的"吃"——培育家园的情怀

在人口大迁移和城市化进程中,家乡的概念逐渐被淡忘。同时,学生尽管生活在上海,但00后的学生更喜欢关注一些稀奇、时髦的事物,对社区环境、家乡文化等不愿或缺乏了解,感情也较淡薄。

如何对学生进行热爱家乡的教育?上海的魅力,少不了"舌尖"上的魅力。故以上海的"吃"为切入口,先从他们生活在闵行的"吃",再到生活在上海的"吃":把魔都绚丽诱人、时尚精致的"吃"搜罗出来,刺激他们的味蕾,激发他们的兴趣,培育他们的爱家情怀。

说起闵行的吃,自然离不开七宝老街。因此,抓住其"多"的特点,进行系列活动的创设,见表4。

表4 七宝老街"吃"系列活动

活动主题	活动名称	活动内容形式
"赞"——美食品种之"多"	"探寻老街美食"摄影比赛	学生带着相机,走进老街,去捕捉老街那些关于美食的光与影、色与味的精彩瞬间,呈现诱人的美食故事

(续表)

活动主题	活动名称	活动内容形式
"叹"——品美食人之"多"	"秘寻老街客流量"撰写调查报告	班级6个小组,周末去进行实地考察。通过访问店主,统计老街客流量,调查店铺营业额,美食销售量等,完成相关调查
"感"——美食荣耀之"多"	"搜寻老街之最"电子小报比赛	主要让学生通过网络,寻找七宝老街的荣耀。如七宝老街是上海最具特色的美食一条街之一等,然后让学生制作成小报

  七宝老街的美食富有独特的魅力,因此可鼓励学生们去探寻"魅力背后的故事"。如走近七宝老街美食创造者,感受他们精益求精制作美食的精神;如以"我当一天老街环卫工的活动",与那里的环卫工一起守护美食街的卫生,感受他们默默无闻、兢兢业业的工作精神;又如去访问当年参与老街改造保护的工作人员,感受他们勇于创新力求上流的开创精神……老街的魅力,是每一个老街人打造出来的魅力。我们每一个闵行人都应该发扬这些精神。

  接着引导学生聚焦上海的吃。上海的"吃"同样怎一个"多"字了得。同样设计系列活动(见表5),让学生参与这些活动,进而去探寻"上海美食背后"的原因:为什么上海会有这么多的吃呢?上海经济飞速发展,人们生活水平提高,消费能力增强;上海容纳着每一个来自这里的经营饮食的人,包容每一种口味。从这里让学生看到上海经济的发展,为上海骄傲。让学生看到上海正是因为这种海纳百川,兼容并蓄的精神,而成就了辉煌。

表5　上海"吃"的系列活动

活动主题	活动名称	活动内容形式	活动目的
秀—— 小吃品种之多	"上海特色小吃"PPT大秀台	小组竞赛的形式；PPT展示上海各式各样的小吃	学生感受到上海小吃的种类繁多，色味诱人
炫—— 特产品种之多	"上海特产"义卖会	学生自主组织策划"特产"义卖会，邀请任课老师、家长参与；特产可以自己制作也可以买；义卖形式提倡创新，倡导"营销策略"	感受到上海特产种类繁多，了解到家乡特产的相关知识
赞—— 水果之多	"上海水果"展示会	在水果品种多的秋天进行，让学生布置展台，要求"参展商"的展台有新意，并让"采购商"采购各种水果，然后进行采购交流会	学生不仅了解上海水果品种的丰富，同时新颖的活动形式也激发了他们参与活动的积极性
叹—— 餐饮店之多	"上海美食地图绘制"大比拼	上海餐饮店遍布上海的每一个角落，学生通过上网查资料、实地考察等形式，了解上海各区域的美食店，进行美食地图绘制	在地图的绘制中，学生既了解了上海餐饮店的多，也锻炼了自己的实践能力

七年级的"家园教育"活动，设计上从闵行的"吃"到上海的"吃"，由小到大；从吃表面"多"的现象，挖掘"多"背后的原因，由表及里。这样一步步启发学生认识自己的家乡，感受到家乡美好的同时，更深刻认识到家乡人身上所具有的精神。并坚定自己要传承这些精神，要为家乡的发展出力！有了这样的情怀，他们就会爱家乡的一切人与物。班集体的建设，又会推向一个新的高度。

三、发掘民族的"吃"——培育民族的情怀

饮食文化是中华民族文化的重要组成，它历史悠久、源远流

长、博大精深。而其中的饮食礼仪文化,与我们的生活息息相关。我们的生活富裕了,"吃"已不仅仅是吃饱,更是追求着"吃"得精、"吃"得雅。在"吃"的物质层面我们确实是丰富了。但在"吃"的精神层面,我们却日益贫穷:吃得没了规矩,没了礼仪,没了民族的骄傲。

八年级着重培育学生的民族情怀。此年龄段的学生已从感性趋向于理性,对家国具有了一定理性认识与看法,并初步具有自己的判断与看法。这时也正是他们初中阶段世界观、人生观趋向于逐步成熟的过程。因此将以我们民族饮食文化中的礼仪文化为突破口,让他们了解我们民族的用餐礼仪,担当起重振餐饮礼仪文化、发扬民族文化的使命。

如何用餐?用餐有哪些礼仪?活动分3个梯度,每个梯度分别有一个目标,一种结构,见表6。

表6 用餐礼仪

三个梯度	咱们班级的用餐礼仪	咱们家的用餐礼仪	咱们在饭店的用餐礼仪
三个目标	在校文明用餐:做一个遵规守纪的好学生	在家文明用餐:做一个孝顺懂礼的好儿女	在饭店文明用餐:做一个有素养的好公民
一种结构	(1)不文明礼仪用餐的现象→(2)我们应该怎样用餐→(3)为什么要这样用餐→(4)探究用餐礼仪背后的民族精神、民族形象		

如以"咱们班级的用餐礼仪"为例。班级是在教室吃饭,食堂工作人员把饭菜等送至教室。学生中不文明的用餐习惯是去饭箱拿饭时争先恐后,边吃饭边大声嚷嚷,或边吃饭看书等,剩下许多饭菜不吃,放饭盒时随手往饭箱一丢等。尽管是到了八年级,这些现象仍然存在。活动中学生先列出自己班级不文明的这些现象。然后,他们以小组的形式,分头去六、七、九年级调

查中午用餐情况。通过问卷调查，图片呈现等方式，把真实的问题暴露出来。然后我和学生共同研究传统用餐礼仪。再对比邻国日本、韩国中学生用餐的录像。从而引导他们思考：我们用餐有必要学古人学日本学韩国吗？深层次地去了解用餐礼仪背后所包含的一个民族的文化、一个民族的精神。一个没有民族精神的国家是没有未来的。我们中国自古就是一个礼仪之邦，这是我们民族精神的瑰宝，我们应该传承与发扬。所以，小小的用餐礼仪，蕴藏着大大的民族精神。这样，学生会从内心去亲近、接纳用餐礼仪。于是下一步就是制定班级用餐礼仪规则。最后定期评出班级用餐礼仪之星，以此鼓励学生将其内化为自己的行为。

从班级的餐桌，到家中的餐桌，再到饭店的餐桌，让学生在"吃"的精神层面丰富起来：知礼仪、懂礼仪、学礼仪。这些礼仪不仅维系着学生个人的生命意义与社会归属，也构建着我们这个民族的群体形象。尤其是当我们走出国门，在国外饭店就餐时，我们这个民族的群体形象不应该在用餐上被诟病。

班级学生在"吃"中习得礼仪，更在"吃"中学会传承民族精神，学会捍卫民族的尊严。一个有了尊严的班级，也就能决胜自己的未来。

四、反思"吃"中存在的问题——培育责任的情怀

"吃"中存在的问题，是我们中国人心中的痛，如植物生长环境被污染、食品添加剂泛滥、食品制假造假严重、一次性餐具的白色污染等。中国餐桌上的问题，正威胁着每一个中国人。

这里的"责任"表现在敢于担当:在家中为亲人担当、在家乡为家乡的发展担当,在中国为民族的振兴当担!爱家人、爱家乡、爱民族的具体表现就是能为之付出与担当。因此在九年级开展活动时,学生已由青涩逐渐走向成熟,并且面临人生的第一次选择——中考,这是对自己未来的担当,也是培育他们的责任意识的好契机。因此,我引导学生去发现和反思"吃"中存在的问题,让他们去思考、去讨论、去解决、去意识到自己的担当,从而培育他们的责任意识。

　　活动分为3个部分:①舌尖上的逝去——探寻消失的美食;②舌尖上的安全——拿什么拯救你!③舌尖上的未来——中国食品,路在何方?以第二部分来说,我从舌尖上食物的安全和舌尖上餐具的安全两个方面着手。我们现在面临的是食用植物生长环境的污染,食用动物中的生长激素、瘦肉精等污染,苏丹红等各色食品添加剂,还有地沟油使用、农药超标等各种问题。一次性的水杯、盘子、碟子、塑料包装等,在给我们的生活提供了便利的同时,也给我们的生活与环境带来很大的麻烦。这些是我们每天要面对的,那么,我们该如何去看待这些问题,我们又有能力解决这些问题吗?作为中学生,我们是一味去谴责职能部门、黑心商人呢,还是应该从自我做起,汇集点滴的力量,对这些说不?如对"舌尖上的食物安全",我设计了如下系列活动,见表7。

　　活动一:找出"舌尖上的不安全"。

　　活动二:如何拯救舌尖上的安全?

　　活动三:志愿者在行动。然后设计具体的一个个具体的活动,以班级小队的形式去实施。

表7 责任系列活动

活动主题	活动名称	活动内容形式	活动目的
舌尖上的逝去——探寻消失的美食	1.网上资料收集展示活动：寻找离我们而去的美食！	以分组的形式，选某一方面，如消失的传统美食、消失的老字号、消失的长江三鲜、消失的味道等，用具体的数据来呈现美食的现状	认识到生态破坏对食物造成的危害
	2.合作探究：还有多少美食将离我们而去？	以小组的形式，通过调查，资料查阅，探讨这些美食离我们而去的原因，如环境的破坏导致长江三鲜的逝去，如工业化生产加速了食材的成熟周期却减少了自然生长的味道，从而使得味道的逝去等	探究美食失去的原因，引起学生的忧思
	3.讨论：如何守住我们的美食？	以小组的形式，试图去探求解决美食逝去的方案	学会思考实践，并能意识到去担当
舌尖上的安全——拿什么拯救你！	1.PPT播报：那些"舌尖上的不安全"	走进2005—2015十年食品安全大事件，以PPT的形式播放。并让学生说说他们身边的"舌尖上的不安全"	了解食品安全。认识到其严峻性
	2.合作探究：志愿者在行动	针对我国食品中出现的不安全问题，我们该如何化不安全为安全。不安全背后的原因是什么，又如何让其安全？	探讨中培养他们发现问题、分析问题以及解决问题的能力
	3.如何拯救舌尖上的安全？	班级制作食品安全标语、宣传食品安全知识等。力所能及，尽管力量弱小，但只要在行动，就会有希望	意识到自己的责任，能去践行
舌尖上的未来——中国食品，路在何方？	1.辩论：中国转基因食品，路在何方？	采用辩论的形式，让学生去辩论《转基因利大于弊还是弊大于利》。科技的发展，带来了转基因食品，这是舌尖上的发展，但是，对于转基因食品，我们是"见虎色变"，还是"敞开大门"？	学生看到中国"舌尖"上的未来，有机遇也有挑战

(续表)

活动主题	活动名称	活动内容形式	活动目的
舌尖上的未来——中国食品,路在何方?	2.探讨:中国出口食品,路在何方?	1.听微报告:《为什么我们会把最好的出口?——中国食品出口问题多多之我见》; 2.班级探讨:"中国出口食品路在何方"?	通探讨中国食品出口的"怪"现象,发现问题、分析问题、解决问题
	3.探讨:中国未来的食品,路在何方?	1.阅读《我国当前食品安全现状、问题及对策》;如何研发新食品,保证餐桌上的安全; 2.探讨:"中国未来的食品,路在何方?"	在思考探讨中生发责任,培育学生的责任感

初三的学生,大踏步地迈向青年。通过思考中国食品中存在的种种问题,能让他们看到问题的实质,通过尝试思考与分析,更能有一种忧思与责任感的生发。舌尖上的问题,是那么真切、那么与人息息相关,学生会乐于去参与与思考,从而达到效果。

五、总　　结

(一) 收获

回顾4年中"决胜舌尖"特色班集体创建的过程,有以下的几点收获。

1. 以"吃"为突破口,极大地调动了学生参与创建活动的兴趣

学生是班级的主体,也是受教育的主体。创建怎样的特色班集体,怎样创建特色班集体,必须要从学生实际出发。"决胜舌尖"特色班集体的创建,我抓住了学生的"胃",以"吃"的各种

形式,设计学生喜闻乐见的活动,让各色活动挑起他们的味蕾,打开他们的"胃",在极大的渴望与憧憬中,让他们积极参与各项创建活动。从而激发了他们参与的愿望。

2. 学生个性得到发展,组织创建活动的能力得到提升

在特色班集体的建设中,我通过设计组织了一系列以"吃"为内容的特色活动,这些活动在形式上注重多样性、丰富性;在内容上注重实践性与创造性,关注学生的自主性与合作性,从而让活动成为教育的载体,学生的兴趣爱好、个性特长、聪明才智在活动中得到发挥,个性得到凸显。如在班级"美食"义卖活动中,我让善于创意的同学大胆设计海报、售货员的服装、食品的包装以及去构思独特的营销策略等等;让有舞蹈、乐器表演才能的同学排演"美食"义卖活动的开幕式节目;让大胆、善于表达的学生当售货员等。特色班集体创建中的特色活动,是一个丰富的育人磁场,它不仅把学生吸引过来,让每个学生的个性特长、爱好兴趣得到发展;更是把老师、家长吸引过来,形成一个有爱、有趣、有思想的场域。

3. 特色班集体基本形成,育人效果明显

特色班集体创建以整个初中阶段为整体,分年段进行,注重整体性、序列性。4年下来,班级学生对于"舌尖上的文化"都能有较深的了解,他们热衷于去了解美食、欣赏美食、尝试做美食。在与美食的相处中,懂得生活、热爱生活、珍惜生活,并能担当生活。整个班集体朝气蓬勃、青春飞扬:懂得感恩、热爱家乡、深爱自己的民族,知晓责任的担当——这些美好的情怀如同花瓣,在"舌尖"上绽放,更是在班集体中绽放,一个有着鲜明特色的班集体逐渐呈现在校园里。

(二) 问题

同时,我也感到有以下几个问题需要思考。

1."集体特色与个性发展"的问题

特色班集体创建要形成班级特色,但同时也要让学生的个性得到充分的发展。对于学生的个性发展我原来比较注重"在活动中促进个性发展"。其实还可"在特色评价中促进学生的个性发展",即建立多元的评价反馈机制,从而促进学生的个性发展。此外是"在特色成果展示中促进学生发展",要用心地把学生在创建活动中的各种成果,通过图片、文集、板报等形式展示出来,让学生看到喜悦与成功,获得积极的情绪体验。

2."如何更好地开发利用特色班集体建设的资源"问题

本次实践中能较好地基于学生的需要去进行特色班集体资源的开发利用。但资源的开发利用不仅如此,还应该注意资源的优化与整合。而在该研究中,我却误以为资源一定要品种多、数量多,多多益善,恰恰在如何去筛选、甄别,以及如何去优化整合这些资源上做得不到位,结果在效果上打折扣。此外,也需要有一颗善于发现"资源"的火眼金睛,研究中能挖掘"生活中的吃"这一资源,但在深度、广度上还需加强。

参考文献

[1] 檀传宝.德育原理[M].北京:北京师范大学出版社,2006.

[2] 王祖慧.以特色班级建设促进学生个性发展[J].中小学德育.2011(12).

[3] 张勇.浅谈班级特色文化建设的重要性[J].读与写.2015(12).

[4] 于达成.整合三大教育资源促进活动常态长效[J].教书育人.

2015(04).

［5］王家梅.浅议特色班级创建［J］.新课程学习.2014(03).

［6］申如绿.特色班级创建的实践与探索［J］.学校管理.2012年(05).

［7］王怡文."科学龙"特色班级创建的实践与思考［J］.教学月刊.2011(03).

［8］候瑞波.最是书香能致远:"悦读行动"促进学校"特色班级"文化建设的实践［J］.东方青年教师.2013(08).

扬起自信的风帆
——以"励志成长"为抓手的班集体特色创建纪实

上海外国语大学松江外国语学校　刘　可

新接手一个中预班级,在班集体创建过程中,通过一段时间的观察和了解,发现学生在学习和行为规范等方面十分散漫,同学之间不够团结。65.76%的学生觉得自己不能主动积极发言,近70%的学生认为自己在学习上缺少自信心。

看到学生们散漫的学习状态和无助的眼神,作为新接班的班主任也是看在眼里急在心里。

在建设班集体过程中,我通过创设各种成长平台,以励志影片、励志故事、励志名言为抓手,不断引导、鼓励学生,激发他们学习的潜能,提升学习的自信心,进而培养他们的责任感与集体荣誉感。

一、班集体创建预设目标

(1) 以励志影片、励志故事、励志名言为主题,不断营造积极向上充满正能量的活动氛围,让学生不断反思自身行规、内化自我,并在实际行动中逐步养成自我鼓励、自我激励的好习惯。

（2）搭建多种实践活动平台，通过家长会、家委会等，开辟学生与老师、同伴、家长沟通的新渠道，开展有教育意义的系列活动，不断挖掘学生潜能，逐渐形成充满青春阳光正能量的班级，力争创建优秀班集体。

二、班级特色创建的措施

在尊重学生身心发展规律的基础上，想方设法调动学生的积极性，促进学生由被动式的"要我学"渐渐转变为积极主动式的"我要学"。因此，在创建过程中我从以下两个方面开展活动。

（一）励志点亮心灯　激发潜能

互联网时代有着取之不尽用之不竭的教育资源。只要用心收集，需要的励志影片、励志故事、励志名言等都可以充分所用。

1. 措施一：视觉的盛宴——励志影片

励志电影有着振奋人心、激励斗志、洗涤灵魂等作用。通过小人物的人生遭遇、生活挫折、人生奋斗、命运抗争等宣扬一种乐观自信、积极向上、顽强奋斗的人生态度。像"中国达人秀""超级演说家"等节目就有很多这样的例子。

观看"感动中国"十大人物之一的无臂钢琴王子刘伟用脚弹钢琴，震撼了每一位同学。他的一句"我的人生中只有两条路，要么赶紧死，要么精彩地活着。"感动了所有学生。刘伟的影片让他们明白：努力就有可能。

新东方的创办人俞敏洪演讲的《树的种子》让同学们懂得做人的标准和成长的标准："每个人应该像树一样地成长，只要你有树的种子，即使被人踩到泥土中间，你依然能够吸收泥土的养分，自己成长起来。……十年，二十年你一定能长成参天大树。"

当播放完埃里克·韦汉梅尔的影片后,所有学生都受到极大的震撼,因为他是世界上第一位登上珠峰的盲人。同学们在下面议论纷纷:他是如何做到的呢,真是不可思议?!

……

看着这些励志影片,学生们的眼神是专注的,内心是专一的。他们被那些身残志坚的励志人物所感染,在不可思议中开始反思自己,内省自我。在此基础上,他们在学习中不断挑战自我,战胜自我。从刚开始让他们上台,慢慢地到他们主动走到台前,这是一个质的飞跃。虽然很多学生刚开始发言时比较紧张,说话磕磕绊绊,但良好的开端是成功的一半,敢于走出封闭的自我,一次次历练,让他们对自己都刮目相看,更让其他同学敬佩不已。

励志影片如同一粒粒火种,点燃了学生们心中沉睡已久的火种,有学生在随笔中这样写到:这些影片似灯塔般为四处漂泊没有目标的我指明了方向,照亮了我前行的道路。那么多身体残疾,却不向命运低头的人,通过坚忍不拔的意志力,都能取得优异的成绩,作为一个健全的中学生,我为什么不能试着创造属于自己的天空呢?

励志影片不断影响和改变着学生们学习的心态,举手发言的学生开始渐渐多了,学习上的自信心也逐步增强,班级里原来死气沉沉的学习氛围慢慢消散,取而代之的是灿烂的笑容和青春的活力。

2. 措施二:听觉的荟萃——励志故事

中学语文课本中有很多励志故事,这些故事感人肺腑,震撼人心,是磨砺和教育学生不可多得的好素材,只要稍加整合,对学生就有着潜移默化的影响。如在学习张海迪的《口哨》这篇文章时,引导同学们查阅她的故事,在了解张海迪的经历后,同学们真的被震撼到了,无法想象这样一个严重的高位截瘫的女子是如何战胜病魔并靠着坚强的意志力自学成才的。

类似的人物故事还有海伦·凯勒、史铁生……

这些励志文章和故事,引起了学生们的思考:为什么那些身体如此残疾的人这样努力并取得如此优异的成绩?我跟他们相比,真是差的太多太多了,可为什么我还不努力?假如我像他们那样努力,是不是也可以取得很大的收获?……

一个个励志故事,不断浇灌与滋养着学生们的心田,不断给予他们前行的动力,"我要像史铁生那样微笑而行,出彩人生;像张海迪一样不断战胜自己,突破自我。"孩子们站在台前,留下铿锵有力掷地有声的话语。而这些感悟的言语又感染着其他同学。渐渐地,班级里呈现出越来越积极乐观的精神面貌,他们不再像以前一样沉默寡言,而是不断走出封闭的自我,肯定自己,相互鼓励,共同进步。

3. 措施三:自我激励——励志名言

古今中外的励志人物给世人留下了一句句经典名言,这些名言都是一笔笔巨大的精神财富,如果把这些精彩的语言利用好,那些经典、深刻、充满睿智思索和隽永哲理的名言,对学生们为人处事和学习有很好的激励作用。我把这些名言当作"礼物"送给同学们,让他们不断地收获自信。

"×××,不要怕,无论什么困难的事,只要硬着头皮去做,就闯过去了。"这是我送给学生的第一件"礼物"。当我问他们敢不敢上台把这句话大声说出来时,由于胆小缺少勇气,他们几乎没有人愿意接受挑战。当全体学生大声齐读三遍后,"有什么不一样的感受吗?""感觉有一股力量在心中涌动。""有点热血沸腾的感觉。""好,那就每天早上洗脸时对着镜子大声对自己说,直到你顺其自然为止。"

刚开始,很多同学不好意思,还把门关上,怕爸爸妈妈听到,但经过3个星期的坚持,同学们都能自如地表达了。一学年下来,过半的同学还每天坚持对着镜子进行自我鼓励。当然,每次所说的名言不一定都是一样的。"只有经过地狱般的磨炼,才能创造出天堂的力量;只有流过血的手指,才能弹出世间的绝唱!""自信是成功的第一秘诀。"……同学们经常把这些名言警句对着镜子大声诵读,慢慢地内化成一种习惯,一种动力。

当同学们把这些名言警句作为礼物送给爸爸妈妈时,家长也是眼前一亮,他们很欣慰,觉得自己的孩子开始变了,精气神跟以前不一样了。

励志名言、格言等既丰富了学生们的学识,又让他们汲取其中的养分。他们在自我鼓励中找到了自信,在自我对话中突破了自我。通过一学年的训练与坚持,每个学生的胆量和自信心均有明显提升,自信心的提升反过来又使得班级里的学习氛围越来越高涨,课堂上积极发言的学生越来越多,学习中比赶帮的现象令老师们惊讶不已也赞叹不已。

(二) 开展实践活动　促进成长

孩子的成长离不开家长的倾心教育,充分发挥家委会的作用,可以为孩子的成长助力。家委会负责一学年的实践活动策划以及开展相应的活动。这些活动,调动了家长参与教育的积极性,他们搭建的平台,既锻炼了孩子的胆量,又培养了孩子的人际交往能力和语言表达能力，为孩子们的成长打下了坚实的基础。

1. 措施一：家长走进课堂，拓宽学生的视野

由家委会组织策划的家长进课堂，是学生们最喜欢的课程之一，每个月会邀请来自不同行业的家长跟他们进行互动，家长现身说法，分享他的学习经历和工作经历，对学生们来说是新鲜的话题。对走进课堂的家长来说，既有些许的压力，也是一种动力；对学生来说，在聆听大人分享的同时，也会通过对话引起他们的思考。

家长们的讲座和现身说法让学生们走出了狭隘的书本范围，开阔了他们的视野与眼界，拉近了家长与孩子之间的距离。在与家长们的交流与互动中，他们收获了书本上学不到的知识，也提高了孩子们比较欠缺的语言表达能力和与人交往能力，自信心也渐渐地提升了。人际交往的和谐反过来促进了同学们之间的团结友爱，更培养了他们的集体荣誉感，增强了团队的凝聚力。

2. 措施二：内外实践活动，提供成长的舞台

传统文化节日也是教育学生的好契机。

重阳节，带着学生们走进敬老院。学生们把精心准备的礼物送给那些孤寡老人，与老人们拉家常，了解老人的生活等，收获了浓浓的亲情，又让学生们懂得人与人之间的关爱多么重要。

春节期间，让学生们体验制作"四菜一汤"，家长教孩子学习如何买菜、洗菜、烧菜、品菜、评菜。通过他们的亲自体验，孩子们体会到父母每日工作与生活的不易，"四菜一汤"不但既锻炼了学生们的动手能力，也促进了亲子关系更加融洽。

在元宵节，家委会组织学生们一起现场包汤圆、猜谜语，以

小组合作的方式,学生们制作了五颜六色的汤圆,在感受传统文化魅力的同时,也培养了他们的团队合作精神。

在儿童节,我和家委会精心组织家长和孩子在户外开展亲子活动,在多彩的团队游戏中,大家热情高涨,为了自己小组能够获得胜利,他们全身心投入。既提高了他们的团体意识,又增进了同学间的友谊。

……

三、班级特色创建成效

(一) 学生的成长

在创建班集体特色活动过程中,这些激励性的措施不仅激发了学生们学习的潜能,还培养了他们的责任感,学生们也在激励中自信满满。

在一学年学习即将结束时,学生们在成长记录中写到:"过去一学年的上台发言,似乎比我小学五年加在一起发言的次数还多。""以前的我很少积极发言,但现在我可以自信地回答问题;我最大的变化就是比以前开朗多了,敢于跟老师交流了,敢于跟同学互动了,这在以前是根本不可能的事。""以前班级里吵闹现象很严重,上课却不怎么发言,现在同学们都抢着发言,要是举手晚了就浪费了很多机会,所以,我要不断挑战自我,把手举高一点举快一点。"

(二) 教师的成长

在班集体建设过程中,作为班主任,虽然忙碌却无比充实,劳累却无比快乐。在教育学生的同时,我从励志影片、励志故事、励志名言中汲取无穷的动力,让我每天都青春阳光充满正能量。也正是这些正能量又影响着班级里的孩子。同时,积极的家校互动得到了家长们的支持与肯定,看着家长和孩子在一学年里的收获,我感到无比的欣慰。作为班主任,我只做了自己应该做的事,但换来的却是学生们幸福的成长与陪伴。

(三) 班级的成长

学生们在班集体活动创建过程中逐渐凝聚成一个积极进取、勤学善思的班集体。在春季运动会上,班级荣获了"精神文明奖"和"道德风尚奖",让学生们很受鼓舞;在校园读书艺术节的经典诵读中,一首《少年中国说》震撼全场,荣获一等奖;在年级组三对三篮球赛上,那震撼全场的加油助威声激发了几位运动员昂扬的斗志,一举夺得了让所有人都未预料到的来之不易的冠军。赛后,我跟他们拥抱在一起,不少孩子热泪盈眶。有学生在成长记录中写到:看到场上运动员们的斗志,我特别感动,只要努力拼搏,永不放弃,一切皆有可能……

正是有了以上成绩,班级在一学年即将结束时,被光荣地评为区级"快乐中队"。

(四) 家长的成长

学校教育离不开家庭教育,家庭教育离不开家长的用心。我利用家长会、微信群等多种平台与家长们分享家庭教育的心得。开展各种形式的家庭教育讲座,与家长们一起学习。如:我带着部分家长和学生去上海图书馆聆听于丹教授的家庭教育讲座,回来后在班级进行交流等。家长们通过不断学习家庭教育知识,掌握家庭教育的科学理念和方法,不断更新家庭教育观念,与班主任一起引导孩子逐渐形成正确的"三观",这对班集体特色活动的创建起到了很好的帮衬作用。

总之，在创建班集体特色活动中，我充分发挥学生的主体作用，整合家长的教育资源，不断调动学生的积极性，并为学生搭建成长的舞台，不断点燃他们内心渴望的火种。一年来，一个积极阳光充满正能量的班级氛围正在形成，学生们也正扬帆起航。

老房有戏　弄堂藏情
——以"海派建筑文化"为载体的创建班集体特色的实践探索

上海市金陵中学　方婷婷

学生们的成长离不开朝夕相处的班集体,在信息爆炸的时代大背景下,班主任用传统的说教方式做学生思想工作便显得愈加生硬和苍白,甚至受到学生和家长误解。我努力探寻、开垦一方文化的沃土,让孩子们能够在这片天地中树立健康人格、提升人文素养、彰显独特个性、激发民族自信。

上海因多元文化而充满生机与活力,世人喜欢将上海的诸多方面冠以"海派"二字。所谓海派,就是吸纳和融合各种风格的一种有上海独特的文化。"海纳百川,追求卓越,开明睿智,大气谦和"是上海的城市精神,建筑是凝固的历史与文化的沉淀,而"海派建筑"正体现了"海纳百川,兼容并蓄"的海派文化,她的开放性、创新性、多元性,蕴含着智慧与时代意义。借助"海派建筑文化"这一载体展开活动,让来自五湖四海的学生们融入班集体,感受"海纳百川"的本土文化特点,并发扬海派文化的上海城市精神。不失为一条好的途径。

一、多重因素，确定主题

(一) 身在老房

1. 百年老校蕴灵感

我校创建于清光绪二十七年(1901年)，是一所拥有120年文化积淀的百年老校，校舍也已有百年历史，被评为"上海优秀历史建筑"，具有新古典主义特征。曾吸引邹韬奋、洪深、曾虚白、江泽民等大家前来任教，也培养出一批批诸如张奠宙、邵逸夫、陈逸飞、蒋以任等社会栋梁。

2. 经典外滩有名堂

正是在"海纳百川，兼容并蓄"中造就了中西并存、中外合璧、艺术交融、风格独特的"世界建筑博览会"——外滩，外滩已然成为海派建筑文化的代表。我校地处四川中路与北京东路口，隶属黄浦区外滩街道，毗邻"外滩源"，与坐落在黄浦公园内的外滩历史纪念馆、中山东二路上的上海档案馆，均有长期的合作共建关系，可以为我们开展海派建筑文化探究提供大量丰富的历史图片、文献资料。

3. 海派弄堂藏故事

弄堂，这一上海特有的居民形式。多少个故事、多少个典故、多少个名人、多少个记忆，与小洋房、与石库门、与公寓楼紧紧联系在一起，可以说没有弄堂，就没有上海，更没有海派建筑文化。弄堂，构成了近代上海城市最重要的建筑特色；弄堂，构成了千万普通上海人最常见的生活空间；弄堂，构成了海派建筑文化的最重要的组成部分。来我校就读的学生们大多是生活在学校周边的弄堂里，在居住了几十年的老人们眼中，吱呀作响的楼梯上有故事，拥挤狭小的公用厨房有故事，连如厕洗澡都充满着故事。在夏天的弄堂里，摇着蒲扇纳凉的老人们，用自己的经历和记忆讲述着一个个故事。

(二) 情牵老房

当刚入学的学生们观看了我校宣传片后，学生们深深地被这座古朴的小小红楼所震撼，被蕴藏在其中的故事、文化所吸引，因身为其中一员而感到骄傲。孩子们的话题越来越多，不仅仅局限在学校，已然对周围的老房、弄堂里的历史、故事产生了浓厚的兴趣，渴望着去挖掘更多、更丰富的历史与文化。

我意识到契机来啦，学生们那么渴望去了解亲近这些有戏的老房子，于是，我以"海派建筑文化"为载体，进行了创建班集体特色的实践探索，依托这么丰富的环境资源，帮助学生们了解海派建筑文化，形成正确的人生观、价值观，提升孩子们民族认同和文化自信，为他们的一生奠定良好的基础。

二、多维分层，设立目标

《国家中长期教育改革和发展规划纲要（2010—2020年）》中指出，教育应促进学生提升民族自信心，增强对中华民族文化认同感和世界多元文化沟通鉴别力。因此班级活动设计围绕"海派建筑文化"，注重学生个体在主动参与的过程中，逐渐感受隐藏在建筑中的海派文化，不断丰富积累、深化认识，并逐渐外化，成为海派建筑文化的传播者，感悟"中国心、民族魂、海派情"；班集体在师生的参与互动中，逐渐发展成为一个快乐向上、有凝聚力且能润泽生命的港湾。鉴于此，我预设了3方面的目标。

(一) 行走:海派文化的探源

回顾海派文化演进的过程,可以看到,在植根于中华传统文化的基础上,吸纳了吴越文化和其他地域文化,受到了世界文化主要是西方文化的影响,逐渐形成了富有上海地方特色的海派文化。我们以豫园为代表的江南园林建筑,抑或是中西结合的里弄建筑,每一栋建筑都有自己独特的风格与特色,组织学生进行海派建筑探究,让他们了解海派建筑的形成过程,感知多样文化交融的上海海派建筑的特色。

(二) 体验:海派文化的魅力

上海的石库门建筑就是体现中西文化共存这一特点:石库门住宅的结构布局源自中国传统住宅院落的模式,有些石库门入口的门套上做有巴洛克装饰的山花,但黑漆大门上的门环又露出中式的痕迹,建筑很多地方都采用了西方建筑的装饰形式和图案,但住宅内部的空间却是一派典型的中国民居室内场景。可见,海派建筑具有很强的包容性。我们积极引导学生在了解自己生活成长的环境之外,我们引发学生对海派建筑有自我的觉悟,提高学生的民族文化认同感。

(三) 传承:海派文化的精髓

上海,不仅是有历史的上海,更是接续历史再生长、再发展、再辉煌的上海。伴随学生们不断的积累,一些习惯已潜移默化地形成,学生们不仅是海派建筑文化的继承者,也是海派建筑文化的传播者,以学校、家庭、社区为平台,引导学生用美学思维审视海派文化之美,用世界性语言解读海派之美,发挥学生的文化辐射作用。

三、多项探究,开展活动

"老房有戏,弄堂藏情"是围绕着有戏的老房子和浓浓的海派情设计班级活动,学生们在故事、游戏、发现等主动参与过程中,营造有特色的教育活动,挖掘学生潜能,让学生们在潜移默化中形成协作互助的习惯,逐渐形成班级凝聚力和文化自信。

(一) 整体规划,助力成长

不同年龄段的学生有不同的心理特征,尊重顺应学生们的天性,往往能取得更好的效果。在几年的教育实践中,我进行了分年级、分目标设计有梯度的实践活动(见表1),不仅让学生们成长的脚步越来越踏实,也让学生们的脚步越走越远,逐步创建班集体特色。

表1 分年级、分目标设计的有梯度的实践活动

年段	主题	目标
六年级	探寻——寻访海派文化的建筑	寻找在悠长历史发展中留存下来的海派文化精髓,了解每一个建筑的故事,深刻体会到中华民族厚重的文化传承和热爱美好生活的朴素愿望
七年级	学习——感受海派文化的渊源	组织学习,让学生进一步了解海派文化的渊源历史,感受到海派文化正是上海市这座城市发展的活力和动力,也可以说文化是城市持久的生产力、竞争力
八年级	体验——感悟海派文化的魅力	组织学生通过沪语秀、志愿讲解员、弄堂游戏、实践汇报等形式,生动再现"衣、食、住、行"中的海派文化和沪语精髓
九年级	传播——传播海派文化的精髓	开展丰富的亲子活动,传承"志愿讲解员",与学弟学妹分享经验,并通过讲弄堂故事、讲上海话等活动,激发美好的上海情结

(二) 分层推进，文化浸润

1. 探寻

活动一：走近海派建筑。

六年级的学生好奇心比较强，我便鼓励他们用眼睛来发现海派建筑，用镜头来记录海派建筑的外形，用心灵来捕捉海派建筑的美丽；海派建筑上所有的细节都可能是优美的化身、智慧的体现。学生们在"走近海派建筑"的过程中，自己身上也正在发生一个个的故事：自发分组、分工明确、协同互助；分享经验、交流心得、资源共享。学生们在寻建筑、拍建筑的过程中，形成了健康的心理和端正的品格、发挥个性、快乐成长。最后的成果，我们以"海派文化寻访图片展"，几十块精美的展板展示了学生们进行文化寻访实践的内容。

活动二：聆听海派建筑。

或许建筑们不会讲故事，但居住在老房子里几十年的大人们却有着满满的记忆和说不完的故事。学生们通过去寻找、采访、记录下这些故事，并在班级中定期举行"故事会"活动，让更多的同学听到她、感受她，在听完故事后的第一时间，记录下自己的感触，并与同学们交流。

这些收录着学生们只言片语的评论，亦是他们真情实感的流露与成长的足迹，凝聚着智慧，闪烁着思想火花。整个活动也提高了孩子们从多角度认识事情及分析问题的能力。

2. 学习

对老房子历史的学习，不仅可以了解近百年上海的发展史、荣辱史，更能激发学生的爱国主义情感及民族使命感。

我组织七年级的学生们参观位于黄浦公园内的上海外滩历

史纪念馆,通过馆藏内丰富的历史图片,展现给学生一个别样的老建筑风貌——近代上海城市发展的起源。我引领学生们走进外滩海派建筑之一的"上海档案馆",查询更多、更丰富的资料,揭开老房子更多不为人所熟知的历史。利用丰富的网络资源,搜集纪录片视频、电子书、重大历史事件等,追寻过往的历史。借助《黄浦区中小学生社会实践护照》,根据不同实践点的组合搭配,与学生们一起先后设计出了红色之旅:中国共产党第一次全国代表大会会址纪念馆、团中央机关旧址纪念馆、周公馆;民族复兴之旅:中国邮政博物馆、中国银行大楼、四行仓库纪念馆等多条线路。最后,学生们通过PPT展示汇报了学习的收获。

3. 体验

随着学生们年龄的增长与积累,各方面也都日趋成熟,给他一个平台来展现自己的能力,体现自己的价值,将感情外化为行动。

我鼓励学生们担任上海外滩历史纪念馆的义务讲解员,肩负起海派建筑文化传承的责任。学生们不仅如数家珍般地讲述着外滩一座座海派建筑的历史故事,回忆起与小伙伴们一起探访她们的画面,学习这些海派建筑历史资料时的情景,不禁说出来的故事更充满感情,仿佛身临其境一般。

学生们经常会在外滩、南京路遇到来沪游玩的外国友人和国内游客前来问路,学生们除了能够为他们准确地指路外,还会热情地和他们介绍沿路的海派建筑呢。

4. 宣传

随着"海派建筑文化"活动层层深入,其本身所包含的丰厚文化也越来越影响学生的素养。学生对海派文化越来越感兴趣,并将其带入了学校、家庭、社区。

经过为期近一年的上海外滩历史纪念馆义务讲解服务,学生们将自己所积累的志愿者经验、讲解素材、趣事逸闻,毫不保留地分享给自己的学弟学妹,将这一项志愿者服务发展成为我校的优秀传统。

"小手牵大手,全家一起游"活动中,鼓励学生邀请自己的父母游历海派建筑,为父母做一天的小导游,在亲子活动中,不仅促进海派建筑文化的传播,也增进了学生们的感恩心。

每年暑假北京里居委的暑托班,也都会邀请学生们去给更小的学生讲述一段段故事,他们已经是最受欢迎的孩子王啦。学生们讲述的里弄里的小故事,不仅小孩子们爱听,也勾起了居委里的阿姨叔叔们的回忆,打开了他们的话匣子,更丰富了学生们的故事集。

(三)营造氛围,伴随成长

1. 日常活动,定期办

在创建班集体特色的过程中,根据不同活动阶段,定期开展各种日常活动,让学生们丰富自己的精神世界。

每月利用班会课时间,分享学生们新拍摄的照片和故事,并设立"独道"奖和"故事大王",表扬独具慧眼的学生们,激励更多的学生去寻找、去开掘;每学期我都与学生们一起编辑整理"海派建筑精选集"和"老房有戏"故事集,把学生们的成长精编成册。每周利用午休时间,观看一集《上海故事》,感受改革开放以来的上海变迁。利用每周的十分钟队会、家长会等活动平台,让优秀志愿者交流体会、畅谈感受,提升学生们的班级自豪感和社会认同感,让他们有更大的信心和干劲投入到未来的志愿者服务中去。

2. 教室布置，成果展

教室布置能为学生们的身心发展、性情陶冶提供环境氛围，也是班级特色创建中强而有力的抓手。

在教室中，我和学生们设立了"两墙一角"来营造气氛。教室的两面墙上分为：我们的足迹、荣誉堂以及一角的档案角。在我们的足迹中，汇集了学生们所拍摄的老房照片、寻访地图、学生们的活动图片等，这面墙是学生们探寻的脚步、成长的记录；荣誉堂里留下了各路的明星达人：故事大王，独道摄影师，优秀志愿者等，激发着学生们的各项潜能；一角的档案角里，存放着学生们的个人活动档案：自己拍摄的图片、寻找的视频、文字资料，系列活动中所拍摄的图片、视频，撰写活动记录、感悟与心得等，那些学生们自己的故事和历史，让他们体会到"我今天的行为就是我明天的历史"的含义。

3. 紧抓热点，促成长

抓住一个个热点事件、一个个传统节日，开展系列主题活动，增强育人效果。中国共产党诞生在上海的石库门，四行仓库的八百壮士浴血抗日，上海周公馆见证了国共谈判历史……这一栋栋老房子里书写着中国近代的血泪史。

比如，在建党95周年之际，开展系列活动：参观"中共一大会址"，观赏影片《建党伟业》《信仰的力量》，正是"海纳百川、兼容并蓄"的海派文化，孕育了共产主义的伟大思想。

又如，在新春、元宵等传统节日时，开展海派民俗活动：欣赏豫园民俗灯会，品尝汤圆等地方节日美食；在弄堂里，寻找各地人家过节风俗，感受"海纳百川"的海派文化。

四、多方效果,创建成效

(一) 班集体成长

海纳百川、融会贯通。"海派建筑文化"博大精深,若仅凭学生个体的探究是很难满足需要的,必须通过同学间的协作共享才能达到预期目标,学生们在活动中逐渐形成默契。来自五湖四海的学生们,在"包容性、开放性、多元性"的班集体文化中,更具有凝聚力和向心力。

(二) 学生成长

情感共鸣,融入海派。在"老房有戏、弄堂藏情"的班集体特色创建过程中,给学生提供情感的滋养、思想的启迪。当看到老房动迁时,虽然会听到居民们奔走相告的喜悦声,但常常看到他们对故地是那么的恋恋不舍,不少人临走还要回头看三看,流下不舍的泪水,即使多年后回到故地,还要拉着人告诉他这里当年的景象,因为这是我们的根,是一辈子割舍不断的情意啊!现在每当听到海关大楼整点的报时音乐,又会浮想到上海的开埠历史,激励着我们珍惜当下、刻苦努力,为祖国的富强而奋斗!

(三) 教师成长

教学相长,以学促教。我与学生们在班集体创建过程中,不仅斩获了丰富的海派建筑文化,更获得了属于我自己的实践探索:从学生实际出发——提出设想——实践探索——反思改进——解决问题——再发现问题的循环链。

学生在特色活动创建过程中逐渐形成凝聚力和向心力,凝聚成一个班风正、学风优、团结、自信、向上向善的班集体,我们也被光荣地评为区级"快乐中队"。

五、问题与思考

整合资源,越走越深。在整个班集体特色创建过程中,我主要依托了学校及共建合作单位的资源,我发现社区与相关对口小学的相关活动,也拥有我开展班集体创建的丰富资源。我校所属的北京里居委,定期开展"老弄堂,新故事"活动,讲讲老弄堂里的新鲜事;与我校对口的北京东路小学,每年都会带领学生"重走南京路"活动,了解步行街上的风云历史。今后我可以与社区多沟通,让学生们在生活细微处也能时时感受到独特的海派文化;我可以与对口小学多联系,让活动更有延续性、层次性,将"海派建筑文化"的种子深深早早地埋入心田,让她茁壮成长!

突破局限,越走越远。在整个班集体特色创建过程中,我更多地是利用了过去的海派建筑资源,今后我可以把足迹走到浦江对面的陆家嘴,去挖掘、利用新时代的海派建筑,感受先进、智慧的现代海派建筑文化。

参考文献

[1] 国家中长期教育改革和发展规划纲要(2010—2020年)
[2] 黄浦区中小学生社会实践护照

遵循教育规律，创建班集体特色
——对"诗书伴我行"班集体特色创建的思考

上海市市东中学　周　琦

摘　要　创建班集体特色不仅是实现个性化班级管理的需要，更是遵循学生成长规律和教育规律，"因班制宜"实现教师和学生共同成长发展的需要。创建班集体特色需要在了解班集体特色的内涵和理论依据的前提下，确定班集体特色创建的主题，然后以科学的、新颖的方式和方法进行建设，力求实现班级学生、教师和班集体的健康和谐可持续发展。本文拟以"经典诵读"班集体特色创建为例，谈一谈在班集体特色创建过程中的思考和收获。

关键词　班集体特色创建　教育规律　经典诵读　可持续发展

一、班集体特色的基本内涵

班集体特色是指在先进的教育思想指导下，从班级实际出发，经过较长时间的集体建设和创新实践，形成了独特的、先进的、稳定的班级风格与突出成果的班级。

班集体特色具有以下5个基本特征。

（1）独特性。班集体特色班级是独特性的班级，围绕其特色的创建，制定个性化的班级目标、活动内容，并进行特色化的班级管理。

（2）群体性。班集体特色班级不是个体的一厢情愿，而是师生在班集体创建过程中共同努力的劳动成果。

（3）激励性。班集体特色班级形成的特色能够促进班集体的发展以及师生的共同成长。

（4）稳定性。特色的内在核心在班级创建过程中不会被轻易地改变，有稳定的活动形式，进而形成稳定的文化氛围，稳定的师生关系。

（5）持久性。随着学习生活的开展，能够长期存在和发展下去，不会因为时间、环境的改变而轻易发生变化。

二、班集体特色创建的理论依据

班集体特色创建不是空穴来风，更不是闭门造车，而应该是在理论指导下的不断的实践反思和改进，班集体创建的理论依据主要有以下3点。

（一）马卡连柯集体主义教育原则

苏联教育家马卡连柯提出了著名的集体主义教育理论。其核心思想是："在集体中、通过集体和为了集体"，即集体是教育的基础，教师开展的一切活动都是在集体中开展的；集体是教育的手段，教师必须通过集体来教育个人；集体是教育的目的和对象，教育个人与教育集体的活动应同时进行，每一项针对集体开展的教育活动应收到既教育集体又教育个人的效果。

班集体特色创建,就是一种集体的创建活动,需要教师充分利用集体的力量,在集体中教育个人,同时,在教育个人时,注意其教育影响应该不仅仅是指向个人,而是应该指向整个集体的发展。班集体特色创建的工作思路也应该是"在集体中,通过集体,为了集体"。

(二)加德纳的多元智能理论

多元智能理论是美国心理学教授霍华德·加德纳提出的一种关于智力的新理论。加德纳反对传统的智商观,认为人的智商并无高低之分,差异主要在于智能结构的不同,他认为人的智能结构至少包含以下要素:逻辑数理智能,言语—语言智能,音乐—节奏智能,视觉—空间智能,身体—动觉智能,自知—自省智能,交往—交流智能,自然观察智能。通常会有一种或两种智能在个体的身上表现较为明显,比如学校学习成绩好的学生,通常是那些语言和数理逻辑智能较发达的,体育特长生则是身体动觉智能比较突出的学生等。

多元智能理论提醒班级管理者,不能用统一整齐的标准要求学生,而应该用不断发展的观点看待学生,鼓励学生发挥自己的智能特长,参与到班集体特色创建过程中,同时不断提供展示机会,挖掘学生身上潜在的智能结构,促进学生潜能的发展。

(三)建构主义心理学原理

建构主义是一种关于知识和学习的理论,强调学习者的主动性,认为学习是学习者基于原有的知识经验生成意义、建构理解的过程,而这一过程常常是在社会文化互动中完成的。建构主义强调学生的主观能动性,强调社会文化交往活动对学生学习和发展的影响,这就启示我们在班集体特色创建过程中,充分尊重学生班集体主人公的地位，班集体特色创建的目标设定，内容选择，建设和运行机制，都应该由学生自主选择和决定，班主任的职责主要是引领和调节，不能过多干预学生自主性的发挥。

三、班集体特色建设及评价

班集体特色创建主要应从主题确定，内容选择和机制运行3方面做起。

（一）准确定位，确定特色创建主题

创建班集体特色，必须立足于本班学生实际，着眼于学生的未来发展，促进师生的共同成长。

1. 立足于本班学生实际

立足本班学生的实际，是创建班集体特色的基础。因此，在确定创建班集体特色的主题时，班主任可以通过观察、问卷调查、访谈等形式，了解学生的实际情况和需要，在征求学生和家长建议和意见的前提下，确定创建主题。

刚接手预备班时，笔者在班级中发现这样的现象：同学们经常对一些经典诗文进行改装再造，如把"若为自由故，两者皆可抛"改为"若为金钱故，两者皆可抛"，把李白的《望庐山瀑布》改为："日照香炉生紫烟，李白来到卤肉店，口水流下三千尺，一摸口袋没有钱"等，并且班级学生在日常生活中经常使用负面的网络用语……面对学生这样的言行，通过问卷及对个别学生和家长进行访谈，笔者了解到许多学生因自身缺乏辨别能力，容易受网络上不良信息的引导，加之初中生处于成长的青春期，容易产生叛逆心理，及学校有关教育措施的缺失，致使青少年产生对经典的大不敬和篡改。基于此，笔者拟利用古诗文诵读来丰富学生的文化生活，以此为抓手创建班集体特色。

2. 着眼于学生未来的发展

《国家中长期教育改革和发展规划纲要（2010—2020年）》指出："把促进学生健康成长作为学校一切工作的出发点和落脚点。"因此，班级特色主题的选择，必须立足于学生的终身发展，摒弃急功近利的思想，着力打造能够影响学生一生、具有鲜明个性的班级文化特色。

经典诵读能够帮助学生形成正确的人生观、价值观，让他们自幼就开始接受优秀文化的熏陶，在诵读过程中潜移默化地接受优秀传统文化教育，可以为他们一生的发展奠定良好的基础。

3. 定位于师生的共同成长

班集体特色的创建过程，也是师生共同成长的过程。班集体特色的创建不仅赋予学生们成长的精神食粮，更是班主任突破常规的工作方法，寻找班级管理新思路和新突破口的有益尝试。师生在创建班级特色的过程中会得到更多的启迪，不断实现自身的成长和发展。

笔者在以经典诵读为特色创建班集体过程中，根据学生身心发展规律，将古诗文等经典文本加以选择、重组和排列，因人制宜，循序渐进地对学生进行正义精神、团队精神、进取精神等的培养，让每一个学生都能在团队中找到向上的动力和归依感。通过两年多的努力，"沉静得下可求理，志气奋发能为事"的班风已渗入每个学生的心田，比、学、赶、超已成为每个班级成员的共同追求。同时，班主任得以从繁杂的事务中解脱出来，专业能力得以提升，而且有精力将更多的学科知识融入德育工作中，实现了师生的共同成长。

(二) 尊重规律，选择特色创建内容

班集体特色不是指某一方面的特色，而是从班风学风，班级管理，文化形态、课堂常规等方面形成的长期的稳定的风格。特色创建内容的确定不能脱离整个大的教育环境和教育规律。不能脱离学校和班级实际，更不能脱离学生身心发展特点和成长规律；是在班主任的组织下，科任教师、家长和学生代表一起群策群力共同确定的。在此基础上，我们确定班集体特色建设主要围绕"树立良好的班风学风，营造丰富的精神文化环境，建立和谐的人际关系，促进师生可持续发展"这四点重点展开。班集体特色创建必须要有力的抓手，否则就会变成一团乱麻，无从下手。基于以下两点笔者选择以"经典诵读"为抓手，创建班集体特色。

1. 诗歌诵读的意义

祖先为我们留下了大量的名篇佳作，它们是中国文化之一，是中国文化精髓的体现，又是卓越人物智慧的升华。优秀的古文诗词都是经过历史的积淀和遴选，它们琅琅上口，短小精悍，发人深省。因此，在教师的引导下学生通过诵读经典古诗文，不仅可以培养其良好的阅读习惯和阅读兴趣，开阔视野，活跃思维，同时能让学生继承中国的文化瑰宝，传承民族精神，弘扬中华优秀传统文化，而且在教育效果上有事半功倍的效果，提高整个班级的文化品位，形成浓厚的文化氛围，提高学生自身的道德情操，进一步升华学生的道德素质。

2. 中学生身心发展特点

初中阶段是学生身心生长发育的第二个高峰时期，初中生的生理迅速发展成熟，而心理的发展却落后于生理的发展。他们的价值观、交往能力和策略、思考问题的方式和水平、把握社

会规范的能力和经验、应付自己的心理问题的知识和技巧等各个方面都依然停留在一个相对幼稚的阶段,需要逐渐累积,在探索中前行。经典诵读活动的开展,可以引导学生形成正确的人生观、世界观和价值观,带动班级形成良好的班风学风,丰富班级学生的精神世界,建立和谐的生生和师生关系,促进学生的可持续发展。

(三)内外兼修,建立特色创建机制

1. 以特色环境浸润心灵

班级环境既包括精神环境,又包括物质环境,而良好的教室环境能够净化心灵、陶冶性情,促进学生的身心发展。所以我们以教室物质环境的建设来丰盈学生的精神世界。需要注意的是教室的布置应根据学生的年龄特点和知识水平,切合班级特色的主题,体现出独特的班级文化。

为了营造学习经典、诵读经典的氛围,笔者和班级学生群策群力,确立了"一诵二报三角"的形式和环境布置。"一诵"即进行"每日一诗"诵读活动;"二报",即小报和板报。小报由个人完成,板报由小组协作完成,展示个体学习和小组合作学习的成果。"三角"即在教室中,合理利用空间来创建图书角、交流角和展示角,为同学们提供进行经典诗文学习、交流和展示的机会和平台。

2. 以特色活动润泽心灵

活动形式是班集体特色内涵的载体,创建班集体特色,除了要有物质文化的外显塑造,更应注重对班级特色活动和形式的挖掘和创新。

为了调动学生经典诵读的积极性,使活动参与主体更加多元,我们采取了以下几种活动方式:①我与经典月月行——主题

吟诵会,结合学校相应的活动内容,进行每月主题吟诵会。通过精彩活动的开展,不仅给学生提供了广阔的舞台展现了自己的风采,更教会他们如何在活动中寻找自己的长处,并且培养他们团结协作的能力;②亲子吟诵助和谐——亲子诵经典。让学生将所诵读的诗词带回家与家长交流的形式,来促进学生诵读,同时在家长和子女共同吟诵经典的过程中,加深了家长和孩子的互相了解,改善了亲子关系;③文化之花绽放社区——诗词进社区。这一活动不仅丰富了社区生活,而且让学生在参与社区活动当中,迎接更需要智慧和勇气的挑战,经受了社会磨炼,最终实现了创建班级文化灵魂的目标——育人。

3. 以特色管理推进建设

班集体特色的创建,不是赶时髦,走过场,不是空中楼阁,更不是搭花架子,它必须以学校的常规管理为基础。班集体特色的创建应是在常规工作基础上的创新和发展,具有将创新与常规结合起来的丰富德育内涵。班主任在班级管理中要坚持"一切为学生,全面依靠学生,高度尊重学生"的生本教育理念,并建立与之相适应的自我教育的管理规范(制度建设)和管理机制(全面参与),这是实施现代班级管理的基础,也是班集体特色创建顺利进行的保障。

四、班集体特色创建的评价和反思

(一) 班集体特色创建评价

班集体特色建设要注意对其绩效的评价和管理,以便及时总结经验不足,在下一发展阶段进行调整和改进。绩效是指班级在班级愿景及其机制的引领下,经历了一段时间建设之后所产生的成效,具体体现在"班风学风""班级环境""课堂常规""课外活动""干部管理""发展水平"6个方面所达到的水平。

对这6方面的评价,既可采用量表评价的形式,也可采用问卷调查和访谈的形式,以了解学生、家长、学校领导对班集体特色建设的意见和建议,及时总结经验,改正不足。在评价过程中,要尊重学生的主体地位的发挥,注意学生在创建过程中的收获和发展。

(二) 班集体特色创建反思

班集体特色建设是一个长期的过程,不可一蹴而就,在创建过程中要做到两个必须:①必须有科学的理论支撑,尊重教育规律,不可好高骛远,脱离教育实际;②必须有学生的积极参与,尊重学生身心发展特点和规律,充分发挥学生在特色创建过程中的主观能动性,以促进学生的可持续发展,切忌班级管理者独断专行。

参考文献

[1] 曾文婕,谢立清,区艳冰.班级特色建设:问题与对策[J].江苏教育研究,2013,07:29—32.

[2] [苏]马卡连科著,吴式颖等译.马卡连柯教育文集[M].北京:人民教育出版社,1985.

[3] (美)霍华德·加德纳(Howard Gardner),沈致隆译.多元智能[M].北京:新华出版社,1999.

[4] 杨维东,贾楠.建构主义学习理论述评[J].理论导刊,2011,05:77—80.

[5] 商风丽.提高德育实效的特色班级建设策略[J].学校党建与思想教育,2011,21:49—51.

第二章　读书笔记

只要用心　定有改变
——读《变出品牌班级》有感

上海市金山剑桥实验中学　王　慧

2017年的寒假,在工作室的精心安排和组织下,我有幸拜读了浙江省优秀教师、全国百佳班主任杨春林老师的著作《变出品牌班级》。拿到这本书伊始,我就被标题中的"品牌"二字所吸引。什么样的班级可以称作为品牌班级？更重要的是如何创立品牌班级？杨老师又是个怎样的班主任呢？带着这几个疑问,我认真读完这本书。读完后,我想从以下几个方面谈谈我的感受。

我对杨老师最大的印象是,作为一名班主任的他执着地热爱着班主任这份工作。这不禁让我想起在参加教师编制考试时的场景。当时考官问起我什么是老师最重要的品质,我毫不犹豫地回答说"love"。的确,要想做好任何一项工作的前提是爱上这份工作。而杨老师这份爱的核心是接纳,发自内心地接纳班级的每一个学生,接纳他们的性格、脾气、甚至缺点。只有全方位地接纳学生,教育才有可能。其次,他也是一位有梦想的教师。在这本书中,字里行间、点点滴滴无不渗透出他是一个非常有主见、有创意的班主任。他的心中一直怀着一份梦想，也一直激励着他不断前行。尽管曾因"管理不善"而被撤离班主任岗位，尽管在担任班主任的历程中经历了很多坎坷，但是他从未放弃对班主任这份事业的追求，心想才能事成。此外，他更是一位有行动的班主任。我们也常常对班主任工作有很多新的思路，但是往往因为各种原因而缺乏实践的勇气，很多时候只是空想。而杨老师既是一位点子多，也是一位能够坚持学习研究、反复提炼的班主任。因此，总结起来，一个品牌班级的班主任一定要有爱心、有梦想、有行动。

就"品牌"班级来看，原以为品牌班级一定多么的高大上，感觉自己能力有限，不能实现。读完本书，我对"品牌"二字有了清晰的理解。一个品牌班级一定是一个优秀的班级，最重要的标准有3条：第一，班级中的每个人感觉自己是幸福的。幸福的班级一定是一个很有凝聚力、很有向心力的班集体。所谓的品牌，不仅是一种外在的评价，更是一种内在的感受，而感觉幸福是品牌班级的前提条件。第二，班风端正，学风严谨。好的班风、学风是品牌班级的重要标准之一。第三，班级有与众不同的特色。质量和特色是品牌班级的两大核心，应该挖掘学生创造才能，最大限度发挥学生的特长，形成班级特色。我想，只要我们每位班主任都能用心将自己的班级像这样去经营，就一定会创造出属于自己的品牌之班。

就如何创建品牌班级来看，从杨老师的叙述中，可以看出"关系""管理""活动""常规"是班级的基本生态。和谐的师生关系是品牌班级的前提条件。在本书的第二章"紧张变和谐"这一章节，杨老师通过"模拟法庭：向老杨开炮"的崭新途径，与学生一起心平气和地探讨了"跑操期间能否上厕所"的难题,将管理危机转化为教育契机,不仅解决了当下的管理问题,而且教会了学生理智解决问题的方法,给学生上了生动一课。这是杨老师对师生平等理念的实践。此外,管理有序是品牌班级的基本保障。在"单轨变双轨"这一章节,杨老师创造性地开展"金牌管理员"活动,提升了值日班长的专业形象,通过事件说明了值日班长对学生能力的锻炼价值,通过制度清除了值日班长顺利开展工作的障碍,极大程度地引起了值日班长对未来的热切向往,科学治愈了值日班长管理低效的通病。这是杨老师的创新,当然也是杨老师所带班级的品牌。其次,活动是凝聚班级的法宝,个性化的活动是品牌班级的实施途径。比如,在本书的第四章,杨老师针对不同年级段的学生设计了一系列的主题教育活动,有亲子活动、实践活动和励志活动,每个活动都充分体现了个性。当然,品牌班级的创立也离不开常规的管理,如制定班规、安排座位、营造氛围等。

　　这本书是一本有趣的书,书中呈现了很多有趣的实践,它让我看到了很多话语可以这么说、活动可以这么开展、班级可以这么管理,杨老师的学生如此可爱、家长如此活泼,师生之间如此默契。

　　杨老师之所以能变出品牌班级,就是因为杨老师善学习、善沟通、善思考、善创新、善实践,就是因为"变"是杨老师的带班智慧的集中体现,杨老师自己就是品牌啊！也就是说,班主任就是创建品牌班级的本源,班主任就是品牌班级的最大品牌！

　　在初当班主任时,杨老师曾遭遇"下课"的悲摧命运,就是这样一位"起点不高"的杨老师通过自身的不断修炼而变出品牌班级。我相信任何想变出品牌班级的老班,都能通过阅读《变出品牌班级》一书,感悟杨老师的带班心路历程,学习杨老师的变出品牌班级的创新做法,"变"出自己的品牌班级。正如杨老师在自序中说的那样:"我行,你也一定行!"

《哲学的故事》中读"人"

上海市曹杨二中附属江桥实验中学　崔　宏

美国威尔·杜兰特所著《哲学的故事》堪称是"易读"版的哲学入门读物。一个个生动的小故事,讲述了诸多哲学家的人生经历和他们的智慧思想。细细读来,不觉人生况味,竟重新审视自己。

哲学是一门深奥的学问,是一种宇宙观,是这个世界得以运行的不可抗拒的规律。一直以来,认为哲学离我太遥远,是一种神秘而不可测的东西,然而,它又那样令人着迷,越是谜团越是希望能够破解其中的密码。而威尔这部书,浅显易懂,生动活泼,再现了几位伟大哲学家的光辉形象。可以说,威尔的这部书从神秘的高台走下,真正地走入寻常百姓家。竟将晦涩难懂的道理娓娓道来,多了几分人情和世故。当然,一边读一边在思考:人活在天地间,究竟背负着怎样的使命?我们所信仰的,到底带我们去向何方。而作为一名教育工作者,我也在反思,我们要教育什么人?要怎么开展我们的教育工作……

哲学里,大概最容易理解的就是"辩证思想"。的确,事物都有两面性,从一面走到另外一面,初衷和结果往往偏差很大。正如,我们渴望能够正直、勇敢,但也会胆怯和退让,然而这并不是最终的目的,该怎样避害就利,取长补短才是正途。

如今,教育提倡知识传授与人文关怀相结合,教师与学生的关系变得丰富且微妙了。教师是学生发展的导师,而学生的发展的过程也渗透着教师的成长,两者互为相长,相辅相成。有时,我们必须要学会转变角色,互换视角,从不同的立场思考问题,而这时,我们总会惊奇地发现:原来事情是这样的。同样,在希望学生受教的心理"指挥"下,我们的语言和动作就会受到束缚,往往掉进自己挖的"坑"中,难以自拔。其实,只要我们懂得辩证地看问题,总能找到解决问题的办法。

其次,《哲学的故事》里讲述了诸多哲学家的故事,深入浅出,既客观记叙其人生经历及思想形成过程,又对其进行点评,倾注了作者对哲学的喜爱,更是对读者的一种精神洗礼。

回想自己的成长之路,也是一路学习,一路跌跌撞撞。从书中,不难看出威尔的期盼,那就是不要故步自封,学习就是开阔眼界,就是扩充知识,就是丰满自己。要知道,人类在漫长的发展历程里,经历了重塑筋骨的磨砺。生命的延续和发展,就是大自然优胜劣汰和人类自我意识的觉醒。站在大历史的背景下,人就显得太渺小了。所以,只有不断地丰富我们的精神世界,才能增加我们生命的厚度。

世界文明高速发展,这个时代凸显出"个性"发展的特点来,无论是教师,还是学生,都不能用一个固定的模式去限制,该怎样做一名合格的教师,怎样塑造一个个宝贵的灵魂,这需要时刻提醒我们自己。人性之美在于相互关爱和理解,师生之间亦如此,只有懂得彼此关照,才会和谐,才会富有创造力。

读哲学,的确是很累的一件事,而读《哲学的故事》时,却能感受到一种爱和理解,是对思想的珍视,对人的尊重。因此,在今后的时光里,我会笑着面对所有的困难,与学生一起成长,因为,这才是真实而圆满的人生。

尊重家长，有效沟通
——读《与学生家长过招》有感

上海市储能中学　刘　燚

《与学生家长过招》是作者郑学志通过案例剖析，阐述班主任工作方法与策略，体现德育思想与理念，突出实践指导性和可操作性。语言生动、有趣，可读性强。

作者郑学志具有丰富的班主任工作经验，荣获"全国十二佳班主任"荣誉称号，是"班主任工作半月谈"的领军人物，同时，他还是《班主任》《班主任之友》等多家权威教育杂志和报纸专栏的作者、特约编辑。已出版《班主任工作新视角》《班主任工作招招鲜》《爱的建议》《呵护心灵》《发现天才》《高考状元家教启示录》等23部教育教学专著，作品总发行量突破40万册。《班主任》《班主任之友》《教师博览》《教育品牌与管理》和湖南卫视等10余家媒体对其做过专题报道。因此，这本书是一份在实践基础上得出的优秀班主任工作指导。

纵观全书，郑老师在与各种家长的交往沟通中，都表现出了对家长的尊重理解、宽容谦让和真诚相待，并以此感动了家长，感染了学生。因此，他的班主任工作才会做得如此成功。整本书充满了真挚和感动,令人回味无穷!

班主任与家长的接触基本始于"家访",所以本书的第一章节中提到了一个非常值得我们学习的观点"做一个让家长和学生都欢迎的客人"——以谈论孩子的优点长处作为切入点,在进一步的交流后,再委婉提出学生的缺点。同时,班主任应极力使用商量的口吻,态度随和,语气婉转,语态真诚。切忌教训,上纲上线,导致因失言而失理。比如,把学生的性格弱点说成人性"污点",把学生的行为缺点说成品行"缺陷",这些不恰当的表达极易引起家长、学生的反感,不仅使得家访没有成效,更为之后的家校联系形成了阻碍。看到这里,我也有了一些思考,现代人更重隐私,不愿意轻易将家庭住址、家庭现状暴露在他人面前,同时因为工作压力大,大城市上下班路上时间长,还有家长不想在休息时间"受到骚扰",因此家长对班主任家访的态度未必积极,甚至会要求老师改用电话、微信、QQ等现代社会的沟通方式进行交流,而非传统的上门沟通。因此,家访这种家校沟通形式该如何在现代化的大都市中进行优化和改良?

此外,令我感触最深的是"家长会"这部分内容。一次成功的家长会,能让家长在开会时内心有共鸣,散会后能回味,在之后的日子里,依然不断反思。每个班主任都希望能进行一次成功的家长会,这就必须注重4个细节——在家长会上,让家长"有看""有听""有想""有做"。"有看"即在开家长会时,把学生近阶段的作品展示出来,作业本、手工作品、成长记录(照片、视频)等,让学生家长知道自己孩子取得的成绩,也能了解孩子在班级生活中的状态;"有听",不是老师在讲台上做"报告",也不是老师在讲台上一味批评、指责,而是选择恰当的方式,把家长们希望听到的内容告诉他们,使他们愿意听、听得进。"有想"即在家长会上有所听后,才会有所思,在会后有所想,回到家后还能"有做",把自己的感想付诸行动上,让自己也参与到教育管理中来。在这一话题中,郑老师的不少金句让我感受颇深,如"从开学第一天起着手准备家长会""班主任要学会利用各种资源,千万不要把自己当成孤胆英雄,什么都自己扛"这让我明白,家长会必须悉心准备——备学生材料,备家长情况,考虑怎样讲话才能引起家长的共鸣,这样的发言就会有的放矢。班主任老师要做有心人,将平时的观察、与学生座谈等了解到的情况,记录并注意归纳梳理,对每个学生做全面分析;同时注意家长会上素材呈现的内容要全面、方式要多样,多表扬,多鼓励,站在家长的立场上,多建议,多出谋划策。

《与学生家长过招》新颖实用,以生动的经典的案例为依托,为奋战在工作第一线的班主任们介绍了实用的方法与技巧,它还注重于德育思想与理念上的感悟。这本书不但为班主任如何做好家长工作提供了有效的建议,也为指导家长如何做好家庭教育提供了实用的帮助,是班主任和家长的良师益友。这是一本好书!

激活幸福力

——读《哈佛幸福力公开课》有感

上海市敬业初级中学 杨 颖

幸福是什么？这是个古而有之的久远话题。其实每个人对于幸福的理解都是不同的，因此，也可以说幸福对于每个人都是不同的。书页上那句"幸福，是一种持久而稳固的满足感"一语道破天机。幸福是要基于满足。这也是整本书给我的最大感触。

一、我们为什么不幸福

依稀记得几年前，中央电视台曾做过一次调查，随机采访了路人，问题只有一个"你幸福吗？"，当时也成了社会热点。几年前也有城市幸福指数排名出炉。结果真正感到幸福的都不是那些大城市、成功人士，而更多的是普通人家、慢速悠闲的小城市。为什么随着物质的日渐丰裕，越是具有优厚物质生活的人，对于幸福的感知力越弱了呢？书中罗列了一些主要的因素：想要的东西太多、过于执着、计较的太多、过于追求完美、没有知足心、不懂自己真正想要的是什么、不懂品味平凡的生活，归根结底一句话,"真正阻碍我们获得幸福的是我们自己!"真是一语惊醒梦中人!

二、我们怎样获得幸福

解开了阻碍我们获得幸福的谜团,那么,怎样才能获得幸福呢？书中给出了一个有力的观点——"获得幸福的秘诀就在于要把幸福视为至高财富以及所有目标的目标!"即从"物质至上"理念转化为"幸福至上"理念。这并不是说我们不要追求物质,俗话说"贫贱夫妻百事哀",没有一定物质保障的"知足"只是低水平的生存,不可能真正获得幸福。书中倡导的理念转化是指将"追求物质生活"从生命的第一位移开,取而代之的是"幸福追求"。人们常说"人比人气死人",物质是永远无法封顶的,当我们的物质生活达到了自我舒适的程度时,便可以转而追求精神世界了。

三、我们获得幸福的途径

为了得到幸福,书中列举了很多的小观点。比如:"价值观决定幸福的境界""浮躁是幸福的阻碍""财富换不来幸福""幸福不止结果""不要把幸福寄托在未知的等待上""努力工作是获得幸福的机会""爱使人变得丰富""把平凡的生活过好""让时间成为幸福的看守者"等新颖别致但又实用的观点。其中,让我最有感触的是"第十八课——幸福之路没有捷径可走"。这一课从4个方面阐述了"幸福必须通过自我努力来实现"这一主旨。其中"沉浸体验带来更高层次的幸福"和"轻而易举并非成功之路"尤其触动我。

麦当劳创始人克罗克的故事告诉我们,人们在面临选择时必须选择真正有价值的东西，才能聚焦内在的全部能量，从而一步步走向成功，享受幸福。现代生活纷繁多彩，我们往往会被各种有意思的事物所吸引，都想尝试，都想获得。如若有更多的物质利益充斥其中，那更是会让很多人趋之若鹜。于是，我们每一样都想涉足，也希望每一块涉足的领域都能有所收获。其实，人的精力和时间是有限的，与其追求那些不知在何处的可能收获，不如让自己沉浸在有价值的一件事情中，深入学习，潜心研究，在过程中享受收获，并在努力后达到体验巅峰。

在我们的日常生活中，常常会听到很多人抱怨命运不公，生不逢时。然而，倘若仔细了解他们的经历，不难得到这样的结论，他们往往是自己不够努力，等着天上掉馅饼的人。其实，哪有轻而易举就能获得幸福的呢？书中列举了海洋霸主鲨鱼的例子：鱼鳔是鱼类体内重要的器官，它可以产生浮力，使鱼在静止状态下，自由漂浮于任意深度水域。然而，鲨鱼却没有鱼鳔，因此，只要停下休息，就会下沉，为了生存，鲨鱼不能休息，必须永不停息地在水中游弋，然而正是这种努力的精神，使得鲨鱼拥有了强壮的肌肉，成了海洋霸主。原本只是为了生存而不得不挣扎的努力，却因为长久的不间断的积累，反而成了自己的优势，从而称霸一方天地。在成功的道路上，我们要戒浮躁，不要总想着投机取巧，等待着所谓的机遇，要坚信"滚石不生苔"的道理，绝不要"一日曝之，十日寒之"，要像鲨鱼那样，永不停息地努力奋斗，迎接属于自己的曙光。

四、幸福小贴士

整本书还有一个创新之处是在每一课的最后有一个幸福训

练营环节,给出了很多具有操作性的提升幸福感的方法。以下3条让我很有感触。

(1)每天记录3件好事。这样做可以促使我们去仔细品味每一天的平凡生活,找到身边的小确幸,有助于克服负面情绪,走出心理低潮的牢笼,让自己在开心的氛围里迎接每一天新生的太阳。

(2)写下你的目标,每天诵读100遍。语言有神奇的力量,反复默念会慢慢渗入一个人的潜意识,成为影响内心的砝码。这一方法会使得完成目标的信念得以增强,正所谓"谎言说1 000遍就成了真理"。

(3)写出自己要做的每一件事的意义,直接舍弃无意义的事。大千世界有太多事要做,有太多事我们想去做,但我们时间有限,不能都做。这一过程就是找出那些真正你想做、你该做、你能做的事,从而集中精力,全力以赴。

幸福是一种持久而稳固的满足感。幸福是可以学习的。读完整本书,我对这两句话深有感触。少一些物欲,多一些努力;少一些抱怨,多一些希望;少一些等待,多一些行动,相信幸福就在不远的那里,等待着在人生下一个路口与我们相遇。

读《给教师的一百条新建议》有感

上海市市南中学　庄　瑾

暑假的最大好处就是能够静下心来读一读书。打开书橱，一本名为《给教师的一百条新建议》的书映入我的眼帘。心里琢磨着会是些怎样的建议，迫不及待地赶紧打开了这本书。

看着看着就舍不得放下。书中的每一行字似乎都走进了我的心灵世界。近几年来，由于年龄的增长和工作的压力，有时会产生职业倦怠感，只想把教师作为一种养家糊口的职业。而看了这本书后，我的心中的热情又一次被点燃了起来。

书中我感受最深的是说教师要的是静气。就是要静下心来备每一堂课，静下心来批每一本作业，静下心来与每一个学生对话；静气就是要静下心来研究学问，静下心来读几本书；静下心来总结规律，静下心来反思自己的言行和方式，以便更好地超越自己；静气就是要静得下来细细品味与学生在一起的分分秒秒，品尝其中的乐趣，品味其中的意义。静心，也许正是我们现在这些年轻人所严重缺乏的。面对现在的"速食文化""快餐文化"，人们只是不断地在埋头事情，总是在不断地忙碌着，或者在忙碌之余，也只是忙着不需要再细细品味的事物，作出一些自己的思考。在这样的情况下,我们该怎么和颜悦色地去和学生说话,我们该怎样平心静气地分析学生的过失?该怎样去解决一个又一个在学生身上冒出来的小问题?只有静下心来,我们才有足够的时间发现问题,并耐心解决。静心,就是先要将自己的心沉淀下来,除去上面的浮华之气,用心去做好一件事情,然后再用心去做好另一件事情。

在我们的身边经常听到这样的感叹:现在的学生越来越难教,其实这样的感叹我也在说。首先,好多学生的学习习惯很差,他们不太爱学习;其次,现在的学生不服管,特别是当老师不在的时候,其他同学根本不服班干部的管理。难呀,一切好像都那么不易。每当一考完试,几个同年级的老师就会凑到一起来诉苦:"你看,我班的××又不及格了。""我们班的××比你们班××的还要差。"每个班都有那么几个后进生,真是让人头疼。有时候真不想再去管他们了,回想起我在他们身上不知道花了多少时间与耐心,苦口婆心地教导他们,可预期的效果一点都没有。我想类似的例子每个班都有,那些后进生真的让我们头痛不已,这样的挫败感让我很多次想放弃他们,而且也为此找了很多理由。看了郑老师的第78条建议——永不放弃——后,我的想法改变了。我应该宽容地去接纳后进生,把对他们的斥责变成赞美,把不满换成笑脸,把他们细小的进步放大再放大,让他们也找到自己的优点。其实每一位学生都有自己的长处,对于后进生而言,他们也有长处。有时我们单凭成绩就把他们一棒打死了,好像在我们的眼里只有成绩好才能说明他是好学生,而忽略了其他的评价手段。学生的学习好固然可喜,但我们老师更要会去发现他们的长处、他们的优点。后进生更需要老师的表扬、同学的肯定。在平时的生活、学习中他们本来就是我们身边的弱势群体，我们更要拿出爱去关心他们。每一片叶子都有向阳的需要，越是长在最底下的树叶，越是希望得到更多的阳光。让我们拿出更多的爱去关心他们吧！

　　当我合上这本书时，我反复提醒自己在日常教育教学中一定要静下心来，处理事情不要急功近利。尊重每一个学生，不要轻言放弃。因为教育本身就是一种慢的艺术。

竞争,让初三的学生激情燃烧
——读郑学志《做一个会偷懒的班主任有感》

上海外国语大学闵行外国语中学　黄世言

因做班主任感觉累,却不会偷懒,故选择阅读了郑学志老师的《做一个会偷懒的班主任》一书。

最为深刻的是第四章中谈到的:"竞争让学生身不由己地为你忙。"这一点。郑老师从营造竞争环境、打造竞争局面、明确竞争目标3个方面来探讨如何在班级管理中实施竞争机制,提高班级管理效率的问题。

作为一个班主任,尤其是一个初三差班的班主任,感觉在班级管理上很苦闷。是继续痛苦,还是选择挑战?

郑老师的"竞争"一招,给我很大的触动与启示。竞争并不陌生,但是郑老师能从新的角度给你新的感受。于是,我结合自己班级情况与已有的工作经验,一边读着该书、一边思考,重新打造属于自己的班级"竞争",收获多多。

一、学会给学生"洗脑",植入竞争意识

这里的洗脑,指采用故事、视频、演讲等形式把精心设计的

竞争内容灌输给学生，使竞争如同空气一样浸入他们内心，让他们感觉生活就是竞争，竞争就如同呼吸一样是人活着的必要性。意识上对他们"侵入"，使其在竞争中认识自己、证明自己。如给他们讲故事《只做第一名》。人们记住的只有第一名，第二名、第三名是谁，似乎很少有人知道。要做就做第一名，而第一名只有一个，因此，你必须去竞争，去不断地证明自己。给他们看英语励志电影《叫我第一名》或者听陈安之的励志演讲《要做就做第一》，这些内容图文并茂，很有感染力，让学生看到竞争的同时，也看到自己的力量，让他们认识到自己也是可以。

我们初三的学生，十五六岁，他们生活条件好，对未来充满渴望，但是他们不愿吃苦，意志力薄弱，缺乏定力，对自我理想目标不明确，因此很容易在初三学习任务繁重、学习压力大的情况下泄气，自我放逐。而我首先给他们洗脑，让竞争植入他们的大脑，让他们明白：人生在于竞争。

二、尝试着让"班级口号、励志故事"先行

郑老师会给学生"打气"。

我想到我的学生。在每个学期的开学初，学生们几乎个个积极向上，斗志昂扬，欲与天公试比高。但是经过一个星期十天后，他们就如同蔫了的树叶一般，没有动力没有斗志了。这就如同自行车的轮胎一样，没了气，就需要打气。尤其这样一个基础落后生组成的班级，他们的意志力更薄弱，信心更是缺失。所以，就需要用班级口号，励志故事，来激起他们的斗志，来触发他们的信心，挑起他们的竞争神经。

1. 让班级集体口号成为竞争的号角，时时吹一吹

初三（九年级）是一场战争，打赢这场战争就需要增强士气。

那么主要的手段就是一起喊班级口号。那么我可以试着喊这些班级口号:

"要成功,先发疯,头脑简单往前冲,往前冲!"

"要当就当第一,要学就学最好!"

"我是最重要的!我与别人不同!"

"你有阳光,咱们(3)班就不会黑暗。"

要让全班同学群情激奋,热血沸腾。喊出士气,喊出斗志!

2.让励志故事成为舆论,为竞争铺垫,时时讲一讲

除了集体的班级口号外,还需要时不时给学生讲讲励志故事。什么时候讲,讲什么故事,这需要班主任去观察思考。

初三第二个学期有几个时间节点很关键。

(1)开学初。经历一模后,面对新的学期,我们该如何做?

(2)体育中考。在三月底,中考的头一炮,又该如何打响。

(3)二模。这是继一模后重要的考试,该怎样面对、挑战。

(4)二模后中考前这一段时间。很多学生会处在一个瓶颈期、或者是滞留期。如何让学生一直充满激情、斗志,这是需要极大的智慧的。

因此,我准备搜集一些励志故事,这些力求简短、鲜活、有针对性、现实性、启示性。能让学生在故事中受到触动、得到启发、获得力量。每个故事讲完后,记着要用一段议论性的语言,采用演讲的语气,来唤醒学生的斗志,挑起他们的竞争。

三、设计丰富有趣的竞争活动,为竞争保驾

郑老师在竞争中设计了许多有趣的活动。其实,我也可以设计一些适合学生的活动。

初三的学习是单调的。设计一些好的活动能丰富学生的学习生活,更是能在活动中培养他们的竞争能力。

竞争活动安排见表1。

表1 竞争活动安排

	活动名称	活动目的
3月份	"我和别人不一样——"最佳班级管理者选拔赛	主要针对班级管理群体(共18人)
	"挑战自我极限"记忆比赛	针对文科中记忆性的内容
4月份	体育达人挑战赛	为配合体育中考实施
	"阅读高手"PK赛	主要是语文的阅读与写作
	考场快速作文大赛	
5月份	"我行我秀"数学压轴题比赛	针对数学学科
	"花落谁家"小组默写比赛	英语语文学科
	男女生行规大比拼	

这些竞争活动要营造好氛围、制造好舆论,让学生感觉到很隆重、正式,更是让他们有一种跃跃欲试的感觉。因此,每次活动开展前,应该先动员,并把家长拉入其中,让他们担任评委、监考员等等,并让学校领导来颁奖。

当然,每项活动要精心设计,不要怕花时间,尽管是在紧张的初三学习活动中。这些活动能调动学生学习、管理的积极性,更是能在竞争中学习知识,提高学习效果。

四、设立多种竞争单位,为竞争助力

在班级竞争上,多数是采用小组竞争。小组竞争是一种很好的竞争单位,但如果竞争单位过于唯一,会让学生少了一些刺激与新鲜感。因此,即使是小组竞争,也应该让它定期变一变。

如用两个星期对竞争小组进行改变,小组分配要均匀,让其具有竞争力。三星期后根据竞争力,重新再做调整,对竞争小组重新分配。这样,就让班级学生置身于不同的小组,让他在每个不同的小组中发挥力量。如果是优秀学生,他会感觉到他能为他所在的每一个小组贡献力量,成为受欢迎的对象。而能力较弱的学生会想到在这一组我总是拖后腿,等换到一个新的组后,希望能得到新的成员的认可,也会有一种积极向上的力量。竞争小组常换常新。当然也不能换得过于勤,这样也会对竞争效果有影响,因为还没稳定,又换成新的一组。

最后是按成绩把班级学生分成4个档位。因为初三主要看成绩。所以,把班级5门学科的总分分成ABCD四个档位。所带班级共32人,这样的话班级每个档位各8人,在小测验、月考等竞争中,就按每个档位来算,前3名是谁,进步的是谁,只在这8个人中评比,这样,优秀的与优秀的竞争,基础弱的与基础弱的竞争,都能在自己的竞争档位中找到自己的位置,也都能让他们跳一跳,摘到属于自己的果子。

有时也会采用男女生竞争的形式。通常班级男生人数多,但能力却往往明显弱于女生,两者之间不具备竞争力。但是对于一些简单的竞争,如打扫卫生、如课文朗读、如交钱等方面,可以进行男女生的竞争,让男生找到获胜感,从而激起他们向女生挑战的兴趣。

对于不同的竞争单位,不能一成不变,要根据实际的需要,采用不同的单位。这样让每个孩子处在不同的竞争群体中,让他们总能在一个竞争群体中找到自己的位置,获得成就感。

五、要让竞争奖励新鲜刺激，为竞争护航

1. 采用"中奖了"的抽奖方式

把一周中获胜的竞争小组、竞争个人或档位获胜同学的名字写在小纸条上，然后一一放入抽奖盒中。一周结束时，就采取抽奖的方式，按一定比例抽出其中获奖的同学，给予小小的物质奖励。

2. 奖励墙

在奖励墙上写上"班级因你而精彩的标题"，对于在班级工作中做出贡献、取得优秀成绩、在竞争中胜出的同学，把他们的名字粘贴在奖励墙上，让奖励墙说话，成为一种班级人人向往的地方。此外，还可以选出奖励墙上成绩突出的同学，奖励他们做班级抽奖人，让他们喊班级宣誓口号，让他们在升旗仪式中走在班级前列等。

3. 特殊他人的颁奖活动

对于获胜的小组或个人，请班级中的"达人"、学生家长、学校领导等给他们颁奖，作为一种奖励。

当然，更要告诉学生不仅仅只是学会竞争，还要学会合作，才能最终在中考、在人生的考场中获胜。

郑老师告诉我们：做一个会偷懒的班主任，其实关键在一个"会"字上，要学会，你就要去思考，去分析班级学生的情况，去想办法，思考策略，找出对策……这一过程并不是轻松的，是不可能偷懒的。智慧的背后，是要付出辛勤的代价的。当然，这里努力地付出，是为了后面"偷懒"。

努力做一名有精彩故事的老师
——《给教师的建议》读后感

上海外国语大学松江外国语学校　刘　可

拜读了教育家苏霍姆林斯基的《给教师的建议》，被他的教育智慧和胸怀深深折服。书中用了很多的事例，把枯燥的教育学、心理学阐述得生动形象，读后令人深受启发。《给教师的建议》是一部全面培养人的教科书，给人以借鉴。无论是对于刚走上工作岗位的年轻教师还是有着多年工作经验的教师，只要沉下心来读，每一条建议都有益于开阔眼界，提高素养。那些关于教育的真知灼见，值得读者一遍又一遍地阅读、品味、反思。

我从中体悟到，要想做一个好老师，不单单是知识上的给予，更是要用真诚的爱去关怀学生，用热情感化每一个学生，挖掘他们的巨大潜能。唯有如此，才有可能成为一名有精彩故事的老师。

首先，对于工作的态度。

要全身心地投入到工作中去。苏霍姆林斯基在第二章就谈了教师的健康和充实的精神生活问题。他告诉读者要端正自己的工作态度，要从心底的深处认识到教师这一职业的价值和重要性,否则,每天带着情绪工作于人于己都是不利的。要善于调节身心健康,做自己情绪的主人。

在平时的工作中,自己在这方面还是非常重视的,即使遇到不顺心的事情,也会及时调控自己,只是还没完全做到真正掌控自己的工作情绪,有时会带着不良情绪去处理事情,给自己带来不必要的麻烦。苏霍姆林斯基强调"力求不使自己激动,不加剧激动,而是让它缓和下来。"为此,要学会幽默,以便消除激动和气愤。故教师只有爱惜自己,才可能去爱孩子。

其次,要转变角色、学会思考。

苏霍姆林斯基说:"在人们的心灵深处,都有一种根深蒂固的要求,就是希望感到自己是个发现者、研究者、探索者,而在儿童这种需要特别强烈。"

我有时会很不解地说:"这道题我都讲了好几遍了,可学生怎么还是没做对?"为此,经常甚为苦恼。读了苏霍姆林斯基的分析之后,我不得不承认是我错怪学生了。原来,我们在讲解时,有时忽视了学生应该理解什么,在思考过程中应达到什么目的。思考的过程是解决问题的过程,才能成为名副其实的脑力劳动。教师越是善于把学生的思维活动赋予解决问题的性质,学生的智力也就越能积极地参与到这项活动中来,学习中的阻力和困难也就越清楚,因而脑力劳动的过程也就在某种程度上成了克服困难的过程。

以前我总认为把教学内容讲得越清楚、越明白,学生的问题就会越少,他们的知识就会掌握得越牢固,现在想想真是犯了不少错误。优秀老师绝不会越俎代庖地替学生解决难题,他们对学生的关心首先表现在让学生明白摆在他们面前的困难是什么，要想克服困难，不仅仅需要孩子们集中注意力，而且需要他们付出极大的意志力。要想使学生真正地掌握知识，不仅仅要在学生面前揭示教材内容的本质，而且要教给学生怎样思考，让他们独立自觉地深入到教师的详细讲解中来。

同时，苏霍姆林斯基的真诚建议，让我也深深地领悟到，我们教师要重视自身角色的转变，将课堂的主动权还给学生。当有些知识在学生中有人了解，有人不懂时，教师的最佳角色就是活动的组织者、协调者，让"知道的人讲给不知道的人听"。爱因斯坦也指出："教师最重要的教育方法是鼓励学生去实际行动。"因此，在学习过程中，我通过建立合作学习小组，让学生在互动交流中体验知识的形成过程。尽管很多学生刚开始发言时紧张胆小，不过通过训练、鼓励和给予这些孩子关怀和帮助，他们的自信心和勇气与胆量才不断提升。所以，只有"找到孩子最佳的学习方式"，才能更加正视"教师的身份"。

最后，不断加强阅读、提升综合素质。

书中有这样一条建议："阅读是对'学习困难的'学生进行智育的重要手段……"，阅读对老师和学生是多么重要的一件事。还记得一个小故事：

杨绛先生的父亲有一次问杨绛："阿季，三天不让你看书，你怎么样？"

她说："不好过。"

"一星期不让你看书呢？"

她说："一星期都白活了。"

父亲笑了，说："我也这样。"

由此看出，阅读带给人的价值与乐趣是无穷的。

老师想提高自己的教育教学水平就必须要大量地阅读书籍,后进学生想要改变糟糕的学习状况更需要大量的阅读。阅读是一切智慧和力量的源泉。苏霍姆林斯基在"谈谈对后进生的工作"中说:"请记住,儿童的学习越困难,他在学习中遇到的似乎无法克服的障碍越多,他就应当更多地阅读。阅读能教给他思考,而思考会变成一种激发智力的刺激。书籍和由书籍激发起来的活的思想,是防止死记硬背的最强有力的手段。学生思考得越多,他在周围世界中看到的不懂的东西越多,他对知识的感受性就越敏锐,而你,当教师的人,工作起来就越容易了。"

从身边学生的例子来看,确实如此。让学困生阅读应该不是那种放任自由的读,而是因人而异有指导性的阅读。不仅学生要读书,老师也要坚持读书,"怎样进行这种准备呢?这就是读书,每天不间断地读书,跟书籍结下终生的友谊。潺潺小溪,每日不断,注入思想的大河。读书不是为了应付明天的课,而是出自内心的需要和对知识的渴求……应当在你所教的那门科学领域里,使学校教科书里包含的那点科学基础知识,对你来说只不过是入门的常识。在你的科学知识的大海里,你所教给学生的教科书里的那点基础知识,应当只是沧海一粟。"俗话说得好:站得高,看得远。你书读得越多,你掌握的教育教学的方法就越多,思维开阔了,在工作中面临的各种困难就有办法解决了。

所以作为教师,要有广博的知识,创新的思维,然后才能教出具有广博知识、能力突出的学生来。为了孩子们的一生发展,也为了自己能够游刃有余、开心工作,自己就要更加注重阅读,给自己做个阅读计划,并努力去执行并积极完成,方能言行一致!

这样一部宏大的学术著作,光读一遍二遍肯定是不行的,还需要在工作实践中多思考多结合。《给教师的建议》中博大精深的教育理论和思想,还等待着我再一次花时间精心地阅读、细细地品尝,在应用实践中体验、在研究探索中感悟,努力做到让每一个孩子都有精彩的故事激励他们学习与生活,唯有学生的故事精彩,老师的故事才更精彩。

他山之石，可以攻玉
——读《班主任文化建班100篇千字妙文》有感

上海市金陵中学　方婷婷

由德育特级教师张万祥主编的《班主任文化建班100篇千字妙文》，汇集了100篇短小精悍的文化建班妙文，涵盖了激励、书香、制度、感恩、墙壁、歌曲、心灵等多个视角，从文化层面为学生打造诗意成长的有形或无形的环境。文末的"点点思雨"是作者结合正文而归纳的感悟与思绪，展示了不同教师在班级文化建设方面的独到见解。

这些文章娓娓道来、真情流露、感人至深。一件小事、一句话语、一首小诗、一支歌曲，无不带给我美好的阅读体验，让我感受到纯真的教育境界。这本书也开阔了我的视野、提升了我的育人理念，在心灵情感、育人智慧、教育艺术等方面，给予我由表及里、层层深入的滋养和浇灌。

一、文化建班对教师的要求

文化建班应该是一种精神的注入，文化建班更应该是一种能量的播种。为人师的我，怎样才能引领孩子们走进班级文化建设,把他们的心牢牢锁定在班集体文化中呢？这百位教师的成功经验给了我一些启迪。

1. 民主性

文化不是一个人的理念,也不是一个人的强硬作风和生活追求,而是一群人的生活状态和价值追求。而这群人不仅仅是班主任老师,更是班级中的每一位学生。在建设班级文化的过程中,班主任应该是思维活跃、视野开阔、亲和民主、胸怀开阔,懂得尊重学生,建立平等关系,用眼睛捕捉孩子们智慧的火花,用心感受孩子们积极思想和美好愿望,用包容一切的力量为孩子们的成长留下肥沃的土壤。在师生文化的互相交融、渗透之后,就能够真正形成一种新的班级文化。

2. 规范性

班级建设离不开班级制度文化建设,它是形成良好班风的领航者。班级制度的形成,必须充分利用学生已有的教育资源,引导人人参与、反复讨论、共同制定,这样产生的班级制度才更具针对性与操作性。

但班级制度不仅仅是给人看的,更是用来执行的,在实施过程中,既能按规则办事,又能灵活拿捏,真的是一门教育的艺术。班主任在"严格执法"时,应严中有爱,严而有度,严得有理,严在当严处。根据不同孩子的性格特点,既让孩子能够认识到自己的失误,又能感受到我的"爱之深、责之切"。

3. 人文性

班级文化建设,离不开内容丰富、形式多样的各类活动,如墙壁文化、主题活动、读书诵诗、班歌口号等。从人文的角度实施班级建设,进而打开孩子们心灵的窗,使其尽情绽放。班主任在选择文化建班的活动时，不仅需要结合自身的学科优势、兴趣特长，更应考虑到班级中孩子的年龄特征、性格特点、教育资源、近期热点等，形成日常性班级活动、周期性总结交流活动及不定期的主题教育活动。在各项实践活动中，让学生有事可做，有兴趣去做，获得成就感，逐渐提升自身的人文素养。

二、班级文化对学生的影响

班级文化是班级发展的灵魂，是班级的一面旗帜；而良好的班级文化，会润物细无声般地滋养着班级中的每一位成员。

1. 渗透性

浓厚的班级文化氛围，会使学生浸染其中，在潜移默化中受到良好的影响和熏陶。班级文化对学生思想品德的影响不同于正面灌输，它创造一个无形的陶冶学生心灵的外在压力，它无时不有、无时不在。这其实是群体压力的体现，每位学生必然受到成文或不成文的班级规范的制约，以修正自己与班集体的关系，达到自身与班集体的和谐统一。

2. 凝聚性

社会性是人的根本属性，良好的班级文化必然可以使每个学生的自身目标和班级目标形成一致的合力，进而产生巨大的凝聚力，同时也可以使学生在和谐的氛围和良好的人际交往环境中得到鞭策和鼓励，促使每个学生在集体中得到健康成长。

3. 多元性

每一个学生来学校不仅仅是来学习知识应对中考的，良好的班级文化能够增长同学间的情谊、丰富生命的情趣、展现人格的魅力。良好的班级文化能够激发学生的主动性和积极性，为才华各异的学生提供一个展示的舞台,让每个学生都有自己独特的个性。

威廉·詹姆士说:"播下一种行动,收获一种习惯;播下一种习惯,收获一种性格;播下一种性格,收获一种命运。"在文化建班中,身为班主任的我就是在为学生播下一个个行动,借助这些行动,以促进学生形成良好习惯,养成良好性格,把握个人命运,成就精彩人生!

言必行，行必果
——读《56号教室的奇迹》有感

上海市市东中学　周　琦

第56号教室是一间极其普通，甚至可以说是一间连普通都称不上的"破"教室。这里没有投影仪、没有电脑、没有触摸屏，就连窗户也不够亮，墙壁和天花板也不够白。从硬件来说，这就是一间一文不值的"破"教室。抬起头，环顾一下自己的工作教学环境：多媒体、智慧校园、小鱼塘、小竹林、实验大楼等与教学相关的硬件设施装配不可谓不先进，凡能想到的，能买到的，在教室里都一应俱全了。清华大学前校长梅贻琦曾说："大学之大，非大楼之大，有大师之谓也！"可见一个班集体能不能在众多班级里"脱颖而出"，不在于一味地追求教学硬件设备的优质，关键在于我们班主任老师的个人业务能力和亲和力。要让一间教室变得温馨，变得让孩子们愿意待在教室里，变得像"家"一样。这本书给我最大的启发在于，孩子们是否"信任"你。

书中有这样一句话：第56号教室之所以特别，不是因为它拥有了什么，反而是因为它缺乏了某样东西——这里没有害怕。雷夫老师在开学的第一天就让学生玩"信任"游戏（一个学生往后仰,其他的学生在后面接着),浅显易懂的游戏对我就有很大的触动,因为,不放手,就是信任的根基,但只要有一次放手,别人就不会信任你。

　　读了这本书,我相信奇迹是可以发生的,只要建立起彼此的信任,做孩子可以信赖的依靠,讲求纪律、公平并且成为孩子的榜样。今后,我要时时审视自己的教学方式,努力做一名让学生信任的老师,尽我所能地为孩子们打造一个坚固而友善的避风港,让他们成为充满自信又快乐的人。

尝试、体验改变的力量
——读《遭遇问题学生——问题学生的教育与转化技巧》有感

上海市光明初级中学　张葛颖

翻阅本书前言，想不到这一张半的书卷内容让我感触颇深。美国墨瑟教授的研究结果让我不禁感叹：问题学生不是破坏者，而是受害者。当我们面临和他们一样的困境时，我们的表现绝不会好，也许会更糟糕，而真正的破坏者是谁？前言中的原话为：答案不言自明。那么，我决心就去书中找到答案。

1. 改变看待问题的本源——我们自己制造了问题学生

教育专家们对待问题学生，仍是偏爱全纳教育，那么在这样的背景之下，帮助问题学生重返正确轨道的人只能依靠他们原来生存环境中的教师、家长以及同伴。在我看来，显然这一过程是充满艰辛的，离不开教育者的正确认识和大力协助。尤其让我产生共鸣的是：我们真正改变的不是问题学生本身，恰恰是出了问题的教育环境。人是最大的教育环境，教育者自身则是教育环境之首。换句话说，如果出了问题学生，真正要反思和改变的是教育者自己。

这几句话，改变了我对于问题学生的教育思路。我们必须改变教育者：家长、教师和教育大环境。其实，这句话就呼应了书中第二章"教育与转化问题学生的思路"。这一章中提到：我们自己制造了问题学生。这可能就是我要的答案了。问题学生并不是天生的，家长和教师都要反思自己在教育孩子上的失当行为，这是理解问题学生的前提。诚然，没有一个家长和教师希望孩子出问题，但是仔细分析一下他们的教育言行，很多时候，他们的确是在把孩子往相反的方向推。

在实际工作中，我们对于"问题学生"往往缺乏有效的约束手段，而这些约束的形成需要家庭教育在儿童早期的发展中就加以关注和长期引导，从而养成习惯。与此同时，在发现孩子有问题倾向时，也应与学校配合及时帮助孩子进行行为和意识的纠正。因此问题学生的家庭教育：首先难辞其咎，家长需负首要责任。学校和教师更多地充当"问题发现者"和"方法指导者"的角色。没有家庭教育的配合，学校教育孤掌难鸣。但现实却是：越来越多的家庭教育者——父母在教育中的缺失，甚至是放任，让孩子最主要的"教育环境"发生了问题。

既然是教育环境造成了学生的问题行为，那么我们应该改变看待问题学生的角度，怀着一颗怜爱的心与他们沟通交流，这是问题学生教育工作的出发点。

2. 改变看问题的视角

都说"当局者迷旁观者清"，我们之所以对问题学生有所抗拒、迷惑甚至"发疯"，最主要的原因在于我们是当局者。转换身份，从"当局者"变为"旁观者"，是改变的第二条路。

本书中列举了一个老师热情、冷静地帮助同办公室的老师处理了一个棘手的学生突发问题。这个案例和书中的分析引发了我的思考,回顾自己工作经历,我常常也多次得到办公室"旁观者"老师的帮助,而且效果往往还挺好,学生总能信服。现在反思当时的我陷入了"当事者"的角色中,在解决问题时,心中难以平静,思维也受到种种限制,想不出应该如何向学生说明自己行为后果的严重性。因此,在类似问题发生时,我要学会做一个冷静的旁观者。

3. 改变处理问题的思路

关注学生的内心需要,了解学生问题行为背后的原因,从而理解学生通过问题行为来表达自己情绪和诉求的方式。学生问题背后的深层次原因纷繁复杂,如果要进行归类,那么就是成就感、同伴关系、亲密关系等。

4. 停止抱怨,致力于改变自己的言行

纵然明白学生问题产生的根源,但要改变教育大环境、学生家庭环境和学校工作中复杂琐事消耗教师大量精力的现状,对我们一个普通教育者来说,是极其有难度的。唯有停止抱怨,改变自己的言行才是可行之举。

此书前两章讲述问题学生的诊断及教育方法。第三章至第六章,分别从学习问题、行为问题、心理问题、特殊问题4个方面对问题学生进行分类探讨。每一种问题下面都有典型案例、问题表现以及原因分析和专家建议。第七章进一步思考成为教育问题学生高手的途径。此书之后的案例分析内容也是精彩连连,有很强的实际操作性,为教育工作者指明了问题处理的思路和方向。

第三章 教育案例

让学困生更加自信
——教育工作的改善案例分析

金山剑桥实验中学　王　慧

一、案例背景

近年来,学困生是社会,家庭和学校都比较关注的一个问题。而上海作为外来从业人员的集中地之一,必然会有很多的农民工子女在沪就读。这些流动儿童的身上存在的学习问题尤为严重。在新课程改革的今天,在推进素质教育的今天,教育要面向全体学生,让所有学生全面发展,因此,转化学困生是我们每一个教师面临的挑战。这些居住环境较差,而父母文化不高又忙于做点小生意的农民工子女中的学困生等待我们老师用爱去感化、去帮助。

二、案例基本情况

记得2015年9月刚开学时候,有一名叫小A的女孩子,小小的个子来到了我班。她扎着两条辫子,皮肤黑黑的,背了一只非常大的书包,每天一个人乘公交车来回。她平时不爱与别人交流,上课易打瞌睡,做作业的速度非常慢。课堂上也不敢积极举手发言,每天放学她总是最后一个离开教室。据父母反映,孩子晚上作业一般都要做到十一二点,有时甚至凌晨起来做。但是这个孩子的学习态度非常端正,并且擅长绘画。

三、学困成因分析

通过家访及与其父母沟通,我了解到这个孩子从小就比较胆小。小学时候由于父母工作的原因,在金山区一共换了三所学校。小学毕业时就读于当地的一所民工子弟学校,所学教材与上海版有差异。其次,其父亲是一装潢团队的包工头,平日在外奔波较多无暇顾及女儿,而母亲由于学历很低,在学习上也不能够给予孩子相应的帮助。通过观察,我们几位老师发现,她做作业速度比较慢,背书也跟不上别人的节奏,每次考试都是最后一个交卷,这些直接导致其晚上睡眠不足。父母都很着急但又不知从何做起。基础的薄弱,动作的缓慢,因瞌睡而导致的听课效率下降,久而久之,她的情况不容乐观。

四、案例处理

作为一名教师,尊重并且平等对待每一位学生是我们应该具备的师德。而对于学困生,我们应该给予更多的关爱和帮助。不仅仅从学习上帮助之,也要从思想上进行转化,帮助她们消除自卑,树立自信。为此,针对这个孩子,我采取了以下几个方式。

1. 在思想上对其进行正确的引导

在课间或者放学的时候,我会主动找其谈心,告诉她基础差不要害怕，3位老师都会帮助你的。我还经常对她说态度决定一切，你的态度非常好，因此不用担心，一步一个脚印，踏踏实实往前走，肯定会有进步。我还利用她的美术特长让她担任班级的美术课代表，她开心地答应了。

2. 抓住一切机会表扬她

不管是平时的默写，还是背书，抑或是上课的表现，只要她有一丝进步，我都会在全班学生面前表扬她。考试进步了，我会奖励她进步星，她很激动。每当她值日时，她总是那么尽心尽职。这时，我又抓住机会将她和那些不负责任的同学进行对比，从而树立她在学生中间的威信。

3. 减轻其作业的负担

作业问题是小A最感到苦恼的了，为了使他得到充足的睡眠，保证课堂效率，我和几位老师商量着给她每天有针对性地布置作业，减轻其作业量，并在第二天单独为其辅导。

4. 为其安排专门的师傅

考虑到她自身的特殊性，我专门给她安排了一位细心而且善于沟通的班干部作为她的师傅。在上课时候给予她适当的提醒，在做作业时给予她帮助，平日里和她谈谈心。我还要求这位班干及时向我汇报她的思想状况。

5. 课堂上密切关注，课后不忘辅导

首先在上课时候，我经常喊她回答问题，目的之一是防止其开小差，打瞌睡；目的之二是帮助其树立信心，让她看到自己是行的。对于回答错误的地方，我会让全班学生一起帮她纠正。课后一有时间，我会单独让她到办公室做几道题目，并让她讲解给我听，以便巩固和检测当日所学知识。

五、转化的效果

经过半学期多的努力,她的成绩在逐渐上升,拿数学来说,一开始都是不及格的,她现在能够考到八十多分了;英语考试的成绩由原来的六十多分上升到现在的八十多分,而且能够维持在这个水平。总体来说,今年以来,这个孩子的成绩是一直上升的,虽然说上升的幅度不大,但是我们很欣喜地看到了她的进步。此外,作业写字的速度都较以前提高了很多。课堂上更加积极了,课后也更加主动问问题了,课间与同学们的交流也越来越多了。考试的总成绩由原来一直保持的倒数第三一下子前进了7个名次,应该说是个很大的进步了。

六、我的思考

很多校长都曾说"没有教不会的学生,只有教不好的老师",乍一听好像并不科学,但是细细想来不无道理。在生源情况较复杂的情况下,作为年经教师的我们不能急于求成,不能过于浮躁。而应该静下心来,认真思考教育教学的策略,只有用智慧的方法才能将教育的改革推向高潮。每一个学生都有其闪光点,每一个学生都有可爱的一面。作为在教育一线的我们,尊重、关心、理解、宽容和信任每一个孩子是我们应尽的责任。学困生、后进生虽然让教师苦恼,但是这个转化的过程是充满希望而又值得的。

给孩子快乐的理由

曹杨二中附属江桥实验中学　崔　宏

又要开家长会了,看着学生们或期待,或茫然,或欢喜,或忧虑的神情,那久在心头萦绕的念头更加活络起来。

说到开家长会,一直以来,老师们一贯是喜忧参半地汇报学生的在校情况,积极地开展家庭教育指导。为了活跃气氛,准备些小节目,有点儿创新的,可以增加些亲子活动。这些,我用过,可是面对家长会,学生们也是或喜或忧,家长会后一个个如释重负,而效果呢？我常常以此来问自己,家长会,为什么开？究竟该做些什么？

林林在父母离婚后跟着长期在外地工作的爸爸生活,平时难得见着爸爸,而妈妈重组了家庭后也甚少来探望,这个孤独的孩子沉默寡言,考试结束后就一直闷闷不乐,我知道,他是因为要开家长会才这样的。而一直处于烦躁状态的西西也是如此,他的成绩不算好,但绝对是用功学习的类型。他笑的时候太少了,造成他敏感、害羞的主要原因是父亲的家暴倾向。作业稍微写得慢点儿,劈头盖脸就是一顿训斥,如果字写得不好,抬手就把本子撕碎。还有倩倩的妈妈,每天给孩子准备的那些拓展,一写就要到半夜。丽丽的爸妈那一通通监督孩子又不断数落孩子的电话……想到这些,我的心如何能轻松得起来!

实际上,我很清楚,学生们最需要的是什么。林林不写作业或是惹事,就希望老师打电话给他妈妈,每当电话接通,他甚至能露出微笑;西西每次拿试卷,那忐忑和惊恐的程度仿佛经历了一次心理大战;倩倩、丽丽望着下课活动的同学,茫然地坐在位置上,没有一点活力……不,我不能让这些孩子们生活在指责和质疑里,没有好的情绪,如何快乐生活,又如何能投入学习?!我要给他们快乐。

秘密的准备工作开始了,我和几位热心的家长一起,收集孩子们在家、在校活动的照片,甚至从小学开始。熬了几个通宵,一个"成长的足迹"视频制作完成。利用辅导课,组织孩子们制作图文并茂的家庭小报,让孩子们发自内心地给家长写一封信,并封存起来。紧接着,我跟几个"特殊"的家长悄悄地见了面。

期待的那个时刻终于到了。

轻柔美妙的音乐为布置一新的教室增添了几分温馨,家长们被这样的环境感染了,一个个神态轻松,对活动充满了期待。在音乐声中,我播放了精心制作的记录学生们学习生活瞬间的视频。

视频中,每一幅照片都是学生们成长的见证。瞧,这张笑得灿烂的是林林在运动会上获奖的瞬间,这一张是勤奋的西西参加校园英语竞赛的照片,再看,这是倩倩劳技课上制作的精美的手工作品,这是丽丽与伙伴们在准备艺术节节目,还有,成绩落后的东东在政治课上演讲,学习委员与英语成绩较低的同学结对拜师的瞬间……家长们看得好认真,他们欣喜地在视频中寻找自己孩子的身影,高兴处和旁边的家长热切地交流,看到动人处,竟眼含泪花。

视频还没有播放完,学生们准备的诗朗诵开始了,他们稚嫩而清脆的声音,伴着音乐,伴着家长的期待和喜悦,缓缓地流入家长的心田。

"爸爸,我多么爱您,多么希望能和您一起看球赛,练跑步;妈妈,我多么爱您,我多么希望能和您睡一个被窝,说说悄悄话……"

学生们用心创作的诗歌,是他们的真心话,那一声声呼唤,一份份渴望,都是他们对家长的期待。我听着听着,泪水忍不住就扑簌簌落下来。那么多共同学习生活中凝聚起来的感情,此刻终于有了释放的理由。我听着,看着,和家长们一起流着泪,一起感动着,仿佛那些张贴在教室的家庭小报都变得愈加柔和了。

泪光中,学生们把之前写给家长的信分发到家长的手中。那一个个信封中,承载的是一颗颗渴望快乐和关爱的童心。

在这样的情景中,读着孩子的心里话,好多家长动情之余,深情地拥抱着自己的孩子。我看到,林林的妈妈抚摸着他的头,而林林早已泣不成声;西西的爸爸忍住哭声,落泪读着孩子的信,而懂事的西西拿着纸巾递给爸爸……

一瞬间,我的心震动了!一个老师能带给学生的快乐,绝不是一堂40分钟的课,或是一通告状的电话能给予的。教师的责任是教书育人,任重道远,我们不得不好好地审视我们的育人过程,只有心与心的交流,才能真正地创造奇迹。

要说这节家长会的效应,瞧,林林变得乖巧了,乐于与老师沟通了，西西的笑容也多了。好多学生突破了自己，有了更多的自信心。而他们对我，从害怕到信任，从距离到亲密……师生之间仿佛成为了挚交，彼此心意相通。

所以，作为班主任的幸福，就是充分了解学生，想他们之所想，也是不断探索，完善和积累的过程。家长会不是"批斗会"，也不是"检讨会"，是心灵碰撞融合的桥梁，是放飞学生快乐梦想的起点。

班级小团体的管理建设

上海市光明初级中学　张葛颖

一、学生小团体现象扫描

在学校班级里,我们时常看到三五个学生在一起总有说不完的话。他们有的有共同的兴趣,都是某些明星的"粉丝",在一起谈歌星、影星、球星;有的有共同的爱好,不时地交流新歌、好碟、图书、玩具、饰物;有的以互联网为平台,共同在网络世界获得信息、交友聊天;有的有共同的价值取向,在一起谈天说地,大到国际时事,小到鸡毛蒜皮,彼此交流、相互评论,信息传递畅通随意;等等。在我班里,也存在这样的小团体。

二、事件描述

预备班接班,我就发现班级的男生喜欢抱团,大家一起玩,这本是好事。可是经过观察,我觉得其中暗流涌动,有些不和谐的因素。第一次班委选举后,我和班里的男生班委谈话,告诉他们要形成班中男生的正气,他们满口答应。确实,之后的一段时间,他们相互监督,相互约束,也形成了一时的好局面。但小团体现象依然存在,暗流依然涌动。

三、教育过程

1. 抓住重点,采取对策

随着同学间相处时间慢慢变长,我渐渐确定了男生"小团体"中的领头羊:小李和小林。对于小李,他敏感,理想远大但又不想付出实际努力,有些"为赋新词强说愁"的哀怨思想;质疑和漠视规则,但在男生群体中有极高的"威望"。我曾向心理老师求助,从心理老师那儿了解到他的性格形成与家庭有很大的关系。因此,我留意他的一举一动,一有问题,我先与他谈话,给他一定接受的时间;同时,在班里做出一定的引导。对于小林同学,他喜欢打篮球,常带着"兄弟"一起在课间和午间去操场看他人打球来"过把瘾";对于规则也有一定程度的漠视。我与他以及家长交谈多次,也想过办法进行疏导。渐渐地,经过多次的班级点评与讨论,同学们已经认识到小林和小李的部分行为是不对的,对和谐班集体有着不利的影响,建立起了初步的是非观。

2. 对策执行,不断修正

(1)适当地改造小团体的一些弱点和毛病也是促使小团体进步的一个好方法。改造的方法有二:①改变人员结构,使原来的群体关系发生变化,形成不了组织核心;②约束行为,配合学校常规管理,明确纪律,限制不良行为的蔓延和发展。我用"1带1"的方式,让行规示范员和班干部各带领一个小团体中的男生,利用同伴引领的方式,规范他们的行为。同时,在班级点评时引导学生评选身边的"行规之星"并说出选择理由,通过树立榜样的正向教育方式来约束小林和小李的行为。小团体的学生是非观有了变化,规则意识慢慢清晰,从而自觉地抵制了小林和小李的有些违规行为,客观上小团体有了松懈,不再那么紧密。

（2）发挥长处,积极引导。对于小李,他喜欢被大家拥护、管理他人的感觉,因此,我决定因势利导。在大队委员竞选时,因他的票数很高,我鼓励他去参选大队委员。虽然没有当选成功,我也抓住此次契机,在班中多加引导,帮助同学们修正自己心目中对大队候选人的评判标准,倡导"正能量"的舆论导向。在班委选举中,我鼓励小李同学竞选班长,在成功当选后,帮助他反思自己在班级与同学相处过程中的不足。在之后的学习生活中,我按照中队长的标准来严格要求小李。经过他自己的思考和实践,在行为规范方面取得了很大进步。

四、反　　思

小团体是班级管理问题中值得研究的一个课题。这些小团体的存在对班级的管理可能带来正面的影响也可能带来负面的影响,关键是看班主任的引导。在我们引导和贯彻策略的过程中,工作一定要做到位,并要及时小结反思；对学生的关心和耐心不可少,不然就会存在虎头蛇尾的现象。在今后的育人工作中,我将持续关注相关问题并研读有关书籍案例,边学习边研究,提高自己的育德能力。

心病还需心药医

上海市储能中学　刘　燚

中学生的心理问题层出不穷，原因多数是学习、人际交往、考试焦虑、父母代沟或者是青春期等，而我则遇到过一个特殊的女孩。

小周同学曾经担任班级学习委员的职务，工作认真负责，对于老师交与的工作都能保质保量地完成；她极其擅长写作；从字里行间里，都能让人看出在她文静外表下有着一颗活泼积极的心；她学习态度极其端正，学习习惯良好，也能自觉拓展个人知识面，还是学校气象站成员之一。总之，她是一个聪明敏锐、积极向上的好孩子。然而，在初三新学期一开学，小周同学就因为身体不佳请假两周，之后又再请假一个月，这是怎么了？我与家长联系，家长只是搪塞说，孩子有些厌学情绪，家里情况不方便老师家访。又过了一个月，她总算回到了集体，病假两个月的她是否能跟上大家的脚步？厌学情绪是否已经得到了缓解？行为上会不会有异常？我揪着一颗心，感觉身边放着炸弹，随时会爆炸……没想到在小周回来的第二天，就炸开了：她把自己关在卫生间里，不肯出来，四十多分钟后，她被劝出来时，手里拿着个塑料袋,虚弱地说,她在感受窒息所带来的快感,听完这话,我一阵窒息……

　　尽管如此,我试着与她沟通,想知道一贯优秀的她为什么会厌学,又为什么会去追寻"窒息的快感"? 所以,在观察的同时,我还对她展开了心理咨询的第一步:个别谈心。我试着以人为中心疗法来跟这个孩子沟通,用"朋友"和"伙伴"的身份,让她信任我。通过谈心,我渐渐了解到小周异常的原因:她的父亲极其情绪化,暑假开始不久,她就发现父亲一直都在服用一些药物,心智早熟的她想分担家人的苦恼,所以借助互联网了解父亲的病情,没想到她发现自己的父亲其实是"抑郁狂躁症"患者,所以才华横溢却一直郁郁不得志。他总是先服用抗抑郁药一段时间后,再服用抗狂躁药物,循环往复。更可怕的是,这种病是具有遗传性的,她怕极了,她害怕自己也会这样,所以从暑假开始,整夜整夜惶惶不可终日,之后的两个月病假也是出于这个原因,但是当她克服了心理上的恐惧,再次踏入学校和教室后,她发现自己完全跟不上全新学科化学以及物理的脚步,这是常年处于"学霸"的她从来不曾遇到的问题,她完全无所适从,她开始寻找逃避的方法——窒息。

　　根源找到了,问题就有解决的方向了……首先,她目前有学习压力这一情绪困扰,其次,则是有对于家族遗传病的恐惧,前者属于心理咨询范畴,但后者则需要专业心理医生的介入。

　　于是,目标首先是要先解决她的情绪困扰问题。我与她的家长进行了联系,将孩子的情况与苦恼与家长进行了沟通。我与家长都达成共识,先从最容易解决的问题——物理与化学的学习入手。我们分别请物理和化学老师对她进行了几次个别辅导,在这两门学科学习成绩逐步上升以后,小周同学的情绪逐渐稳定下来,第一个问题似乎解决了,于是我开始着手解决第二个问题,但我也只是外行,于是我请教了学校的心理老师,她经过思考后,给了我一个专业医生的联系方式,当我真诚地把联系方式交给她的家长后,他们平静地离开了。这之后,她情绪一直稳定,状态也很好,毕业的时候,我给她的留言是:沉稳深刻,富于想象,内涵丰富,你是感性的女孩子,沉浸在自己的天地中。你学习基础很好,头脑灵活,所以可以轻松完成学习任务,经历了成绩下跌,你亦能够及时调整心态,把你对音乐的热情移植到自己的学业中。在老师的心目中,你一直是品学兼优的学生。你有一双会说话的眼睛:对待弱势群体,你广撒关切之情;对待不平之举,你喷出义愤之火。这就是直率的你。生活中有不如意,这是一种常态;所以我们应该选择快乐。宽容是快乐,自信是快乐,每天有收获也是快乐……但愿冰雪聪明、早已开始辩证地评价世事的你,能够始终保持着一颗赤子之心,去发现学习上、生活中的精彩,去创造属于你的那片辉煌!

而在她顺利升入高中后,她发了一条短信给我:"报告刘老师:2分之差,没去成复旦附中,××就××(另一所市重点高中,也属于该区录取分数线最高的学校)吧,凑合着也行,就是校舍看上去循规蹈矩,平平整整,不怎么好看,有点压抑……谢谢……"

一般中学生或多或少都会有一些情绪问题,而小周的特别在于,她身上既有情绪困扰,更有对于家族遗传的担心,这就需要我们认识清楚症结所在,对症下药。有时,班主任老师一个人的力量是不够的,这时,就需要借助专业人士的帮助来一起解决问题。

助梦飞翔

上海市敬业初级中学 杨 颖

六年级上半学期期中考试刚过,一天,小钱爸爸给我打来电话:"杨老师,小钱他最近学习怎么样啊?这几个周末我让他多看看书,他都当耳旁风,不理我,也不看书,甚至还撒谎去外面网吧上网……"电话那头小钱爸爸焦急地述说着。在和他的沟通中我了解到,小钱爸爸原来同意小钱周末可以每天上网2小时,前提是学习成绩要达到爸妈提出的要求,不过这次期中考试,小钱有点考砸了,所以这上网的"福利"就没有了,于是小钱就反抗了。挂了小钱爸爸的电话,和小钱相关的点滴浮上我的心头。

小钱是个外地户籍的生源,家在安徽,爸妈一起在菜场卖鱼为生,平时很忙碌,也很辛苦。暑假接班第一次去小钱家家访。见到他时,给我留下了深刻印象的,除了他的机灵劲,还有小钱爸爸对他的评价:脑子还行,但是很不努力,还特别不听家长的话,对自己也没有要求,还常常撒谎,是个让人费心的孩子。和小钱相处的短短半学期时间里,我也深深体会到了小钱爸爸对孩子的评价是比较准确的,但小钱给我的感觉不止于此:他讲义气,爱动脑子,很有自己的想法。通过小钱爸爸的来电,这次他和爸爸之间的矛盾给了我一个改变小钱的好机会,为了更有效地制订计划,我先找小钱谈了一次心。

"听说你和你爸爸最近不开心啊。为啥呀?"我问道。"我爸不让我上网了,耽误我学习呀!"小钱咕哝着。原来,小钱上网不仅为了玩,也常常查一些英语单词、新闻之类的学习内容。他和爸爸商量,但是爸爸不信,就是不再让他上网了。"是吗,你平时学习也不怎么认真啊。"我故意说。"真的,老师我没骗你!"小钱眼中真诚而急切的神色告诉我他真的没有说谎。"那你为什么不好好学习呢?""我又不能参加上海的中考,我爸也没打算让我回老家上学,反正上不了高中,好好学有什么用呢?"听了小钱的叙述,我对小钱的问题有了比较全面的了解。总的来说,小钱主要有两个问题:①说谎;②学习不努力。而究其原因,小钱说谎很多时候是因为爸妈原先答应他的事又反悔了,所以渐渐地小钱变得不信任人,习惯用说谎来达到目的。至于学习不努力,主要是因为他是外地生源,不能参加中考,没有机会上高中,没了目标自然也就没了动力。所以改变小钱的关键就是让他重新建立对别人的信任并为他找到学习的目标,为他的高中梦想助一把力。了解了小钱的深层心理,我觉得小钱的说谎、学习不努力虽然是很多孩子的通病,但是原因却是很不同的,所以班级集体教育对小钱的改变是很有限的,于是,我决定为小钱量身定制个别化教育方案,对小钱的改变就从重建信任开始吧。

周末,我和小钱爸爸约好去家访,我们3个人一起把这次的上网事件做了沟通,最后我们商量定下了一纸协议。

(1)爸爸承诺保证周末每天让小钱在家上网2小时,对上网具体内容不加干涉。

（2）小钱承诺2小时的时间里至少有一小时用于学习并保证期末考试成绩要稳中有升。

（3）小钱承诺以后有任何要求都好好沟通，不再撒谎。

小钱和爸爸都在协议上签了字，我将协议收好，结束了家访，示意小钱送我出门。"你是不是不相信这份协议有用啊？"见我猜中了他的心思，小钱有些惊讶，"你放心，这协议不是放在老师这儿吗？我就是见证人。如果你爸不守信用，你立刻告诉我，我一定为你做主。""老师，真的吗？"我握着小钱的肩膀，郑重地点点头，"老师相信你是个说到做到的人，我这见证人可是也给你爸爸做了保证的，你可别让我不好交代呀。""老师你放心，只要我爸遵守约定，我一定不会让你失望的！"说完小钱还俏皮地敬了个礼。

之后的一段时间里，我和小钱爸爸经常保持着联系，和他沟通情况，爸爸一直遵守着承诺，给了小钱上网的便利，有时候小钱如果查些资料，爸爸还会主动多给些时间，而小钱的学习成绩并没有退步，说谎的坏毛病虽然没有完全改掉，但次数明显少了，旁人指出时也能及时承认，看来教育初见成效。于是我又约了小钱爸爸来校。"小钱爸爸、小钱，你们都遵照我们的协定，做得很好，现在你们相信对方能够做到我们协议上约定的事了吧。"父子俩不约而同地点点头，"很好！"我一边说一边拿出了那份协议，当着他们的面撕碎扔进了垃圾桶，小钱的眼中有些疑惑也有些着急。"小钱，不用担心，没了这张纸，爸爸也一定会遵守承诺的。"我看向小钱爸爸，看到他坚定地点了点头。"要相信爸爸，信任需要的不是一张纸的约束，而是从心底里对人的认可，小钱爸爸，你说是吧。""儿子，老师说得很对，你前段时间的努力爸爸是知道的,虽然你有时候还是会说谎,但是爸爸相信你一定可以说到做到,要不了多久就会彻底改掉这个坏习惯,你也相信爸爸,我会遵守约定的。"看到小钱的眼神变得柔软,我知道他已经说服了自己去尝试相信爸爸。之后的这段时间里,小钱已经很少说谎了,转眼期末考试结束了,小钱的成绩有了一点点小进步。我在教育手册中对小钱的教育做了阶段性总结:小钱对人的不信任和爸爸有着密切的关系,我这张协议是给了他们父子双方共同的约束,也给了小钱重建对爸爸信任的机会,然而,一纸协议的信任终究是表面的,总不能每件事都订协议吧。于是,我的那招撕协议就上演了,看来小钱对他爸爸的信任是真正建立起来了。有了这份信任,我对之后的进程更有信心了。

  放假前的家长接待日我特意约了小钱爸爸早点来校。"老师,真是太感谢你了,我儿子的改变真是让我欣慰啊!"我很高兴地留意到小钱爸爸已经不自觉地把对孩子的称呼从"小钱"改成了"儿子","没错,他现在对别人信任多了。"我肯定地说,但又话锋一转,"不过,我觉得他很聪明,如果再努力些,学习成绩应该还是有很大的提升空间的,你觉得呢?""老师,我也这么觉得,总觉得他读书好像很无所谓的,一时兴致上来了用功点,热乎劲过去了就又松懈下来了。""你说的一点都不错,他曾经和我说过,他认真学了也没用,又没机会上高中,学得好不好又有什么区别? 他是没有目标啊!""老师,那怎么办呢?""其实小钱的学习成绩和能力还都是不错的,你有没有考虑过让他适当的时候回老家学习,参加中考上高中继续学业? 这样他就有了学习目标,学习自然就会努力了。"我给小钱爸爸提出了建议。"老师,我也想过,但是我们那儿教材和这边不一样,而且我们户口对口的学校不咋样，想到镇上的好学校读书要托人的，还要一笔不小的费用，不怕你笑话，我现在还拿不出这笔钱，估计等存够了，他也差不多要初二了，再回去读还能不能跟上进度，有没有希望考上高中，所以我也没下定决心，也一直和孩子说没打算让他回老家读书。"原来小钱爸爸并不是一点打算都没有，只是有一些顾虑，而小钱爸爸觉得为难的事其实很容易解决，于是我和小钱爸爸商量了助小钱圆高中梦的计划。

新学期很快就到来了，学生返校领书后，小钱随我来到了办公室，我拿出一沓书交给他"小钱，这是你爸爸给你的新年礼物"我说道。"是我们老家的教材。"小钱接过书，满眼疑问地看着我。"没错啊，你不是说想考高中吗？"我说道。"对呀，但是又没机会。""我说了，这是你爸爸给你的新年礼物，你还不明白吗？"小钱用疑惑的眼神看了我一会儿，突然兴奋地叫道："老师，难道是我爸同意让我回老家读书了？""你猜对了，我和你爸说了，你想上高中，你爸同意了。不过要等等，你爸说了要让你上镇上的好学校，所以需要时间安排，他怕你到时候回去跟不上，所以先把那边的教材给你弄来了。""老师，太好了，我有机会上高中了！"小钱一蹦三跳地说着。"不过，你爸还说了，这事费钱又费事，所以最终到底让不让你回去读书还有个条件。"我话锋一转，故意停了下来。"是什么？"小钱焦急地问着。"你也知道，让你回去读书是为了让你考高中的，所以，如果你的成绩不好的话，回去读书也没什么意思，你说是吧。""老师，我知道了，条件就是成绩要好，对吧。"聪明的小钱心领神会地说道。"你放心，现在我有目标了，一定会努力的！"看着小钱离去的身影，我说道："书里有什么不明白的可以来问我们啊！"小钱回头冲我比了个OK

的手势。新学期里，就像预期的那样，小钱学习态度有了很大的转变，再加上他那聪明的头脑，成绩有了大幅度的提高，在期末考试中以全班进步幅度最大的好成绩冲进了年级前30名。不仅如此，他还把老家的教材也都认真地学习了，连老家的相关辅导材料也被他都"消灭"了。"小钱的转变再次说明了目标对于学习态度的重要性，不能好高骛远，要切实可行，跳一跳够得着。这样孩子才会去努力，去尽量缩短和目标的距离，也就在这样的努力中，学习态度就发生改变，成绩的提升便是再自然不过的事了。"我在教育手册中继续记录着我的感受。

初一暑假，小钱回了老家，如愿进入了镇上的好学校，我们还常常通过短信、QQ联系。现在小钱已经初三了，他说，以他现在的成绩，考上当地的重点高中绰绰有余，他正在为考省重点而努力着。

那个不信任人的说谎孩子不见了，那个对学习无所谓的孩子消失了，一个诚实、随和的孩子正在为着自己的未来努力拼搏着，向着自己的梦想展翅翱翔。

"回想整个对小钱教育方案的过程，小钱爸爸的角色至关重要。正是由于小钱爸爸为了孩子的改变接受了老师中肯的建议，先让自己有了改变，使小钱重新学会了信任改掉了说谎的坏毛病；也是小钱爸爸的努力，让孩子看到了上高中的希望，从而燃起了积极上进的心，才使得他的学习态度有了这么大的转变。其实，大部分家长都是愿意配合老师对孩子进行教育的，但是由于种种原因，他们没有有效的方法，所以我们更要对他们进行教育方法的指导，有了家长的配合，会更有效地提升最终的教育效果。"我在教育手册中记录了我的心得。

孩子，你慢慢来

上海市市南中学　庄　瑾

中等生，是班级人数较多的群体，更是一个班级实现整体目标推进时不可忽视的群体。在我看来，这样的学生是可塑性最强的一批孩子。在他们身上同样具备学优生的潜能，甚至在某些方面有超常的优势，但由于种种原因造成他们在某个时期、某种条件下处于中等状态。因此，如果在工作中研究他们的心理特点和思维规律，调动他们的积极性，就能促使他们向学优生转化，防止他们分化为后进生。重视和加强对中等生的教育和引导，对整个班级整体素质的提高以及学生的未来人生具有重要意义。

下面我想与大家分享一下我们班小周同学的故事。

小周是一个很文静的女孩，不管教室里有多吵闹，她总是一言不发，看着自己手中的书，教室里有她没她都没有什么区别。

新学期第一天，刚上完英语课，她很小心翼翼地走到我面前说："老师，我坐在第五排看不清，能否换一下座位？"我相当官方地说："先换副眼镜试试看吧。"这时，我看到她把头低了下来，低声地说："老师，我是高度近视眼，我有800度……"这时我才回想起上课时她艰难得看黑板的样子。一个多学期了她才说出来,看来真的是无法再坚持下去了。再加上今天因为她成绩下滑我又批评了她,她的这番话是要纠结了多久才能鼓足勇气说出来啊!顿时我感到惭愧,作为班主任,我怎么这么大意,从那以后,我开始慢慢地关注起这个女孩子。

我了解到其实小周的家庭环境比较复杂,她的沉默寡语是受了家庭环境的影响。孩子的父母离异,她和妹妹都跟着母亲生活。母亲因为生活所迫,同时要做几份工,常常回家很晚,根本没有时间照顾她和妹妹。平时只有外公外婆照顾她们的生活起居。妹妹性格外向,又很乖巧,很讨家人的喜欢;而小周却性格内向,平时在家也不怎么说话。时间久了,家里人也渐渐地忽视了她,很少与她交流和沟通,小周变得越来越沉默。但是小周的内心是渴望着能得到家庭的重视,她也希望学习能更优秀一些,以此来获得长辈们的肯定。可是却又缺乏持之以恒的精神,经常半途而废,成绩不理想。再加上母亲的过于心急,恨铁不成钢,整天的唠叨,长辈们也一直拿聪明伶俐的妹妹与她比较,使她越来越不愿意主动与人交流。渐渐地,她就把自己隐藏了起来。

知道了这些情况后,我决定试着与她沟通,让她在这个集体中感受到温暖,打开心扉,争取成为一个快乐的孩子。

首先我从她的母亲那里展开工作。我找了个机会约小周的母亲来校交流,一方面了解一下孩子在家的生活情况,一方面也让家长知道孩子在学校的表现。在交流中母亲承认她很少与小周交流思想,遇到问题时也不会从孩子角度去思考,经常不问原因,只是一味地责怪,让孩子产生了很多的怨气,使她也不愿意真诚地与自己对话。母亲也觉得这样下去对孩子的成长很不利,也想尽快改善现在的状况。我给了小周母亲一些建议,比如多找些机会与小周聊天,哪怕一天只有十分钟,也要问问她的学习情况和生活情况,聊聊她关心的事和人;若考试成绩不理想不要一味地责怪,和她一起分析一下失误的原因;生活上给予一些温暖,要关爱,但不溺爱,不要以为物质上的满足可以抵过精神的需要;最重要的是在关心妹妹的同时,不要忘记她的存在。小周的母亲欣然接受了我的建议。

小周母亲愿意在家庭教育方法上做些改进,这无疑是一个良好的开始。

其次,在学校里一有机会我就找小周聊天,及时纠正孩子对自己的错误认知。通过对她校内成绩的了解,课堂上的表现,课上与课后作业的信息反馈,用事实告诉她自己的真实水平其实并不是她所认为的那么差,从而慢慢帮助其树立自信心。

接着,我慢慢地打破了她的心理防线,让她与人的沟通从"不主动"到"较主动"。该生之所以不愿与人交流是因为觉得自己不够好,自己与别人不一样,是自卑心理在作祟。我的方法是心理引导。(我会告诉她每个人都有每个人的独特之处、闪光之处,每个人都有自己擅长的和不擅长的,关键在于我们怎样更好地发挥擅长的,改进不擅长的。)与她用心交流,用自己的经历和感受去感染她,既作学生的老师,又作学生的朋友。对于她我更要格外关心和照顾,让她感受到老师是一直在关注着她的。我让班上比较喜欢与人交流的孩子与她多讲话。比如:课间休息时主动地与她讨论问题,只要看到她一人独自坐着就走上前去与她聊聊班里所发生的有趣的事等。

渐渐地,我看到在课堂上她也能慢慢地与同伴讨论问题了。课后如有同学和她说话,她也能与同学交流、谈论,人也慢慢地自信起来。期末考试前,语文老师告诉我,在她按惯例组织的学期末的"读书会"上,小周同学一改往日的沉默,大胆地走上讲台,向大家介绍了本学期中她所阅读的一些书籍,并且分享了自己的读书感悟。声音响亮,语言流畅,让老师和同学们也大吃一惊。看来,小周同学正努力地改变着。虽然到目前为止在她仍然是一个偏内向的孩子,还是不会经常地主动地与同学们一起高谈阔论,但较之以前已经开朗了很多。我也很高兴看到她正慢慢地变得自信起来。我想对她说:孩子,你慢慢来。慢慢打开你的心扉,你将会发现一个完全不同的世界!

课间"怒发冲冠"的杨军

上海外国语大学闵行外国语中学　黄世言

教室里,四五张桌子倒在地上,课本、练习册、笔等撒了一地。

一片狼藉。

杨军像一头发疯了的狮子,尽管被班上的两个大力士拦着,但他还在使劲挣扎着,要冲出"包围",去继续推倒那些桌子……

事情的经过我已知道。

中午几个女生没吃饭,围坐在他课桌边打闹,把课桌上的东西弄得乱七八糟,眼镜和计算器还掉到了地上……他回来看到后,命令女生们给捡起来,但女生就是不捡。怒发冲冠的他就猛地去推课桌,课桌被推倒一大片……

他是班上的后进生之一。

学习成绩倒数,脾气倔强,很少与人沟通。经常被叫到办公室。但每次,都是无声地抵抗。

面对眼前的杨军,出现下面两种处理方式。

方式一

气急败坏的老师:"杨军,你今天是第几次犯错误了?早上欺负小同学,上午课堂上睡觉,中午推翻课桌。按这样推算,你下午是不是要和别人打一架,放学时再让教学大楼抖一抖?"

杨军:(不作声)

老师:"你不说就表明你有本事了!我今天就要你说!把事情的经过告诉我!"(命令的口吻)

杨军:(不作声)

老师更生气了:"开学第一周就逃课,作业从来不做,跑到网吧上网……上回竟然还买来作业的答案,花钱让人给你抄答案……你什么时候自己做过作业,又什么时候承认过错误!喔,你生气了,火了,就推课桌,哪天你愤怒了,是不是要推倒教学大楼……"

一阵机关枪后,老师气急败坏,叫来家长。但孩子仍然一言不发。

方式二

师:"蒋雯她们把你的东西弄得乱七八糟了?"(定了定神,轻轻地说)

杨军:(没作声)

师:"我最不喜欢别人弄我的东西,也讨厌这样的人。"

杨军:(没作声)

师:"弄乱了,也不帮收拾好。确实让人有些恼火。"

杨军:(仍没作声)

师:"听说你的眼镜和计算器也摔坏了?"

杨军:(还没作声)

师:"你那副眼镜,听说花了近 2 000 块钱吧。这么贵的眼镜,摔坏了可是……?"

杨军:"我爸要揍我的!"(他终于开口了,几乎是吼)

师(关切地看着他):"这真是很倒霉的一件事!你爸打起人来也不管死活。哎——难怪你那么生气!"

杨军:"我去吃饭了,回来就看到我的东西乱七八糟了。我的眼镜和计算器都被她们弄到地上了。"

师(点了点头):"嗯!你感到很恼火!"

杨军:"她们一帮女生在我那打闹,把我的东西弄到地上了,我只是要她们捡起来,她们竟说不是她们弄的,为什么要她们捡……"

师:"哦!"

杨军:"我气得不得了,我还没说要你们赔我的眼镜呢。我要给她们颜色看看,所以我就去推翻她们所有人的桌子……"

师:"是吗?"

杨军:"我推翻了她们的桌子,班干部来制止,只说是我不对,还嚷着我打架了。要来告诉老师。"

师:"你不肯过来了。"

杨军:"为什么只要我过来,这又不是我一个人的错。"

师:"你是这么理解的?"

杨军:"是的。有什么大事小事,同学老师都认为是我的错。"

师:"原来是这样。"

杨军:"我是不好,但不能什么事都是我的不好……"

当时我差点就选择了方式一来处理此事。

班上后进生多,而他们的行为有时实在让你身心疲惫,怒火中烧。但我还是选择了后者。对于杨军这样的学生,我们并不陌生：他们因犯错误，常常被请到老师办公室，但无论你用什么方式批评、惩处他，无论你批评、惩处得多么严厉和频繁，他们都无动于衷，一声不吭。这些斥责和惩罚最初让他们感到恐惧，但是，慢慢地，他们对其产生了免疫功能。他们的一言不发、一声不吭其实是对教师的一种对抗。我们在处理这种学生的问题时，总是站在教师的角度，以居高临下的姿态、采用教育的口吻，对其进行一套套大道理地演说或者进行一番狂轰滥炸。而学生认为老师总是自以为是地批评训斥他，总是他的不是，总是那么轮番炮轰几下收场，从不理解、懂得他们的感受，那就让你们批评吧。通过这种对抗，来达到自我心理防卫的作用。

因此，庆幸自己选择了方式二。

在这种情况下，要与这样的学生沟通，我们首先是要让他开口。让他开口的前提，是我们教师要理解他当时的感受。所以，在案例中，我首先问："蒋雯她们把你的东西弄得乱七八糟了？"然后，把老师和他一样不喜欢别人乱翻东西的心理袒露出来，并顺势批评了那几个女生做得不对的地方。这样，就让他感觉到：老师不是老一套地一开始就批评他；另外，老师能懂得他的感受，知道自己对那几个女生的做法很生气。简单几句，让他觉得老师不是"南霸天"，还挺通情达理的。接下去，老师从摔坏的东西说起，因为杨军真正生气的地方是摔坏的眼镜，而怕摔坏眼镜是怕他爸揍他。所以我就以一句半截话"你那副眼镜，听说花了近2 000块钱。这么贵的眼镜，摔坏了可是……？"把他的这种担心引了出来。他终于开口了。如何让他自己把事情的经过说出了呢？接着我用"这真是很倒霉的一件事！2 000块钱不是个小数目，你爸打起人来也不管死活。哎，难怪你那么生气！""嗯！

你感到很恼火！""哦！你就更生气了。""你是这么理解的？"等这些语句回应他。通过这些话语，向他传达这样的信息："杨军你对我很重要，老师希望能明白你的感受。"而这个一向受到批评和斥责的孩子，当这次犯了错误时，竟能得到老师的理解。一下，如同有了知音，他也就有了把自己的委屈、自己的不满倾诉出来的愿望。

因此，对于性格有些内向的后进生，在与其沟通时，我们首先要接纳他的情绪，理解他当时的感受，感受他的苦与乐、哀与伤、悲与喜，在理解他们感受的基础上，全神贯注地聆听他们的故事，让他们的心灵处在一种开合状态。

然后，我们教师再乘胜追击，对其进行教育。这样，学生才不会处在一种对立的状态，教育才有效。

注：本书中学生姓名为化名。

"四菜一汤"带来的收获

上海外国语大学松江外国语学校　刘　可

前　言

辛苦了一学期,学生们终于迎来了期盼已久的寒假,随之而来的便是问老师寒假有哪些作业,能不能少布置点,尤其是作文能不能少写点。看着学生们期望的眼神,还真不忍布置很多作业,毕竟寒假不同于暑假,一方面时间比较短,另一方面,又是一年一度的春节,家家户户合家欢庆,团团圆圆嘛。为了减轻学生们的作业负担,也为了学生们能过一个更加有意义的春节,备课组老师商量后,布置了一个"特殊"的寒假作业——四菜一汤。就是让学生们在家里学着烧菜,一是锻炼学生的动手能力,二是增进跟家长的感情。

当跟学生们说这个"作业"时,他们顿时炸开了锅。

"这是什么作业啊,从来没做过嘛。"

"我不会做的呀,老师怎么布置这样的作业。"

"我妈都不会做,让我烧菜,怎么可能呢?"

"哈哈,还好我会烧几个小菜,终于可以露一手啦。"

"我只会煮鸡蛋,不会烧菜啊!"

"做饭一点都不难,我小学就开始会做啦,哈哈哈!"

……

看着他们七嘴八舌,形式各异的表情,真是几家欢乐几家愁。学生们发牢骚足足 5 分钟,看来,让他们烧几个菜,似乎比解几道数学难题还痛苦。待安静下来后,我让孩子们好好思考为什么要布置这样的"作业"?

"能锻炼生活自理能力。"

"自己会烧菜,不会饿着。"

"能减轻家人的负担。"

"可以体验生活。"

……

"既然有这样的好处,我们为什么不去做呢?"我认真而又严肃地问道。

"没做过。"

"太难了。"

"没做过,不代表不会做,没有尝试过的事情,不要轻易否定自己不行。说'太难了',是给自己找借口,没有谁规定 12 岁的孩子不会做饭菜,也不用做饭菜的,难在哪里呢,如果实在不会做,可以从网上找相关的视频,可以边学边做……"在我的一番引导下,大部分学生还是很积极地响应的,有的学生还互相约定,到对方家里去品尝呢。

期末家长会上,就这个寒假"作业"我跟家长们进行沟通,希望得到他们的支持与配合。当我刚说完让孩子们回家烧"四菜一汤"时,家长们的表情不亚于孩子们,有惊讶,有疑惑,有不解,等等。但在了解这个特殊"作业"的意义和价值后,家长们纷纷响应,表示一定认真配合,让孩子完成这一实践活动。

寒假期间,我陆陆续续收到家长和孩子发来的图片,看着孩子们脸上洋溢着灿烂的笑容,内心甚是感动。照片上呈现出一幅幅这样的场景:孩子们走进菜场跟卖菜的叔叔阿姨,甚至是爷爷奶奶辈的老人询问菜的价格;在厨房摘菜、洗菜;穿上围裙烧菜的模样;桌上摆好自己的杰作,满满的幸福感。

在家长们发过来图片时,我问他们有何感想,很多家长似乎有太多的话要说:

"看着孩子笨手笨脚的样子,真想不让他做了,毕竟他还小,但想到以后总要自立,我还是鼓励他,好好努力,你是可以的。当他累得满头大汗时,我还是有点心疼,但看到他完成四菜一汤时,我又是那么的感动,觉得自己的孩子是那么棒。"

"以前,她在家里从来没有烧过饭菜,第一次做,我还很担心她能否完成老师布置的任务。但看着她这样起劲,我在心里还是为她鼓劲加油。虽然一切都是从零开始,我还是认真地教她如何挑菜,如何摘菜,怎么洗菜才干净,如何烧菜,等等。一下子我变成了孩子的指导老师了,对于已经做了很多年的自己来说看着挺简单,但对于她似乎那么不容易。"

"比较难的是切菜,平时她都比较胆小,现在让她拿着刀去切菜,我真的很担心她万一切到手怎么办,看她那么小心翼翼,我的心里也跟着七上八下;最难的是烧菜环节,对从来没有烧过菜的她来说,先放什么,再放什么,烧多少时间,放多少调料等,都是需要考虑到的事,我必须得反复教她,虽然还是出错好几次,但还是最终成功完成,看着孩子烧的可口的饭菜,我和她爸爸还有老人真是开心极了。"

……

对于六年级12岁的学生来说,要高质量地完成"四菜一汤"还真是一件很不容易的事。他们大多数是独生子女,爷爷奶奶宝贝他们还来不及,过半的孩子在家里几乎不做家务,基本是衣来伸手饭来张口,现在让他们去做一件很少做过的事,可想而知,有的孩子和家长在心里还是犯嘀咕的。

为了让学生真正得到锻炼,不流于形式,我要求他们从买菜、摘菜、洗菜、切菜、烧菜到评菜这一系列的过程,都要上传照片或视频。所以,当看到这些图片时,我特别欣慰与感动。为他们的辛勤付出而感动;为他们的坚持与不放弃而感动;为家长认真配合而感动,为一家人在一起其乐融融而感动。虽然事后很多学生说,由于平时不怎么做,不知道放多少盐合适,以至于有的菜味道比较咸,有的菜味道比较淡。很多家长跟我说,孩子烧菜时遇到各种各样的奇葩事,让大人们忍不住哈哈大笑。事实上,出现这样那样的问题其实都是很正常的,如果他们不去亲自去做,就不知道原来做饭还有这么多学问在里面。就像教孩子学骑自行车,说一万遍的理论,不如多实践几次、摔倒几次,慢慢就学会了。

那么"四菜一汤"对于家长和孩子都有哪些收获呢?

首先,"四菜一汤"给孩子们提供了一个锻炼生活能力的好机会。

由于很多孩子平时在家里过着衣来伸手饭来张口的生活,以至于生活自理能力很差。对于烧菜,12岁的孩子要亲自完成这一系列的动作,没有家长的协助,任务还是非常有挑战性的。

通过这样的生活实践锻炼，孩子们懂得了生活能力的重要性。毛主席说，自己动手，丰衣足食。会烧菜的孩子以后在生活中绝不会饿着。

其次，"四菜一汤"拉近了家长跟孩子的距离，增进彼此的情感。

由于平时家长忙着工作，孩子忙于学习，在一起亲子互动的时间并不多。这次活动，让家长们有机会跟孩子零距离互动，孩子从家长身上学会烧菜，家长从孩子身上看到潜力。对于之前没做过的孩子来说，家长需要手把手教他，如此，也是考验家长和孩子的耐性。很多家长事后说，看着孩子在烧菜时，手脚忙乱，自己在一旁真的想过去帮助，可是考虑到要让孩子得到锻炼，还是忍住让孩子自己完成。

最后，"四菜一汤"是培养孩子自信心的具体体现。前文提到送给孩子们特殊的礼物：×××，不要怕，无论什么困难的事，只要硬着头皮去做，就闯过去了。这句话不仅适应于孩子的学习，在生活上也是如此。

事实上，有很多孩子在家里不怎么做家务，更谈不上会烧菜了。既然不会，正好利用这个寒假做一个尝试，多好的锻炼机会啊。所以，当有的孩子想打退堂鼓时，家长就会用之前送给孩子的话再鼓励孩子，打消他们半途而废的念头。

下面就让我们一起看看部分家长记录孩子烧菜前后的感受吧。

赵画的"四菜一汤"有感

说到煮饭，我从未怀疑过孩子们的能力，当然有感刘老师用心良苦的教育理念外,不那么担心孩子们煮不出来。因为早在2年级的时候,我们家孩子已经会煮面条、煎鸡蛋、炒白菜等简单的菜式,如果把她放家里肯定饿不着。

赵画是个有主见的孩子,自己在手机上研究要煮什么,然后把要煮的菜式写在本子上,包括做菜的步骤等等。她会问:"妈妈,你说我煮什么好呢?"为了培养她的独立,我就说,"你自己觉得呀,或者煮妈妈平时煮的,不管你煮什么,我都喜欢。"平时爸爸上班也比较忙,为了让他能吃上孩子们煮的第一顿"大餐"我们决定把时间定在周末。

一大早赵画就拿着袋子、钱准备出发去买菜了,我还是有点不放心,就跟着一起去。开始她还是有点胆怯,站在摊位前不知所以,东挑挑西拣拣。慢慢地就有些得心应手了,特别是听到周围叔叔阿姨们的表扬时,她更加有自信了。回到家就开始洗菜、配菜、厨房里不时传来刀掉地上的声音,一会又是我着急的喊声,说实话我比她紧张,她倒是有条不紊地进行,我怎么看这也差点,那也不对呢,对她的信心也在慢慢减退,这顿饭煮出来会是什么样啊?花了2个多小时的时间终于把所有的菜都准备好了,接下来就是下锅炒菜。第一道菜煮的是她最喜欢的可乐鸡翅,不用放油所以不担心她会被烫着,还边煮边喝着可乐,我笑着对她说:"大厨都是这么长胖的。"第二道菜荷兰豆炒肉片,当荷兰豆倒在锅里时,锅里响起噼里啪啦的声音,一个不小心油溅到手上了,她来不及顾上手的疼痛,继续翻炒着,看着我心疼极了,一个劲地说道"站远点、站远点"。终于四菜一汤在她惊心动魄的烹饪下完成。端上桌以后效果还不错,色香味俱全,一家人其乐融融地吃着,平时不爱做家务的爸爸说道:"为了感谢我的女儿给我带来这么美味的晚餐,一会由我洗碗。"欢声笑语回荡在小小的餐厅里,这就是幸福吧!

通过这次孩子的烧菜经历,让我们明白:作为家长,除了培养孩子健全的人格、好的学习能力外,还需要培养孩子的自理能力,一颗感恩的心,愿意为他人付出、愿意和他人分享的品德。谢谢刘老师给孩子们、家长们一个机会,让孩子们体验家长的不易、也让我们看到孩子的成长。

点评

> 赵画并不是独生子女,还有一个双胞胎姐姐,去年刚从重庆来到上海,一切都要从零开始。妈妈为了培养、锻炼孩子的动手能力,就让她们俩分开完成"四菜一汤"。赵画同学很认真并出色地完成了老师布置的任务,带给她的是生活自理能力的提升,带给爸爸妈妈的是看着女儿健康成长的喜悦,带给一家人的是那浓浓的家庭温馨与满满的幸福味道。

锅碗瓢碰交响曲
——记成成第一次当"大厨"

看着同学们当"大厨"的照片陆续传到班级相册,成成心里痒痒的,早已经跃跃欲试。大年初一,成成酝酿已久的心愿终于实现了。

说实在的,刚得知刘老师布置的这特殊的假期作业(完成四菜一汤)时,成成的爷爷奶奶满脸都是不可思议的表情,认为这根本是不可能完成的任务。我和成成倒是信心满满,认为"不怕做不到,只怕想不到!"并且商量好:就在春节期间把这不可能完成的任务完成了!

除夕夜,接受大孃孃的邀请,我们一家和她们全家共进晚餐,一起迎接新年的到来。餐桌上,一道道美食让我们大快朵颐。这时,我灵机一动,大孃孃可不就是现成的指导老师,于是,在成成真诚地邀请下,大孃孃欣然应允,约好大年初一早上天马菜场门口碰头。

第二天,成成一大早就起了床,按照和大孃孃的约定直奔天马菜场,大孃孃也早就在菜场门口等候着了。第一次实践买菜,对成成来说无疑是一种考验。芹菜——只吃过炒熟的,没见过庐山真面目;鲈鱼——虽爱吃鱼,但想分清种类真是不易……要买的菜不少,但很多原始模样还真的没见过,菜场兜一圈,笑料不少,但却也是收获颇丰!

满载而归,接下来就要正式上手啦!成成进入厨房,穿上围兜、穿上袖套,俨然是个像样的小厨师了!在孃孃的指导下,成成先把要做的菜都仔仔细细洗干净,然后正式开始做第一道菜:西兰花炒香菇。

孃孃让成成将洗净的西兰花一簇簇剪下来,放到锅里焯水,然后再用凉水冲一下,再把油倒入锅中加热,随后倒入西兰花和香菇一起翻炒。由于是第一次,成成在倒西兰花的时候方向反了,只见西兰花一进锅,伴随着一阵白烟升腾,还夹杂着噼里啪啦油星飞溅的声音,一个不留神,几滴油星溅到了成成手上,瞬间起了几个红点,赶紧用凉水冲洗,还好无大碍,任务得以继续。最后起锅前,按照孃孃的吩咐,成成打开调味盒,撒入一小勺盐,2/3勺味精,再倒入孃孃的秘制勾芡(西湖藕粉),翻炒一下就大功告成啦!

　　第一道菜的成功,大大鼓舞了成成的士气!只见他一鼓作气,剪葱花、切肉丝、削土豆皮……将清蒸鲈鱼、炒虾仁、芹菜炒肉丝、番茄土豆汤一一拿下,一小时的时间,散发着诱人香味的四菜一汤隆重登场。望着成成初次体验完成的、色香味俱全的佳肴,爷爷奶奶笑得合不拢嘴。

　　虽然晚餐有满满一桌子菜,但成成烹饪的四菜一汤明显颇得大家的偏爱,大家赞不绝口,只见筷起筷落间,不一会儿就被消灭光了,大家用实际行动鼓励和肯定了成成的劳动成果。

　　李大钊先生曾说过,一切乐境,都可由劳动得来,一切苦境,都可由劳动解脱。

　　愿孩子们都能以饱满的劳动热情,投入到美好的生活中去!

点评

　　卫予成同学用实际行动证明了爷爷奶奶之前的担心(认为这根本是不可能完成的任务)是多余的。

　　其实,每个孩子身上都有很大的潜力,家长们不要急于否定孩子这个不行,那个不行,只要给他创造条件和机会,让孩子不断去尝试,最终他一定会有收获的。烧菜无非就是一个熟能生巧的过程,每个人都有第一次,即使他做得不好,又有什么关系呢,关键是孩子是否得到了有益的锻炼。

第一次做菜

　　如今,别说是00后的孩子,就连我这个做妈妈的都不怎么去菜场买菜做饭,响应刘老师自己动手丰衣足食的号召,母女俩决定买菜做饭!

问好了具体菜场的位置早早就出门了,谁知还是错过了,兜兜转转了半天问到一个正好在菜场送货的大叔,于是就跟着他进入了菜场!

刚进菜场迎面就扑来一股夹杂着肉、鱼、酱菜等各种混合的气味。

脚下踩着的地面都是水迹,我家闺女捂着嘴巴,踮着脚尖,第一时间就说:"妈妈这里好脏好难闻我们不买菜了好吗?"

"既来之则安之,想想每天在这里卖菜的人们,他们为了挣钱天天闻着这样的气味,踩着这样湿漉漉的地板;想想每天要买菜的人们,天天来这他们就是为了家人有美味的饭菜吃。"说完这些,闺女没声音,我想她是接受了!

按照出门前写好的闺女所谓的高大上的菜单,逐一购买并教闺女如何挑选新鲜的蔬菜、鱼蟹,还教闺女如何货比三家然后与摊主讨价还价,我想虽然谈不上有多少乐趣,但至少能让她学会分辨和比较菜的新鲜程度吧。

回到家,闺女按照奶奶的指导洗菜、切蟹等一系列的准备工作,开始了她的第一次烧菜体验。其间学会了很多生活小窍门,比如为什么豆腐盒子要割一刀豆腐才能顺利地倒出来,为什么螃蟹切开后要沾上面粉才不会掉蟹黄,蛋转一下就能知道生熟……

出锅摆盘,颜色搭配,顺利地做完了两荤两素一汤,最后闺女累得趴在餐桌前说:"快尝尝我做的菜,请记得评价并点赞!我累趴下了,什么都吃不下了,奶奶你每天做那么多家务还要买菜做饭是怎么撑下来的? 你们以后做什么我都吃,不再挑食了,我也不再因为没有我爱吃的菜而抱怨发脾气了!"

我想这样逼孩子一把还是有效果的,至少她买菜做饭突破了怕脏、怕臭、怕火的自己,并且学会了换位思考珍惜别人的劳动果实。

> 💡 **点评**
>
> 很佩服曹梦延妈妈,由于工作性质的原因,很少在家里烧菜,大都是两个老人帮忙做,所以孩子基本没做过家务,也很正常了。但也正因如此,孩子在家里除了学习,其他家务很少做,加上爷爷奶奶宝贝孙女,导致孩子养成衣来伸手饭来张口的不良习惯。这次实践活动,正好让娘儿俩有机会一起学习一起成长。
>
> 事实证明,孩子之前不做,并不代表她真的不会,只是因为平时她缺少这样锻炼的机会。她现在尝试去做了,做得还可以,说明孩子是有潜力的。因此,为孩子创造多种形式的锻炼平台,不断提高她的生活自理能力,这对于孩子综合素质的提升有极大的帮助,学习成绩不是孩子的全部,生活实践何尝不是一种学习呢!梦延妈妈在文章最后说"孩子从这次实践中学会了换位思考并能珍惜别人的劳动果实。"我想无论对孩子还是对家长,这样的成长该是多么的珍贵!

老师不一样的礼物

这个寒假刘老师布置了一个非常有意义的作业——让孩子做四菜一汤。给这个不寻常的春节增添了一份温馨、一种期待、一次挑战、一抹色彩……刘老师不仅是在告诉父母如何教孩子做家务，更是在唤醒父母们"要让孩子学会做家务"这样的意识。让孩子体会生活的不易，懂得感恩，以后能正常地应对自己的生活，才更能体验到劳动的意义和生活的幸福。

从小让孩子干点家务活，可以使之不致成为享用现成知识的人，而成为有才能有丰富创造力的人。既然是体验生活，那就得什么都干，从买菜到炒菜一个步骤都不能少，所有环节中最难的就数切菜和炒菜了。

只见孩子右手紧握菜刀，左手摁住土豆，尽量使刀平稳，小心翼翼地切起来。忽然，土豆一滚，刀失去控制。"啊——"孩子吓得大叫起来。好险啊！在旁边的我更是紧张，吓得出了一身的冷汗，还好只是虚惊一场：刀从他的手指旁掠过而已。于是我开始"唠叨"起来教他如何把握好刀，帮他做了示范动作。孩子效仿我的动作又开始动手了，就这样，孩子费了"九牛二虎之力"，终于把土豆切完了。但是摆在我面前的那哪是土豆丝呀，分明是一堆又粗又大的"土豆棍儿"。他说这是一次惊心动魄的体验，在有惊无险中体验了劳动带来的快乐，也体会到了劳动的不易！是啊，生活是不易的，每个人都要学会生活的本领，孩子总有一天会长大，总得体验"第一次"，这个"第一次"在我的陪伴下完成的，我们之间也有了一次默契的配合和沟通，我觉得非常幸福！

还有一个难啃的骨头就是炒菜这个工序，真正的炒菜工序开幕了，由于这是第一次，孩子显得非常的兴奋，使劲地挥舞着锅铲，准备"大干一场"。第一步先把煤气打开，像幽灵一样的火苗"呼"的一声蹿了出来。灶火是蓬勃的、有力的、跳跃的，也是有节奏的。它随着油烟机风扇的作用，不断地舞动着，感觉很

"拉风"。锅里头呢？有油,他们在翻卷,腾起浓烈的烟,呛人的香……这只是"热锅",却足以叫人手忙脚乱。张轶晗的表情可逗了,只见他紧张地别过头去,抖抖索索地把打碎的鸡蛋一股脑往锅里倒,还把蛋黄流掉了三分之一,弄得他的手一塌糊涂。只听见"吵"的一声,锅里炸开了花,油和水不断地向上蹿,在火光、气味、烟雾的包围中,鸡蛋在油锅里迅速泛起然后凝固成型,它的边缘多像小姑娘裙子上的花边啊!等鸡蛋成型了,香味就变得和屋子一样大了,还缭绕不散呢!张轶晗一开始还不敢看,等他扭头定睛一看,就兴奋地蹦了起来,紧紧地拽住我的手一直摇晃着我的身体:"'耶',我的'大作'完美地出炉了。"孩子很是激动,还在滔滔不绝地说,"其实炒鸡蛋挺简单的,只是不够淡定太急躁了,下次一定会更好的,有了第一次的体验以后就不怕了。"

晚饭时间到了,一家人围坐在一起,其乐融融地品尝着孩子第一次做的爱心菜,这是父母最大的满足和幸福。世上最幸福的事就是享受天伦之乐!

孩子和家人一同劳动,一同分享,一同学习,既促进了家庭的融洽,也增进了亲情。作为父母,看着孩子高兴快乐,那是幸福的!想着让孩子不断地快乐成长,也是幸福的。尽管孩子在成长和叛逆,但我还是觉得让人无限的喜欢而欣喜着。看着孩子做事认真的模样,丰富多彩的表情,我是高兴的,更是幸福的!那是一种能让钢铁融化的温柔。

这样美好幸福快乐的家庭温馨,都会永远地记忆在我的脑海里。感谢刘老师的"礼物",让我体会了这种幸福!

点评

文中张轶晗妈妈说道：世上最幸福的事就是享受天伦之乐！是的，家长看到孩子切切实实的成长，感受着孩子成长的变化，这是一种发自内心的幸福。

张轶晗同学以前在家里不怎么做家务，爷爷奶奶很是宝贝，怕孙子累着。但由此造成的后果是，孩子在学习上也不主动，很被动式地学习，除了完成老师布置的作业，其他很少愿意积极主动去阅读等，这让他爸爸妈妈很是着急。

后记：

自从慢慢引导张轶晗开始做家务活（如洗碗、洗锅等）之后，他学习上的态度也有逐步的变化，做作业的态度较之以前有了不小改变，能主动阅读了，学习成绩也在稳步提高，他的变化给家长带来了惊喜，从此，家人再也不像以前那样宠爱孩子，而是给孩子提供多种锻炼的机会，张轶晗也在不知不觉中成长。作为班干部，在班级里也能主动为班级出力，除了学习，其他方面也都改进很多。

春雨润物

上海市金陵中学　方婷婷

预备年级的学生正处在天真烂漫、活泼好动的阶段,同学间的口角、追逐、打闹等时有发生,时常有学生跑来向作为班主任的我告状,但大多是些鸡毛蒜皮的日常小事。

渐渐地,耳边听到一个叫静静的女生名字常常出现在告状的名单中:"老师,静静拿了我的橡皮,不肯还给我。""老师,静静伸脚故意绊我摔跤""老师,静静在教室里撕纸撒雪花"……几乎每天都会有同学来告她一状,我黯然想道:"静静啊静静,你就不能给我静静吗?"

静静个子小小的,坐在班级第一排,成绩中等,很可能成为老师们关注盲区的她,却绝对会让任何一位任课老师对她印象深刻:扎着马尾辫的静静,会戴上多个闪亮鲜艳的发夹、发箍,你绝对不会对其视而不见;课本上的各类插画常会被她二度创作,俨然变成了漫话风格;对老师上课提出的问题,她时不时会突发奇想地大声回答,以怪异的答案引得班级同学一阵哄堂大笑;在她的作业本上,隔三岔五便会新增些油墨渍、饭菜渍。在课间休息时,不是听到她和同学间的大声吵闹,就是撒欢地在那儿追逐打闹，要不就是摆弄她的手工创作，偶尔还能看到她利用教室中有限的资源，制定出多种游戏规则和同学比赛。一个这样的女孩实在是太少见了，我顿时闪过两个念头：①她有多动症；②她渴望周围人对她的关注。

不久后我目睹了这样一件事：一位在教室里吃午饭的学生，在返还餐具时将剩余的汤汁洒到了教室外的走廊上，地上的污迹可以让楼道保洁员来处理，更应该由这名学生及时把地板拖干净，却不料此时还在吃饭的静静放下碗筷，走到教室一角拿起拖把就开始拖地了。我下意识地转头看着黑板上的值日生名单，确定今天并不是她做值日生。待她默默拖干净地板后，又回到座位继续吃着午饭，似乎这就应该是她做的事一般。她的这个不经意举动，深深地动摇了我原先的那两个念头，更好奇她的这些矛盾表现是由什么原因造成的呢？

著名心理专家郝滨老师曾说过："家庭教育是人生整个教育的基础和起点"。我决定做一次上门家访，并和静静的父母深入地沟通一次。

静静的家租住在市中心老式里弄房子里，小小的10平方米单间内，住着她和父母姐弟一家五口，房间拥挤到再也塞不下多余的我了，淳朴的妈妈搬来椅子放在门外请我坐，就这样我开始了家访。

静静的父母是外来务工者，父亲的右手有四指残缺，无法从事挣钱较多的重体力劳动。原本夫妻俩一直在菜市场以贩卖活鸡活鸭为生，由于近阶段政府禁止活禽的买卖，他们夫妻二人为了生存只能成为马路游击队，打着游击战的他们，收入很不稳定，有时接连几天都摆不了摊，这不门口还挤着一笼活的鸡鸭呢。

　　静静的父母共生有5个孩子,静静在家排行老四,她有三个是姐姐,余下的一个弟弟正在上小学二年级。看得出父母还保有农村的传统思想,重男轻女非常严重,弟弟作为家中唯一的男孩,处处都有特权,而姐姐们在家却是没有地位的。刚满二十岁的大姐已经出嫁;与他们同住的二姐只比大姐小一岁,初中毕业后就去了七浦路打工看铺子,补贴家用;三姐一出生就过继给了叔叔家,排行老四的静静或许一出生就被家里嫌弃又是个女孩吧;好不容易迎来的老五弟弟的出生,静静在家就更没地位了。静静在家里真的很乖,比许多上海孩子都能干,她每天必须帮着家里做一定的家务,还要照管好弟弟。我终于知道,在她做作业时,弟弟还常常在她边上捣乱,那些脏兮兮的作业本十之八九是她弟弟的杰作,但是父母却极其宠爱弟弟,弟弟犯错时父母几乎都不指责,反倒常来指责做姐姐的她不懂事,没有管好弟弟。静静真是满腹委屈无处申,而她的孩童天性只能在学校里尽情发挥。

　　难怪静静那天会这么自然地去把地拖干净,对她而言,这在家里是再经常不过的事。细细想来,而她在学校里的表现,不是为了引起老师与同学的注意,而是缺少了身边人的关爱与肯定,缺乏正确的引导。俗话说"缺啥补啥",那就让静静在我们班集体中感受到同学们对她的关爱与肯定。而我更是处处留心挖掘她身上的闪光点,在班级中多多表扬她,抓住每一次机会让她感受到身边人的肯定,努力着把她的负能量转变成充满朝气的正能量!

　　静静那么爱搞创作发明,是不是正说明她动手能力强、创新思维活跃呢?在与劳技课钱老师沟通后,发现她在上劳技课时,不仅能够迅速按照老师要求、模仿实物做出作品,还能在她的作品上进行创新和美化,令人耳目一新。抓住她的这一特点,我鼓励她发挥自身特长、多多创作,并且把她的多幅艺术作品推荐给学校,参加我区、校组织的艺术比赛。在比赛中,她不仅收获了多项个人奖项,获得了专业评审老师的肯定,其作品还在校园最显眼位置公开展示,迎来全校师生们的欣赏和交口称赞。不久,我又鼓励她参加学校的科技俱乐部,为参加学校"头脑奥林匹克竞赛"做准备,没想到她竟然是赛场中的一匹黑马,战胜了多位高年级的学长,获得了代表我校参加黄浦区"头脑奥林匹克竞赛"的名额。她取得的种种成绩,让我由衷地夸赞她的心灵手巧,感谢她为班级争光,全班同学也都以她为荣。收获了成功的静静,心中充满喜悦,不仅得到同学们的钦佩与认可,对自己也更有了信心。

一年一度的"元旦迎新校园联欢会"是我校的一大盛事,每位金陵学子都会在一年的最后一天共同欣赏这场盛宴。静静那干净清澈的童音被合唱老师一眼相中,并且选她担任校合唱队的领唱角色。我们都知道,领唱是合唱队的灵魂,是舞台上的焦点,必须要有种气场、架势,要有驾驭舞台的自信,静静为了表演的成功,一遍遍地在合唱老师的教导下反复练习,舞台效果越来越好。可是突然有一天,静静脸带愁容,原来演出中她需要佩戴一副墨镜,可是个子矮小的她只能戴儿童墨镜,父母从没给她买过墨镜,而她又羞于开口向同学借。

我眼看着静静正越来越好,千万不能现在掉链子,这可真有可能"一夜回到解放前"啊。于是在一次班会课上,我以班级集体应当团结互助为主题,引导班级同学把静静的事当成自己的事,发动全班学生回家寻找墨镜,终于在众多的墨镜中挑选出最适合的那一款,确保静静的演出能够顺利进行。在演出前同学们担心她紧张,纷纷来帮助她放松心情;演出后同学们给她看演出视频,为她点赞,以她为傲。

在祝贺她演出圆满成功后,我给她布置了第一个新年作业:想一想这次演出成功的因素有哪些?有意识地引导她关注那些热心帮助她的老师们和同学们,让她体会到师生们对她的处处关爱。并且请她在班会课上,向全班同学给予她的帮助表示感谢,利用休息时间向各位帮助她的老师表示感谢。我欣喜地看到班级更有凝聚力了,静静也感受到了更多的人对她的关心,与同学间的矛盾渐渐少了,而相互关心和理解渐渐多了。

静静越来越静得下心,越来越努力,随着她上课越来越专注,她的学习成绩也突飞猛进。我发现她对数学几何图形的感觉非常好,一些有难度的题目她很快就能想出解决的办法,有些还是最高效的解法,我在课上时常表扬她的才思敏捷、大胆发言。她在数学学习上率先取得突破,成绩渐渐提高。随着数学成绩的提高,静静的总分和名次也随之水涨船高。在学习上取得进步的她对学习就更有信心和动力了,从数学的进步扩大到其他各科成绩的进步。在近一年的努力下,她的成绩从原先的中游位置跃升至年级的前列。

当看到我所做的点点滴滴在静静身上产生变化的时候,当我看到静静在德、智、体、美、劳得到了全面的发展,当我看到静静现在这样热爱着这个集体、充满自信时,我深切感受到了作为教育者的成功喜悦和欣慰,回想教育历程,离不开教师对学生的关爱,学生如同嗷嗷待哺的小鸟,他们是那么企盼着老师给他们的鼓励和关爱,同时也感叹师爱的伟大!

爱之动容

上海市市东中学　周　琦

有位哲人说过："如果一个孩子生活在批评中,他就学会了谴责;如果一个孩子生活在鼓励中,他就学会了自信;如果一个孩子生活在认可中,他就学会了自爱。"作为一名普通教师,我深深知道:我的一言一行,对孩子的发展何其重要,甚至影响他们的一生。于是,我总是把心里对他们的爱表现出来,让他们感觉到我对他们的重视。作为班主任,我把每个学生当成自己的孩子一样关心:降温了,提醒他们加衣服;写字时,提醒他们注意姿势,保护视力;放学时,关照他们路上小心;体育课后,关照孩子们穿上衣服,当心着凉。我坚持把对学生的爱融入自己的一言一行,使他们感到被爱,感到温暖。我深信,情到深处,爱之动容,一定能够感化我的学生。当他们真正感受到了这份爱,自然而然会把你当作真正的老师,尊敬你,爱戴你,并且信服你的教育。

一、迟开的"花"

苏霍姆林斯基有一个十分精彩的比喻:要像对待荷叶上的

露珠一样,小心翼翼地保护学生幼小的心灵。多年的教学生涯也让我深切体会到学生的心灵是很敏感、很脆弱的。说真的,那些品学兼优的学生常常是我们老师的骄傲。他们常赢得我由衷的欣赏。然而,对于那些纪律上、学习上比较落后的学生,我也会倾注更多的关爱。他们就像那些还没开放的花儿一样,需要更多的呵护。我相信,只要给他们足够的阳光、雨露,他们终会绽开花蕾。

班上小A是一个特别的学生,学习时注意力不集中,时常是一下课就和同学吵闹,作业从不完成,学习成绩惨不忍睹。刚开始,我总把他喊来办公室,严厉批评,而他总是一声不吭。我还以为把他制住了,然而才出办公室,他就嬉皮笑脸。作为老师,真有些"哀其不幸,怒其不争",而他也依旧"我行我素"。我和小A妈妈取得联系。小A妈妈才进办公室,就一把鼻涕一把眼泪地叙述儿子在家中称王称霸的"英雄史",并且表示自己无能为力。我明白了,小家伙基本上处于"无政府"状态;我也明白了,是妈妈的软弱和宠爱才造成了他顽劣不化的性格。之前我重点盯着他,上课一看到他开小差就点名;作业不完成就点名叫他去办公室补。每次我点名,同学们异样的目光都投向他,他低下头不语。但是他的情况并没有改好,反而有愈演愈烈的趋势。每个学生身上都或多或少存在着一些问题,我的点名肯定伤害了他的自尊心,在他破罐子破摔之前,我一定要扭转乾坤。深思之后,我决定改变策略。在之后的学习生活中,我尽量多发现他的优点,多找机会表扬他。比如说,他今天完成了一门作业,我就表扬他有进步;他的字写得还算端正,我就把他的作业贴在学习园地里展示;他值日工作做得认真,我就评选他作"每日一星"。我随时注意他的动向,及时提醒他,指导他的行为,一段时间后,我明显感受到他的自信心在增强,学习也比之前认真了许多,甚至对妈妈的态度也好转了。

至今,我还记得这句话:素质教育的大旗上,有一个大写的人字,它是目中有人的教育,是充满人性、人情和人道的教育,是为了人全面发展的教育! 也应该是宽容的教育。宽容孩子的失败,宽容孩子的错误,宽容孩子的个性。用爱去宽容孩子,去引导孩子,去教育孩子,他们都是能够美丽绽放的花朵!

二、爱的包容

冰心说过:"没有一朵鲜花不美丽,也没有一个学生不可爱。"每个学生都是一本需要仔细阅读的书,是一朵需要耐心浇灌的花,是一支需要点燃的火把。有这么一本书,是我读得最有耐心,读得最仔细的。

小B,一个长得很帅的男孩。很聪明,一看就是读书的料,学习成绩也比较突出。可是,他的身上有很多问题,总有让我操不完的心。

刚进我们学校第三天,小B就在十几层的台阶上疯跑,由于刹不住车摔下去,造成脚踝骨折,病休一个月;没多久,又打篮球造成手骨折;再后来,和同学见义勇为去追新疆小偷。好不容易安生了会儿,又早恋了。失恋后,在校外带人去打群架,结果自己被揍。

平常的零零散散的小问题不胜枚举,要是他每次惹事,我都生气的话,我早已经被他气疯了。于是我试图去了解他,他的家庭背景比较复杂,父母的关系也很复杂。在这样的家庭环境下成长,没有接受到正确的道德教育,学到的是一身的江湖习气。然而他还是有许多的优点。他愿意帮助同学,对同学有情有义,对妈妈很孝顺。我愿意一次又一次原谅他,用爱去感化他。渐渐地他也明白了我的用心良苦。初三一年,他改变了许多,认真上课,勤奋学习,不再惹麻烦,而且还自己选择了报考的学校。经过一番努力,他考入了理想高中。毕业之后,他来看我,尽管不善言辞,但是还是表达了对我的感激之情。

许多老师都觉得好学生比较好教育,后进生难教育,所以需要重点关注。其实我觉得是"三观"有偏差的学生最难教育,他们因生活环境而造成的这种偏差,是根深蒂固的,很难直接扭转。我们老师也只能从情感上去感化他们,从言行上去示范,让他们体会到真正的做人准则。

后记:

盘圭禅师是一位诲人不倦的禅宗大师。一次一名弟子行窃当场被抓,其他弟子纷纷要求盘圭将此人逐出,但盘圭禅师没有理会。不久,那名弟子恶习难改,再次偷窃被抓,众徒再度请求惩治,哪知禅师依然不予发落。众徒十分不满,联合写了份陈情书,表示若不将窃贼开除,他们就集体离开。禅师读后,把众弟子招来,对他们说:"你们都是明智的人,知道什么是对什么是不对,因此只要你们高兴,到什么地方去学都可以。但是这位徒弟连是非都分不清,如果我不教他,谁来教他?因此,我要把他留在身边,即使你们全都要离开!"

热泪从那位偷窃者的眼中涌出,禅师的一席话涤净了他的心灵。从此他再无偷窃的冲动。

人之出生，谁能无过？面对学生的过错，我们不能一味去批评，去指责。应该抱着一颗宽容的心，用爱去感化他，让他明辨是非，主动改正。做老师，很平凡，但是也很伟大，因为老师都有一颗充满爱和宽容的心。正是这样一颗心，点亮了多少学生心中的灯，指引他们走上正确的人生道路。

第四章　微课案例

引导学生合理使用智能手机

金陵中学　方婷婷

课程目标

（1）通过现象的呈现、分析讨论，让新教师知道如何引导学生合理使用智能手机，了解在引导过程中的一些注意事项。

（2）通过情境再现，分析内因，实践支招等环节，让新教师了解在引导过程中的一些原则与方法，并进行初步尝试，促进反思。

课程实施

一、情　境　1

1. 情境再现

语文老师下课一进办公室就来和你这个班主任告状："在课堂上小明手机铃声突然响起，专注的课堂气氛瞬间打破"；英语老师随即说道："有一次丽丽上课时在使用手机，说是在查资料"；数学老师在旁附和："最近你们班的小刚上课老打瞌睡，有学生反映说他晚上手机游戏玩到很晚"……

2. 问题分析

（1）**社交的需要**。我们的学生很多是独生子女，容易产生孤独感。而智能手机与网络的出现，为学生们提供了一个有效的社交平台。通过手机聊天软件、游戏等新型社交方式的普及化，学生们对手机产生依赖。

（2）**满足虚荣心**。现在的手机更新速度真可谓是日新月异，个性化的手机软件也是层出不穷，对于处在青春期的初中生来说，追求个性、互相攀比，以满足自己的虚荣心。这往往还影响了周围的同学，使得同学们都渴望拥有一部智能手机。

（3）**缺乏自控力**。现今是一个信息爆炸的时代，而学生们的求知欲望强烈，智能手机上网方便快捷，信息量大且更新速度快，手机游戏的研发更是层出不穷，对学生们具有很大的吸引力。初中生的自控能力还不够成熟，就容易受到网络的诱惑，容易沉迷于手机游戏和社交软件。

3. 实践支招

建立规则，明确要求。班主任可以就此问题召开系列主题班会，如《手机，我离不开你》《手机，让我欢喜让我忧》《手机，我想放下你》等，通过展现学生最常使用的手机软件及功能、手机使用时间、学生身边的例子，让学生自主讨论智能手机所带来的利与弊；利用主题班会，引导学生就智能手机的使用时间、地点等事宜，讨论、制定班级公约。比如：在校期间主动关闭手机；如有特殊情况必须使用手机时，先与班主任商量后再决定是否使用；鉴于预防手机在校遗失，学生可自愿将手机寄存于教师办公室的保险柜内；若有学生违反公约，可立即没收其手机等。公约的制定是为了加强学生的自我管理，加强同学间的互相监督，约束部分学生的行为。

在实施过程中,班主任要注意以下实施原则。

(1) **以生为本原则**。主题教育活动,其目的是为了了解与解决学生中存在的不足或问题,促进学生的健康成长,首先要以学生为本,认真分析学生的需求。因此班主任需要认真细致地观察学生,对于学生的性格特征、优缺点做到心中有数,这样才能根据学生的实际情况,针对性地开展系列主题活动,发扬学生长处,促进良好的班风与学风的形成。

(2) **主导与主体相结合原则**。如果班主任采取"一言堂"或者强行推行智能手机使用公约,很容易引起学生的逆反情绪、远离学生的问题,使班级制度流于形式,甚至出现挑战班主任权威等情况发生。最好的途径是把班主任的主导与学生的主体作用有机结合起来。班主任的生活、工作经验丰富,能敏锐地发现问题,学生在教师的引导下,讨论问题、解决问题、完善公约,让学生体会到自己是班级的主人、是活动的主体。既保证了活动的既定方向,又得到学生的共同参与。

(3) **有效性原则**。我们开展任何教育活动,都是具有教育意义的,检验其成功与否的标准就是是否达到了教育目的,是否有效改善学生在校使用智能手机的情况。为了实现这一目标,班主任需要精心设计,紧抓教育契机与学生闪光点,及时给予学生肯定与赞扬,提高制度的有效性、持续性与可执行性。

二、情 境 2

1. 情境再现

班级微信群中的家长就"上学是否让孩子带手机"进行了讨

论。支持孩子带手机的家长有这样几个主要观点：①孩子携带手机是为了方便与其及时联系，避免意外的发生；②现在是信息时代，智能手机是生活中不能或缺的一个重要工具，孩子们不能与时代脱钩；③智能手机里有不少功能非常方便，有些还能帮助学生学习，不能一棍子都否定。反对孩子带手机的家长集中在这样几个观点：①初中学生缺乏自制力，老师必须要管，这也是为了孩子更好地学习；②如果班级禁止学生带手机后，家长也就有充分理由不给孩子手机；③学生不带手机进班，减少攀比，减轻家长的经济负担。

2. 问题分析

寻找共同点。家长们对于智能手机的不同声音，反映出家长们的不同诉求，但所有家长都有共同的出发点——为了孩子更好地成长。

3. 实践支招

家校配合，事半功倍。家校的良好配合，不仅能有效培养学生使用手机的良好习惯、防止其过度依赖、沉迷手机，也让学生能抬头接触一些更有意义的事情，了解世界。

（1）**获取家长信任与支持。**老师与学生们就智能手机在校的使用情况达成了共识，这给家校之间的有效沟通奠定了良好的基础。班主任可以通过家长会或者家长微信群，及时与家长共享公约信息，取得多数家长的支持、理解与配合。对于家长的一些担心，如：不能及时联系在校的孩子，可与家长达成沟通新渠道：家长—班主任—学生的联系模式，消除家长的顾虑，为班级公约的顺利实施提供保障。

（2）**建立家庭使用规则。**同时也可以利用班级制定公约的契机,指导家长对孩子进行"在家合理使用智能手机"的规则制定,如:使用手机的主要用途是联系朋友、查阅资料、学习辅助、阅读积极向上的健康书籍、适当地玩会儿游戏放松一下等;规定玩手机的时间,如:如吃饭时不使用手机、做作业时不用手机进行聊天、晚上10点后关闭手机等;赏罚分明,当孩子合理有效地利用智能手机时,要予以肯定、奖励,若孩子违反了规则,应及时进行严厉教育,避免以后再犯。

三、情　境　3

1. 情境再现

在制定好班级公约后,某天的课间时分,你路过教室,看到一位学生正在使用手机,此时……

2. 问题分析

教育不是一蹴而就的,对于学生的教育效果存在一定的反复性与差异性,需要教师用智慧逐个击破。

3. 实践支招

（1）**个别教育,促进成效**。一旦有学生违反班级制定的"在校使用智能手机公约"时,老师应按照公约所制定的条款执行,如即刻没收手机等,体现公约的有效性、公平性。但同时要根据该学生的情况、性格等,进行个别化教育,消除其逆反心理,让其理解老师这么做是为其好。比如:学生不肯交出手机时,老师可以换位思考下学生的心理活动,或许是害怕其中的隐私被翻看,抑或是害怕家长知道后从此没收手机。针对这样的情况,可以先让学生自行关闭手机后再没收;对于是否通知家长,可以通过事后与学生进一步沟通,达成君子协议的方式来处理。又如:学生找出种种理由来为自己开脱:"我有急事必须联系家长。"(应对:你可以来办公室,通过办公室电话或者老师的电话联系家长。)"我是在查资料。"(应对:具体询问查的是什么资料。听课过程中如果有疑问可以举手问老师。为小组讨论做准备应该上课前就准备好。如果是即兴讨论,那就根本没有查资料准备的必要,考验的就是原本的知识储备。)"我在拍摄同学笔记、老师课件。"(应对:好记性不如烂笔头,记笔记是学习过程中的重要一环,该反思下如何才能提高自己的效率。)

(2) **事后的个别化教育。**

1) **教师的同理心。**既要站在学生的立场上,为其提供可行的方法,避免今后类似事情的发生;同时以理服人——此时没有使用智能手机的必要性。

2) **保护学生隐私。**可利用办公室或者学校走廊,进行私下交流,不在人多的地方进行大声的批评。

3) **事不过三。**根据学生所犯错误的程度与次数不同,老师采取从轻至重进行批评教育,如表示再次信任、达成君子协定,或通知家长等不同方式,不能一下将学生逼入死角。

4) **良好的沟通。**如果学生在这件事上一犯再犯、屡教不改,那在没收手机之后还需要打电话和家长说明,争取与家长达成共识,得到家长的理解与支持。

实践反思

通过今天的学习,结合班级中学生的现状与特点,进行一次"引导合理使用手机"的尝试(集体教育或个别化教育),并谈谈你的感想。

青春期男女的交往问题

上海市市东中学　周　琦

课程目标

(1) 正确认识目前青春期孩子的现状。

(2) 如何进行"青春恋"的个别辅导。

(3) 对于"青春期"的班级管理与活动。

课程实施

一、情景再现

有一个初二的男生来找你,他对你说"他想坐在某某旁边(女生)"作为班主任老师的你,知道他是因为喜欢该名女生才会提出这个要求。这时候,你会怎么做呢?

二、问题分析

1. 引入

播放一段日本综艺节目《屋顶告白大会》的片段。

2. 提问

如果现在电视台来找你配合他们拍一期这样的节目,你会配合吗?

3.分析

(1)"青春恋"是正常的生理心理的需求。研究发现:①中学生交往重视内心体验;②三成初中生有过牵手;③男生的主动性更强(播放一段学生采访视频)。

结论:青春期男女交往不是洪水猛兽,作为教师应该改变观念,支持正常的男女生交往。

(2)"亲爱的那不是爱情"。"青春恋"的特点:①短时性;②体验性;③认识的理性与行为的冲动性(放一首歌曲视频《亲爱的那不是爱情》)。青春期学会与异性交往,是人生的重要体验。老师可鼓励孩子与同龄异性广泛交往,在交往中了解异性、认识自我,培养选择、判断能力。对早恋的孩子可以"装傻"静观,也可用"王顾左右"的方式表达自己态度,指导孩子交往的策略,不应一味反对。当孩子结束恋情后,老师和家长要学会倾听,帮助他们转移注意,善待"青春恋"。

结论:让我们正视"青春恋",它虽然多样复杂,但却有规律。许多父母只关心孩子读书、将来能否找到好工作、多赚钱,这样以后他们就会幸福,却忽略了青春期孩子的情感需求。其实,能否与婚姻伴侣和谐相处,经营好婚姻和家庭,这种能力的学习应从青春期开始。

三、实 践 支 招

(1)组织学生做一些男女交往的主题活动,如"我和学生'谈情说爱'"。

(2)师生互动,如"偶像老师的爱情故事"。

（3）作品讨论。

（4）网络共享。

（5）家校沟通。

班主任首先要了解孩子想什么，比如：心情、烦恼、偶像或梦想等。其次，要调整好家长心态，切忌将自己的情绪压力转嫁到孩子身上。班主任也要让家长明白，盲目的竞争与攀比不但非理性，更会导致自我焦虑，不经意间给孩子带来伤害。

结束语

最后，年轻的班主任们要学会与青春期孩子的相处之道，接受适应孩子的长大，做好青春期孩子心理"断乳"的准备，对孩子该放手时就放手。

家访技巧及应注意的问题

上海外国语大学松江外国语学校　刘　可

课程目标

（1）通过情境再现，让班主任掌握家访技巧及注意事项。

（2）通过问题分析，让班主任学习和了解家访时的五忌和四要。

课程实施

学校教育和家庭教育是学生教育的两翼。我们应该加强学校教育和家庭教育的联系，使两者各展其能，相互促进，实现教育的最大成效。而搭建两者之间联系的最佳桥梁就是家访。班主任家访的目的，是与学生家长进行沟通，让家长了解孩子在校的学习、生活情况。同时，班主任也通过与家长的交流，更进一步了解学生在家的学习、生活情况，使班主任有针对性地对学生进行教育。为使家访真正收到实效，在家访中应注意以下几个问题。

一、要善于把握适当的时间

经验证明，适当的时机是成功的重要保证，如：学生生病在家时,学生取得成绩时,后进生稍有进步时,学生家长遇到困难时,以及学生犯了严重错误时,班主任的出现,送去关爱的眼神、亲切的问候,一定能收到用言语所不能及的效果,教育的目的也会在不知不觉中达到了。

比如,一个叫小汤的女生,学习基础非常薄弱,成绩也不理想,但她学习态度相对端正,也一心想提升成绩,让其他同学对她刮目相看,可是她缺少行动力和持续性。正好借着所学的《为学》和《孙权劝学》这两篇有教育意义的文章,放学后,妈妈过来接她时,让她们留下来一起交流和沟通。她说那个"穷和尚"的故事给她很多启发:一个人做任何事只有勇于行动,并坚持去做,才能有所收获,学习上也是如此;吕蒙之前是一介武夫,没有文化,在孙权的多次劝说下,下定决心认真学习,"士别三日当刮目相看"。我也要向他们学习,用实际行动改变自己。

二、要做好必要的准备工作

家访前应该拟好家访题目,也就是家访工作的目标。简言之,班主任要通过家访达到什么目的,对学生今后将会产生怎样的影响。对家访中可能出现的情况,做预先设想,有针对性地制定出应对策略,避免家访的失败。

1. 要了解学生

我们经常说,学生是有个性的,学生是教学的主体。但是,我们有许多老师并不是非常了解学生,而"家访"则可以弥补这个不足。试想一下,如果老师事先没有对这次家访的学生做一个全方位的分析与评价,面对家长我们可能就会无话可说,造成尴尬的局面。所以,为了避免这种尴尬的局面,班主任在平时就必须去关心每一个学生,并经常观察记录。可以向其他任课老师和学生对要家访的学生进行全面的了解,做到公正客观地评价,以便在与家长沟通时有的放矢。

2. 要了解家长

学生家长来自各行各业,他们有不同的文化水平,有不同的性格。班主任家访是一定要面对学生家长的。所以,在家访前老师有必要通过学生了解家长的性格特征,对孩子的管教方式和要求等,只有在做了这方面的准备,老师才能在进行家访时,尽量避免话不投机等不愉快的情况出现。为使家访效果更好,班主任还要尽可能地了解学生家庭成员,家长的工作单位,家庭关系如何……只有全面地了解学生的家庭情况,班主任家访才能灵活自如,效果才会更佳。

三、要讲究交流的艺术

1. 忌向家长告状

班主任家访是为了沟通信息,交换意见,共商教育大计,对受教育者进行更好地教育,提高教育效果。因此不应"报忧不报喜",而要实事求是。若在家长面前一味地大谈学生的不是,容易引起家长的情绪波动,对子女进行蛮横的指责或粗暴的痛打,这样教育的效果不但达不到,反而容易引起学生对老师的厌恶对立情绪。认为老师借家长压制自己,无意中就在师生之间设下一道鸿沟,老师事事教育,学生处处设防,感情的纽带越来越难以融洽,这样的教育效果就非常有限。正确的做法是家访时留学生在场,实事求是地讲出学生的优缺点,让学生信服,让家长知晓,三方面沟通,共同制定教育方案,既可避免学生对老师的猜疑，又可使学生知其所以然，对缺点容易反省，改正较快。

2. 忌在家长面前用分数压学生

在家长面前用分数压学生，会使家长和学生都丧失信心，故要具体问题具体分析。班主任家访一个重要的内容是要谈及学生的学习情况。对于成绩差的学生若一直谈论他的学习，容易使家长感到失望，学生感到没有长进的希望，往往会使学生厌恶或者弃学。比如，一个年轻班主任在家访时用消极的口气谈了差生的学习情况并对前程进行了预测，第三天这个孩子就开始自暴自弃，家长也说："既然不是学习的料，就早一点放弃吧！"可见家访方式不对头，教育效果则适得其反。对于学习差的学生，家访时应该着重弄清楚学生在家里的学习态度，完成作业状况及有无外界因素干扰等情况，引导学生排除非智力因素的障碍，与家长建立督学措施，促其养成良好的学习习惯，而不应该一味用分数去衡量学生，要想方设法提高差生上进的信心。

3. 忌家访的短期行为

家访的短期行为是指对学生身上的某种毛病有觉察也深知需家长配合，而不去家访，等到矛盾已经公开化后才去找家长，商量解决办法。这种家访有害于学生：①没有达到重病预防有病早治的目的；②对学生思想品德的形成造成了一定影响；③很可能失去了教育学生的许多有利时机。这种头痛医头脚痛医脚的家访，虽有可能遏制矛盾激化，但却不能根治。学生某种陋习一经养成，往往很难更改。所以家访必须克服短期行为，要与家长保持沟通，发现问题，及时联系，建立长期的家访制度，包括初访、特访、定期访问等；班主任、家长、学生三者经常碰头，有利于把受教育者身上出现的问题消灭在萌芽状态之中。

4. 忌对学生的隐私心理在家长面前夸大渲染

中学生处于青春期,他们对人生和世界的看法标新立异,内心世界感情丰富多彩,班主任通过学生作文、日记等阅读和谈话、观察可以了解学生的内心世界,一旦窥探了他们的隐秘性心理,也不要大惊小怪,更不要在家长面前过分渲染,应该注重方式方法。有的可以敲警钟,促其醒悟;有的可通过父母和风细雨地交谈引导,切不可火上浇油,捕风捉影地在家长面前大肆渲染。这样的话好心常会办坏事,教育不当反成祸。特别是对中学生的早恋现象,学校若能解决,不必告知家长,若要告知家长,也要注意方式方法,尽量避免家长风风火火地与学生正面接触,帮助受教育者渡过困惑的青春期。

5. 忌讨好家长或是无目的家访

班主任家访必须目的明确,为解决教育对象某一方面的问题而谈。经验不足的班主任在与家长交谈时不要过分抬高自己,过于自信甚至自负;更不要看轻自己,缺少自信。否则,都会引起家长内心的波动,必然降低自己在学生心中的威信。

四、要巩固家访的成果

家访后,要及时对学生加以督导,这是家访中一个至关重要的环节。但很多年轻班主任家访后,对学生不闻不问,认为家访回来就意味着完成了一项任务。可以说,这样的家访反映在学生身上的效果不会理想。因为家访必定引起学生心理不同程度的震动,学生正在进行着"积极思想"与"消极因素"的对抗,正急需外部动力的辅助,以达到思想上往正面的方向改进。

如张老师在家访小王同学家后,第二天又单独把小王留下来，跟他谈心，告诉他学习上不要气馁，有什么问题及时向老师或同学请教，只要每天坚持努力去做，你的学习成绩一定会不断提高的。听了张老师的话语，他说："老师，我会好好努力的。"小王眼睛发亮，使劲点点头。在期中考试中，小王同学的成绩比之前提高很多，让不少同学对他刮目相看，再加上班主任的继续鼓励与肯定，他学习的状态越来越好。

班主任要学会思考

上海外国语大学闵行外国语中学　黄世言

课程目标

（1）认识到在班主任专业化发展道路上思考的重要性。
（2）能在具体的教育工作中努力学会去思考。

课程实施

一、情境再现

张老师是一位工作不到一年的新班主任，对工作充满热情。为做好工作，她努力去请教身边经验丰富的班主任，也认真向区里的优秀班主任学习，还买来很多关于如何做班主任的书籍，积极去模仿人家的做法。但是她的班级却问题频出，甚至家长也颇有微词。张老师困惑不已。在班级管理上，她的问题出现在哪呢？

二、问题分析

班主任是一个具有专业知识、专业能力的专业工作者。实现班主任专业化是每一个班主任的职业追求。如何实现班主任专业化的发展呢？理论学习、教育研究、以赛促进等途径颇多，但善于思考，是专业化发展路上重要的一点。

张老师工作认真努力，积极向身边的优秀教师请教，向他人学习，并且注重从书籍中吸取好的经验与方法，这是年轻班主任成长的一条好的路径。关键在于张老师在这一过程中少了一些思考。一味地学习请教固然重要，但是若不去思考自己班级的情况以及实施的方法时效等，仅仅是生搬硬套，最终是东施效颦。

三、实　践　支　招

那么，作为新班主任，该如何去思考呢？我结合自己工作中的经验来谈谈作为一个班主任，该从哪些角度去思考。

1. 首先，要思考"学生"——你的教育对象

杨军是我八年前的一个学生。他沉默寡言、脾气倔强，经常违反校纪校规。那天中午他在班级打人，班长向我来告状。想想早上他刚欺负了一个低年级学生，第一节课时还把数学老师的书、三角尺等统统砸在地上。在办公室里我就一阵机关枪扫射。他却一言不发、一声不吭。每次他犯错被叫到办公室，都是以这样无言的方式来抵抗。最后激怒老师。

为什么他不作声，对我的教育听而不闻呢？这样的学生我该如何教育？

我想，我应该更多从现象背后去探究原因。

又一次，他犯错了。事情有了初步的了解后，我这样开始了与他的一番对话：

师:"蒋雯她们把你的东西弄得乱七八糟了?"(定了定神,轻轻地说)

杨军:(没作声)

师:"我最不喜欢别人弄我的东西,也讨厌这样的人。"

杨军:(没作声)

师:"弄乱了,也不帮收拾好。确实让人有些恼火。"

杨军:(仍没作声)

师:"听说你的眼镜和计算器也摔坏了?"

杨军:(还没作声)

师:"你那副眼镜,听说花了近2 000块钱吧。这么贵的眼镜,摔坏了可是……?"

杨军:"我爸要揍我的!"(他终于开口了,几乎是吼)

师(关切地看着他):"这真是很倒霉的一件事!你爸打起人来也不管死活。哎——难怪你那么生气!"

杨军:"我去吃饭了,回来就看到我的东西乱七八糟了。我的眼镜和计算器都被她们弄到地上了。"

师(点了点头):"嗯!你感到很恼火!"

杨军:"她们一帮女生在我那打闹,把我的东西弄到地上了,我只是要她们捡起来,她们竟说不是她弄的,为什么要她们捡……"

师:"哦!"

杨军:"我气得不得了,我还没说要你们赔我的眼镜呢。我要给她们颜色看看,所以我就去推翻她们所有人的桌子……"

师:"是吗?"

杨军:"我推翻了她们的桌子,班干部来制止,只说是我不对,还嚷着我打架了。要来告诉老师。"

师:"你不肯过来了。"

杨军:"为什么只要我过来,这又不是我一个人的错。"

师:"你是这么理解的?"

杨军:"是的。有什么大事小事,同学老师都认为是我的错。"

师:"原来是这样。"

杨军:"我是不好,但不能什么事都是我的不好……"

杨军这样的学生经常被请到老师办公室。但无论你用什么方式批评、惩处他,他都无动于衷,一声不吭。其实是以这种方式来对抗老师,来达到自我心理防卫的作用。而作为老师的我总是自以为是地训斥炮轰他,从不理解、懂得他的心理与感受。

所以,这一次,我首先问:"蒋雯她们把你的东西弄得乱七八糟了?"然后,把老师和他一样不喜欢别人乱翻东西的心理袒露出来,并顺势批评了那几个女生的做得不对的地方。这样,就让他感觉到:老师不是老一套地一开始就批评他;另外,老师能懂得他的感受,知道自己对那几个女生的做法很生气。接着我用"嗯!你感到很恼火!""哦!你就更生气了。""你是这么理解的?"等这些语句回应他。通过这些话语,向他传达这样的信息:"杨军你对我很重要,老师希望能明白你的感受。"而这个一向受到批评和斥责的孩子,当这次犯了错误时,竟能得到老师的理解。一下,如同有了知音,他也就有了把自己的委屈、自己的不满倾诉出来的愿望,让他的心灵处在一种开合状态。这样为后面的教育打开一扇门。

初为人师时,我们处理学生问题,更多的是急于去解决问题；而不是冷静地先思考问题，探究问题背后的原因。

每个学生问题都是一道难解的题，需要我们在了解他们生理心理特点、懂得他们兴趣爱好的基础上，动脑筋去解题。解题的方法有多种，答案也丰富多彩。如何解好这道题，就充分显示思考的重要性。

二、要注意思考"方式"——你的教育策略

接手一个新的班级，一贯的方式是一个个登门家访。这样的家访问题是比较的费力，且有的时候效果并不是很好。

如何让家访最大化地达到效果，又比较省力呢？

我尝试着在接手一个新班级时，把班级的学生按区域分成四大板块，每个板块的家长集中在一个学生家中。家长们坐在一起，可以相互认识、相互了解与交流。气氛活跃，主题鲜明，也不至于不善言谈的家长无话可说。对我而言呢，我也会觉得轻松，大家就是一种聊天的性质，我能在这里把军训中孩子们共性的表现说个家长听，把暑期作业要求、我们班级的特色等一起与家长分享。家长们可以就自己孩子性格特点、对班级今后管理的看法、教育孩子中的问题一一提出来，与其他家长沟通交流。

后来在 A 片区的集体中家访得到了印证。家长们第一次见面，都很高兴，我让他们自我介绍，相互认识。我把家访的内容一一说清楚，大家一起交流讨论。没有冷场、没有岔开话题，紧紧围绕孩子的教育，我们谈得很开心。关键是一起交流时，能产生更多的火花：如一个家长要求我把她的孩子与他的好朋友放一个宿舍，并把她俩放在一起坐。我还没说，另一个家长就说这样不好，你的孩子就只和这个孩子好，她的交友范围会缩小，

圈子会小，还有，总是在一起，会不会善于与他人说话、聊天。把她放在别的寝室，她努力与别人交往，融入另一个群体中，不是更好吗？还有家长在交流时，提到自己的孩子优秀，担心到这样的班级后会不会失落等。家长们的话给了我很多的思考，如孩子如何重新定位，都是优秀的孩子，会不会不适应？这个是我忽略的，以后在班会中，可以作为一个内容。家长还谈到手机，孩子补课、学校宿舍管理、班级女生多，女生教育是不是有特色？等等。家长也是我们教育的资源，这么多家长在一起，让我思考到更多的问题。

认真地去做固然重要，但一定要学会思考。如果一味只是去做，如同在磨坊里的驴，不停地转呀转，永远也转不出这个磨坊。这次的家访，给我后来的班级工作开展起了一个很好的铺垫作用。

除此外，我还给学生过别样的生日，就是把千篇一律的生日歌歌词，改成具有这个孩子特色的词儿，唱进孩子的心里。我开家长会让学生来主持，让孩子们在家长面前像花儿一样绽放。我把奖励变成游戏晋级，让孩子们觉着好玩又有趣。

思考着变化你的工作方式，让你的教育的效果最大化。

三、要思考"班级"——你的教育阵地

几年前，我认为做好一个班主任就是班级常规抓抓好、学校的各项活动做做好、学习成绩搞搞好，就是一个优秀的班集体了。其实这还不够。

班集体是班级教育的主阵地，是实施德育的有效载体。班级体的创建过程，就是一个育人的过程。这个过程要从四年初

中教育来关照,要有层次性、重点性,呈现一个序列。那么,作为班主任,就要有一个班集体创建的整体发展与规划,要有特色体现。最终达到育人的效果。

如何建设一个特色班集体,通过特色创建来实现育人的目的呢?以下是两个案例。

1. 舌尖特色班集体

(1) **创建的背景。**我们的教育主体是十一二岁至十五六岁的中学生,从生理上看:正处在身体发育的第二高峰期,身高增长迅速,体重增加明显。快速的生长使他们对"吃"充满了极大的渴望与需求;从心理上看,他们对外界事物充满好奇,爱好尝试与挑战,总想知道、掌握一切,同时乐于接受新事物,敢于尝试新事物。他们所处的上海,有着丰富的特色饮食;他们所处的中国,是个美食大国,饮食文化历史悠久,博大精深,蕴含着丰富的育人价值。

(2) **创建的目标与途径。**我选择把日常生活经验作为特色引进班级建设,开掘其中的人文价值和德育内核,从学生兴趣点、需要点出发,同时结合六至九年级各年段学生的特点,从探寻"食"之源、探索"食"之味、求索"食"之道3个不同主题,对"饮食"这一生活经验进行开发利用。以"吃"的系列活动为载体,培育学生的"感恩情怀、家园情怀、民族情怀、责任情怀",创建"决胜舌尖"特色班集体。

(3) **创建的效果。**特色班集体创建以整个初中阶段为整体,分年段进行,注重整体性、序列性。四年下来,班级学生对于"舌尖上的文化"都能有较深的了解,他们热衷于去了解美食、欣赏美食、尝试做美食。在与美食的相处中,懂得生活、热爱生活、珍惜生活,并能担当生活。整个班集体朝气蓬勃、青春飞扬：懂得感恩、热爱家乡、深爱自己的民族,知晓责任的担当——这些美好的情怀如同花瓣,在"舌尖"上绽放,更是在班集体中绽放,一个有着鲜明特色的班集体逐渐呈现在校园里。

2. 书韵文心班集体

(1) **创建目标**。通过开展系列的阅读写作活动,在活动中培养学生热爱阅读、热爱写作,精神明亮、情感丰富的初中生。

(2) **创建活动**。分年段进行,主题如下：①六年级：我为书乐——遇见读写,培养兴趣；②七年级：我为书迷——爱上读写,培养习惯；③八年级：我为书狂——恋上读写,培养人格。

接手一个新班,就开始了新一轮的思考。班级创建什么特色,我要让班级从那个起点开始,然后到达怎样的终点。有建构,有规划,就得有思考。

四、最后是思考"自己"——你的教育内心

那年暑假,刚把一个全校最为闹腾的班送到毕业,心里轻松了很多。可是,学校又让我接手一个糟糕的班级。我的心里一下黯淡了下来。

对于第一次接手一个差班时,我心里是充满挑战与激情的,于是全力以赴,尽管是初次上战场,伤痕累累,但也硕果累累。可是,当学校又要我带这样更为可怕的班级时,我却没了那种挑战的激情。新鲜劲过了,随之是辛苦、劳累、费脑子等感觉涌入我的身心,甚至想到,带完这个班,是不是后面还有一个这样更糟糕的班？天天与这样一些问题学生过招与这样难带的班级相遇,会不会让我的青春很快逝去呢？

没有主观意愿的工作,不仅让人身累,更会心累。我的心里只有埋怨和不满。埋怨与不满如同绳索,一圈一圈紧紧地捆绑着我。内心黯然、滋生更多的埋怨与不满。

我开始审视自己,思考自己。我不可能换工作,我不可能不做班主任。我们没法改变我的工作。突破口就是改变自己:努力学会热爱你的工作,对你的工作心怀梦想。否则,我的工作状态只有更糟糕。

我重新面对工作,时时告诫自己,不要抱怨,不要失望……让牙齿晒晒太阳,让心情吹吹暖风,让教育的梦,永远相随。所以,我把自己从每天的烦琐工作中抽出来,走进阅读,在书中,休憩内心,与智者和哲人对话;夜深人静,坐在桌前,敲击电脑,写着我的一个又一个白天发生的教育故事,在故事中感动自己;我也会走进学生,和他们一起排练读书节的节目,和他们一起聊天,和他们一起开开玩笑……这一切都让我感到,教育,其实是有味的。

交给你的班级,不可能是一盘完美的草莓。我学会去看,喔,这么一盘坏的草莓中,还是有好些好的草莓呀。充满欣喜与快乐地去一颗颗享受草莓。

作为班主任,时时要关注自己的内心,思考自己。我是对这份工作喜爱吗?我对这份工作还有热情吗?这份工作重复了这么久,有新的突破与进展吗?与自己对话,关注自己,才会让你的工作累并快乐着。

所以,在教育压力增大、学生对象变化、社会对教师要求提高等现实情况下,作为教师,我学会有梦,这里的梦指一种憧憬、一种理想、一种寄托、一种不甘心于现状、一种对教育的热爱。

有了这些支撑,班主任路上,才会风光满途。

无论是从一名被学生常常告到校长那的年轻班主任,还是到现在的一名成熟的班主任,我总是带着一颗思考的大脑,在班主任路上且行且思。行走让我学会了改变,但思考让我学会了改进。还会带很多的班级,还需要不断地思考。在思考中,遇见最好的自己。

注:文中学生名为化名。

如何培养班干部

上海市市南中学　庄　瑾

曾经看过由冯巩主演的一部影片《别不拿自己当干部》，里面讲述的是一家工厂的小工长王喜恪尽职守、兢兢业业的故事。一直在想，我们在班级管理中能否也培养出一批像王喜一样的"小工长"，让他们在学习之余得到锻炼、获得成长，让他们成为我们在班级管理中的得力助手呢？其实，大部分学生天生就不是当班干部的料，其成长主要依靠于后天的培养。班主任、班干部及学生三者之间的关系如同伞柄、支架和布，一个再好的伞柄如果没有支架的支撑是无论如何也撑不起一片天空的。学生干部作为发挥"桥梁和纽带"作用的群体，在学校的教育、管理工作中起着重要的作用。他们所具备的意识和能力，直接关系到学校工作及各项学生活动的开展，所以学校的教育管理工作者，应把教育、培养、提高学生干部的意识和能力放在首要位置。

课程目标

通过学习此课程，职初老师能了解选举班干部的原则和选举过程，明确班干部的分工和职责范围。此课程能给职初老师培育班干部会管、善管班级，以及自主有序地开展班级活动给予切实的建议和意见。

课程实施

一、如何选拔班干部

1. 情境再现

开学第一天,某老师就公布了班级各岗位的班干部名单。名单一公布,班里就炸开了锅。当上宣传委员的小 A 同学说:"我画画最差了,怎么让我当宣传委员,其实我想当体育委员的,我跑步可快了。"小 B 同学说:"我才不要当学习委员呢,进了中学我只要专心读书就好了,没时间管其他的事。"小 C 也凑过来说:"呵呵,也不知道老师选拔的标准是什么?凭我的成绩居然能当上班干部,在小学时我不捣乱老师就表扬我了。看来,我这个班干部只是凑个数而已,哈哈。"只有小 D 在旁边默默流泪,伤心地说:"我做了五年的班干部,进入初中本想好好表现一番,可是老师为什么不选我当班干部呢?这让我太难过了。"这时小 E 在旁边说:"我想和老师说我不要当班干部,因为班干部就是老师的走狗,会没有朋友的!"试想想,这样的班干部群体如何能挑起班级工作的重担呢?如何帮助老师解忧呢?

(请在座的老师们分析一下,这位老师在班干部的选拔上出现了哪些问题呢?)

2. 问题归因

首先,这位老师在选拔班干部这一工作中太过于主观,没有进行民主选举,这是班干部选拔中的大忌;其次,我们从小 A 同学的言语中,明显看出这位老师对学生的兴趣爱好没有做充分的了解,没有发挥小 A 的特长;再次,从小 B,小 C 和小 E 同学的言语中,我们感觉到学生们对于班干部这一职责的重要性没有完全理解,这位老师没有重点强调班干部在班级中的模范带头作用,导致小 E 同学产生班干部是和其他学生对立的这一错误观念。

综上所述,这位老师在此次班干部选拔中有以下三大问题。

(1) 对班干部选拔的程序设计不当。

(2) 对班干部选拔事前准备不足,决策信息掌握太少。

(3) 对班干部的职责范围和对班级的重要性宣传不到位。

3. 实践支招

针对上述 3 方面问题,我说说我在新生班主任选拔班干部的步骤和方法,以期与大家分享交流。

(1) 程序在本质上是逻辑的体现和运用。程序合理才能保证每个人的合法权益得到维护和体现,保证并促进实质公平得以实现。班干部选拔工作中的很多问题都与程序不当或程序漏洞有关。我建议班主任在班干部选拔活动中按照以下程序进行。

第一步:进行班干部竞聘动员,调动新生争当干部的积极性,避免出现竞聘人数过少的尴尬场景。

第二步:明确班级建设的目标和干部选拔的标准与要求,统一同学思想,避免同学随意投票现象。

第三步:同学上台进行竞聘演讲,展示自己才能,表达自己的想法或工作思路。

第四步:明确投票原则与要求,引导选票向符合条件的同学集中,尽量减少弃权票和无效票。

第五步:统计投票情况,按干部岗位数 120%—150% 的比例确定候选人范围。

第六步:笔试。利用专门试题对候选人进行深层测试,探测候选人面对复杂问题和矛盾时的应变能力与价值取向、服务意识与奉献精神等。

第七步:对候选人的入学成绩、履历、特长爱好以及干部测试成绩进行汇总,给出综合评价等级。结合岗位要求,确定班委成员和主要干部名单。

姓名	性别	干部意愿	成绩	特长爱好	性格特点	得票数	测试成绩	综合评价	岗位安排

第八步:宣布班委成员名单,举行干部就职仪式,并明确干部试用期限(一般为1—2个月)和岗位职责,完成干部选拔任用工作。

(2)快速有效地收集学生多方面信息,为干部选拔任用做充分准备。

1)在学生进校前查阅学生电子档案,掌握学生"入学成绩"、"年龄""性别""籍贯"等客观信息。按照电子档案对干部人选进行初步筛选。

2)在新生报到时让学生填写《新生调查表》,了解学生:①兴趣爱好与特长,曾获奖项或取得的专业证书;②自我性格评价:自信心、号召力、朋友多少、细心程度、吃苦精神等;③曾担任学生干部情况、担任学生干部的意愿、在小学阶段的学习目标与学习计划等方面信息。对有担任干部意愿的学生,班主任可将其纳入班干部考察序列。

3)家访时核实学生情况。电子档案和问卷调查可以给班主任提供学生的基础信息,但学生个人填写的问卷调查也难免带有一定主观色彩和偏离客观的情况。这就需要班主任对重点学生的言谈举止、性格特点、礼貌情况和为人处世等进行核实。

通过以上方式方法,班主任对重点学生就有了大致了解,在干部选拔时就会心中有底。

(3) 大力宣扬班干部的重要性以及当一名班干部对其自身的好处。利用班会课和校会课大力宣扬班干部是班级舆论和风气的导向者;是同学间关系的协调者和维系者。班干部除了是班主任的得力助手,而其中一些优秀的班干部还可以起榜样的作用,可以带动其他学生的学习。这样也有利于班集体活动的开展,协助班主任搞好班集体工作。成为一名班干部有利于培养自己的自信心、责任心;有利于培养自己的义务感和责任感,克服困难的意志力,养成关心人和帮助人的好品德。除了提高组织管理能力、行为处事能力、解决问题能力,还能锻炼沟通技巧,增强人际交往能力等。这是一个人极其宝贵的精神财富。学生的拥护和教师的信任,会极大增加学生的自信心。克服工作中的困难需要意志力,工作的出色需要开动脑筋和积极思考。成为一名班干部能得到许多锻炼的机会,自身素质不断提高的过程中,还能提高其他能力。不仅如此,宝贵的经验对学生未来在适应社会能发挥巨大作用。

二、如何帮助班干部成长

1. 情境再现

还记得刚刚做班主任时,我进行了寒假作业的评比,评出了寒假作业优秀奖、进步奖、采蜜奖,并给予奖励,这使得孩子们激动万分,个个都争着表现,都想在今后的评比中得奖。在活动快要结束的时候，我随口问了句："咱们的班长要不要重新选，你觉得他做得合格吗？"他们异口同声地回答："不要"。而当我问两位学习委员需不需要重新选，就有"要""不要"两种不同的声音同时响起，并持续了一会儿。我的心里咯噔了一下。我朝两位学习委员望去，只见她们脸上的表情很讶异。一直以来，她们都是得到大家伙的认同和肯定的，之前的每次选举都是无异议直接通过的。而这次居然出现了异议，着实让我吃惊不小。因此，我直接进行了民主投票选举，并增加了4个名额，以此来扩充班干部队伍，期待他们能互帮互助互监督，茁壮成长。在统计过后发现，支持原来两名学习委员的只有1/3的同学。

2. 问题归因

我忽视了班干部的管理与培养。

3. 事后的措施及成效

通过与学生的谈话了解到，他们觉得这两位学习委员对班级不够关心，为了班级做的事情不多，也不主动承担应尽的职责。主要体现在：①有时候班级纪律不好（早读、眼保健操）时、同学间有矛盾时，她们都不管；②抽查课文生字是否过关时不严格；③在人际关系上，学生们对其中一位的意见很大，觉得她总是以自我为中心，和同学们一起玩的时候总是随意地让其他同学退出，不让她们一起参与。因此，虽然她的成绩很好，但在其他孩子的眼中，她只是一个成绩好的学生，而不是一个为班级服务的好干部。我想，从入学以来，两个学习委员的成绩在班级中始终名列前茅，一直以来的优越感让她们觉得自己很优秀，理所当然地应该当班干部，认为自己做的是没错的，别人应该听自己的。这就造成了以自我为中心的情况，渐渐偏离了正常的成长轨道。于是，在新的班干部队伍成立时，我就召集他们一块儿开会，明确班干部的职责，对他们提出具体的要求。首先要求他们要严格管好自己，作为班干部就要做他人的榜样，使自己起到模范带头作用；其次要一视同仁，公平对待每个同学，要主动帮助同学，关心同学，和他们一块儿学习，一起玩耍；最后要在班级中树立威信，要让大家伙认同你，才能听你的。

与此同时，我又分别找了两个学习委员谈话，做她们的思想工作，在办公室里把她们叫到我跟前，耐心地问道："今天课堂上很多人不太支持你们，有没有想过怎么回事？作为一名班干部，应抱有一种为同学们服务的思想，同学们会把你当成榜样，处处要向你学习。作为班干部应该要发挥你模范带头作用，而不是凌驾于班级之上，盛气凌人哦。只有真心地团结和帮助同学，同学们才能真心地支持和喜欢你，才会愿意围在你身边，和你交朋友，你说是不是这样呢？"经过这次教育，她们也认识到自己的不足，在以后的日子里，和同学们相处时已有所改善，更令我欣慰的是，经过这件事以后，她们的主动性提高了不少，会主动地来帮我分担力所能及的事，做事也比之前认真负责了。

通过这次的事件，也教育了现在当选的班干部。只有你真心实意地付出，才能得到老师和同学的认可。现在的班干部队伍比之前庞大了，管理也更严格了。既要互相监督，还要受到老师和同学的监督。因此，班干部的自我意识更强了。当他们管不好班级时，会主动地来请教我应该怎么办；有时也会提出自己的想法，询问我是否可以这样做。我在鼓励他们的同时，也时刻提醒着他们，碰到个别同学捣乱时应该怎样处理；碰到全班同学都比较混乱时应该怎样处理；在管班时应该要注意点什么……

从一件件事中带着班干部们学习，让他们在实际操作中累积经验，摸索出最有效的方法，来应付班级中可能出现的状况。

4. 实践支招

（1）第一阶段"领着走"。开始，班主任可以亲身处理班级事务，班干部在一旁见习，学习班级管理的理念和方法，跟着班主任老师做一些事情。

（2）第二阶段"扶着走"。一个月后，每周召开一次班干部例会，班主任指导每一位班委的工作。比如：在工作中怎样把握原则性与灵活性、怎样安排好各项具体工作、怎样调动同学们积极性等。班主任还要在实践中指导，关键是抓好第一次，如第一次定计划，第一次在全班讲话，第一次主持班会，第一次带领同学劳动，第一次讲评班级情况等等。这第一次的成败对班干部的成长是至关重要的。

（3）第三阶段"看着走"。培养班干部的最终目的是让他们能够自主管理班级，从而提高自身管理能力和促进班集体的良性发展。"独立"不是班主任放手不管，而是放手让干部大胆工作。如果班主任对班务事事不放心，充当一个"警察"或"保姆"的角色，不仅压抑班干部的积极性，而且班主任也捆住了自己的手脚，必然会导致"每次活动必到，一次不到就办不好"的现象产生。"放开手"的关键是班主任对学生干部的信任与鼓励。信任是班干部克服困难的动力，放手让他们在实践中提高管理能力，增强责任感。工作中取得了成就，以及在活动中表现出来的责任感和自我牺牲等精神，班主任要当众表扬，给予鼓励，以增强自信。一旦工作中出现问题，班主任应主动承担责任，并且冷静地帮助干部总结教训，鼓励他们继续大胆工作，放手要注意放的时机和放的尺度。

（4）坚持奖励为主的原则，培养创造性。当班干部在学习中取得优异成绩时，应对其给予恰当的表扬，让他们向同学们介绍自己的学习经验，勉励他们继续攀登高峰，让同学们互相学习，互相帮助，共同进步，在比、学、赶、超、帮中营造"一枝独秀不是春，百花齐放春满园"的良好氛围，并且提高班干部在同学中的威信。要培养学生班干部不是一件容易的事。首先，老师要对学生付出真心、关爱、支持；其次，每个人只有在锻炼中才能成长、成熟，老师是学生的领路人，要正确引导，真正做学生的知心朋友；再次，当班干部不是像有些同学担心的那样浪费时间、影响学习，而是对学生提出了更高的要求和目标，更是促使学生学习的动力；最后，老师要积极鼓励班干部，对他们的学习、工作和生活给予更多的关心，让他们感受到老师的认可和支持，从而更积极投入到工作中去。

有了干部的好苗子，班主任再对干部进行有效的培训、帮扶、鼓励和支持，一支强有力的班干部队伍就会很快建立起来。随着时间的推移、经验的积累，干部队伍很快就会从"合格"发展为"优秀"，班内很多小事情就不用班主任再亲力亲为了，从而实现学生"自我管理、自我服务、自我教育"的完美效果。

如何上好主题谈话课

上海市敬业初级中学　杨　颖

课程目标

（1）知道什么是"主题谈话课"以及主题谈话课和"思品课""心理课"等课程的区别。

（2）初步学会主题谈话课"主题"的选择和话题的转化原则。

（3）初步了解主题谈话课的主要环节和操作方式。

课程实施

主题谈话课作为班会课的一种重要类型，以其独有的快速、及时、有效等特点，越来越受到班主任的重视。接下来我们就一起来说说"如何上好主题谈话课"。

在本次探讨中我们主要围绕"什么是主题谈话课"和"怎样上好主题谈话课"这两个问题展开。

一、什么是"主题谈话课"

主题谈话课是班主任针对班级学生存在的共性问题，围绕某一个教育主题,以"课"的形式,通过情景创设、设疑提问、互动交流等教学策略,开展情景化道德认知教育,引导学生在认知冲突和思想对话中进行道德交往,激发道德反应,获得道德体验,促进道德发展的集体教育活动。这节课既可以是一定主题内容的全部教育过程,也可以是一定主题内容中相对独立的组成部分。

(1) 最常态的教育方法。主题谈话课是思想道德教育最常态化的教育方法,通过教师与学生的谈话,学生与学生的谈话,一起碰撞、感悟,提高学生的道德能力。

(2) 建立平等的师生关系。主题谈话课中,教师和学生的关系是和学生共同成长,共同追求道德,所以,通过回忆、讨论、体验感受道德精神带来的愉悦,体现平等和谐的师生关系。

(3) 具有针对性和及时性。利用班会课,采取谈话课的方式,及时解决班级中及学生身上存在的问题。

(4) 促进班主任掌握主动了解、研究学生的方法,提高教师的育德能力。

主题谈话课与传统的主题班会课、思品课、心理活动课的区别在于:主题班会课是一种主题性的会议,内容不一定是道德方面,主持者一般是学生,形式方法多样,更注重情感熏陶,可以有充分的准备过程,偏重活动,主体班队会还需要仪式;思品课是一种课程形态,内容更多为道德认知,偏重知识的系统性、逻辑性,具有较完整的教学过程,有课堂、教材、作业、考试等;心理活动课是一种课程形态,是教师有目的地运用心理学知识,创设心理活动情景,引导学生通过体验表达自我感受,激发内在潜能,促进学生良好心理品质养成的教育过程。

二、怎样上好"主题谈话课"

(一) 主题的选择

主题的选择主要可以有以下几个方面。

1.《中小学德育大纲》的要求

《中小学德育大纲》(以下简称《大纲》)规定了国家对中小学德育工作和中小学生品德的基本要求,是中小学德育工作的基本标准和基本依据。同时,《大纲》中也明确了小学、初中、高中各阶段的德育目标和德育内容的要点,为主题谈话课"主题"的确定指明了方向。

2. 学校德育工作的要求

学校德育工作一般包括德育常规工作和德育主题教育活动。每学期、每学年或每隔一段时间,学校都会根据学校发展目标和学校自身特色,制订学校德育工作计划,提出学校德育工作的具体要求。而学校德育工作的具体要求,也是主题谈话课"主题"的来源之一。(如:《这些都是你给我的爱》《幸福在哪里》都与我校"幸福校园""嘉年华课程"中的"儿童立场 幸福成长"相关)

3. 学生社会化发展的需求

关心社会的变化和发展是现代人应有的品质,也是培养学生的目标之一。同时,个人离不开社会,学生总是生活在一定的社会关系之中。只有积极关心社会的发展才能适应社会、融入社会。因此,一些社会热点问题,也应该成为主题谈话课的"主题"。(如:友谊的小船说翻就翻)

4. 学生发展的现实问题和需求

学生是发展的。在学生发展过程中,会遇到各种问题、产生各种需求。这些问题和需求是学生发展中的必然,这些问题的解决、需求的满足将会促进学生的发展。因此,学生发展的现实问题和需求对于学生的发展至关重要,也应成为主题谈话课的"主题"。(如:学习压力疏解、青春期与家长相处之道等)

(二) 话题的转化

主题谈话课在主题确立后,需要将主题转化为话题。话题的转化主要需要考虑以下两方面。

1. 切入口要小

比如,社会主义核心价值观中,个人层面涉及爱国观念。如果直接以"爱国"作为话题,显然是不合适的,因为其范畴太大,需要界定的概念也较多,而且学生在发表观点时容易分散在不同方面,不利于问题的深入探讨,话题的效率就很难保证。

但如果把这一主题转化为以下这些话题:"升旗仪式上我该怎么做?""出国旅游,我的言行要注意什么?""家乡好山水""身边的文化遗产",学生不仅有话说,还能较好地围绕话题深入开展,使得课堂开展变得不仅更具可操作性,也更为有效。

2. 话题的转化要符合实际情况

这里所说的实际情况,主要指班级学生和班主任教师两个方面。

(1) 就学生而言,话题要适合本班学生的实际。比如,上面列举到的"出国旅游,我的言行要注意什么?"这一话题如果班级群体家庭经济水平较低,很少有出国旅游的可能,就不适合作为选择。还有一方面,要适合学生的年龄层次,有些话题适合小学,而有些话题适合高中。当然也有些话题是全年段通用的,但不同年段侧重点和深度也肯定不同。

（2）就教师而言，不同教师具有不同的风格，有的偏理性，擅长说理；有的偏感性，擅长营造气氛，以情感人。班主任老师同时也是任课老师，其具有不同的学科背景，这也是主题谈话课话题选择的一种资源。例如，作为数学老师，我曾经就以中国古代数学成就为内容上过一堂传统文化教育的主题谈话课。

（三）上好一堂主题谈话课的主要环节

1. 课前准备

主题谈话课的课前准备主要分为两个方面。

第一方面和其他形式的课一样，有备课、准备课件等这些常规准备。

另一方面，和常规课堂相比，还需要做到"功夫在平时"。由于没有规定的教学目标和教材，所以主题谈话课的内容确定都是源于班级日常中的学生需求。也因为这样，就要求班主任能在平时对学生深入了解，及时根据班级的具体情况，确定适合自己班级的主题谈话课的主题，并在此基础上进一步确定话题。

2. 课堂实施

课堂实施主要分为导入、话题展开、话题小结、课堂总结等几个环节。

● 导入

导入的目的是为了引导学生进入话题。形式可以是多样的。

故事：《Hold住理想》年轻人跟着北极星走出了沙漠。

视频：一个小片段、一首歌曲MV、一段自动播放的PPT

情景重现：事先录好或现场表演的小品形式（可用开放式结尾）

吸引人的问题都可以是很好的"抓住学生眼球的点"。比如:通过"你知道比尔·盖茨是怎样成功的吗?"这个吸引人的问题将他们带入到课堂中来。

● 话题展开和话题小结

话题的展开和小结往往是相辅相成的。一般一节主题谈话课都是围绕一个主话题,用几个小话题(环节)有层次地推进的。因此在推进的过程中,每一个小话题(环节)都应该有相应的小结,同时也为下一个问题的提出做铺垫。

层层追问:《我爱我的家》

一问到底:《我的愿望》

游戏巧问:《幸福在哪里》

主题谈话课虽然名为"谈话课",但"谈话"只是课堂的主要手段,问题未必要多,而是要踩准点。有时候,需要谈论的问题未也必要以提问的方式呈现,也可以是游戏、故事等不同的手段,利用这些也能让学生先有所体验,然后从体验中谈感悟。对于其他手段的合理使用,有时更能给学生提供深入思考的渠道,让他们思想的触动变得有感而发,自然水到渠成,因此这也是一种很好的方式。

● 课堂小结

与其他类型的课一样,课堂小结是整堂课的一个总结和提升。因此也是至关重要的。主题谈话课的课堂小结形式,可以和学科教学一样回顾整节课的重点,进一步加深学生对主要观点的感受。

主题谈话课的课堂小结也可以为各种不同形式。比如,可以让学生谈谈整节课最令他感触深刻的一个点,也可以让学生说说通过这节课的学习，自己之后想要采取的行动等。如果课堂上已经让学生有了充分讨论和感受，也可以用一些轻松的方式作为课堂总结。以《幸福在哪里》为例，课堂结尾是老师改编自《春天在哪里》的歌曲：《幸福在哪里》，不仅将课堂的主要思想归纳在歌词里，更是与课题做了很好的首尾呼应。

另外，主题谈话课的小结也可以是有一定的开放性的。比如可以让部分学生发表观点或让学生发表部分观点，其余的留作课后进一步完善和补充。如果作为系列活动的组成部分，主题谈话课的小结也可以是下一个活动的启动。

3. 课后衍伸

主题谈话课是否要布置作业？这可能是大家比较纠结的问题。对于这个问题，我的理解是可以布置，但并不一定需要布置。比如，在我的主题谈话课《这些都是你给我的爱》中，我布置了孩子们回家给爸爸妈妈说一句感谢的话；在《幸福在哪里》中，我布置了记录一个月你给别人带来的"幸福"。从这两个作业设计来看，我觉得，主题谈话课的作业更多的作用是进一步延展学生课堂体验的机会，从而巩固课堂上的情感共鸣。

如果从这个角度理解的话，主题谈话课的课后衍伸也可以不以作业的形式来实现。把主题谈话课作为系列活动的一部分，那么相关的活动也是学生体验的好机会。在《这些都是你给我的爱》这节课之后，我又在班中陆续开展了母亲节、父亲节、重阳节等系列感恩活动，而且其中的母亲节、父亲节活动，我班学生自主地将活动对象从自己的父母扩展到了为人父母的任课老师，可以说已经达到了"推己及人"的目的。

另一个方面，主题谈话课的当堂生成，除了在教师预设与本节课相关的内容以外,还会有一些意外的"收获"。这可能成为我们另一节主题谈话课的主题来源,甚至是另一个班级系列活动开展的契机。比如,我曾上过一节主题谈话课《Hold 住理想》。在课上,有学生提到他不能坚持踢足球这一理想的原因是觉得踢球很苦,由于和主题无关,我便匆匆带过。课后,德育专家毛裕介老师就指出了我的问题,他认为课堂上这个学生的回答应该也是一个很值得探讨的点,不应该就这样匆匆带过。我如获至宝,觉得这个课堂预设外的生成是我又一个非常好的教育资源和契机,于是我利用了一个月的 10 分钟队会,组织班上同学开展了一次小辩论《遇到困难是否一定要坚持》,还取得了不错的效果。所以说,主题谈话课的课后衍伸并不一定是针对本节课主题的,也可以是从课堂生成的新的、与班级管理和学生成长有关的问题。

  以上就是对主题谈话课的简要介绍和具体实施中的一些要点和关注点。

规则意识薄弱学生的教育指导

上海市光明初级中学　张葛颖

课程目标

（1）通过对学生规则意识淡薄问题的分析及归因，帮助新班主任对学生类似问题行为有一定的初步了解。

（2）通过实践支招，给出应对学生问题行为的可行思路和方法。

一、案　例　1

（一）情景再现

早读的铃声响了，走廊里还回荡着小顾不紧不慢的脚步声。"报告。"小顾叫了一声，就径直走到了位子上。上课铃响了，他才懒懒散散地做上课准备。下课了，同学对他说道："小顾，你怎么今天又迟到，书也没带，这样又要被老师批评了！"小顾无所谓地随口道："不就是批评两句吗，都习惯了，没什么大不了的。"

（二）问题分析

情景中小顾的行为是典型的规则意识薄弱的表现。但是，如果小顾是低年级学生，那么规则意识差可能是问题的主要原因。如果小顾是高年级学生,那么背后的原因就比较复杂,心理上的抗拒很可能是主要原因,这需要师生间更进一步地沟通交流,还需运用一些较为专业的心理知识。那么这里我着重谈的就是低年级学生规则意识差的行为问题。

（三）实践支招

案例中的小顾漠视规则,对简单的批评已经"无动于衷"。这启示我们要讲究批评的艺术,这需要经验积累。我们也可以转换思路、改变策略:利用学生的荣誉感和羞耻感,采用"正强化"的教育方式。

（1）在班级中,树立榜样。比如在每周班会课时,组织班级同学评选每周"行规之星"并说出选他的具体理由,在这个过程中倡导正能量的规则舆论导向、引导学生明白怎样做才是正确的,从而培养学生遵守规则的意识。

（2）用表扬正向、正确的行为代替批评错误的行为。这种表扬称作反衬性表扬。他可以避免引起师生间的对立情绪,也可以在不直接刺激一些同学自尊心的情况下启迪他们自己认识错误,帮助他们向表现好的学生学习。比如:在班级点评时,可以大力表扬那些遵守规则的同学,从而激发其他同学对荣誉感的需求,想要通过自己行为的改进赢得荣誉感的欲望。

二、案例 2

其实,在日常教育教学中,我们会接触到更多规则意识薄弱学生的行为表现。

（一）案例呈现

小余同学在我们班级是一个比较特殊的学生。课堂上,他总爱发怪声音来引起他人注意。体锻课他经常管不住自己,在队伍里随意讲话,手舞足蹈。他作业很少认真完成,且很拖拉,再三催促之下还是补不齐。若是设定时间点或是再让其做一遍,往往就干脆"罢工"。对于值日工作,他也是马虎对待,甚至多次"溜走"。当同学违反了规则,影响了集体,他便义愤填膺地指出,但是方式不被大家所接受。每当老师批评他,他总是愤愤不平,不肯接受,还会和老师顶嘴。每次只要得到老师表扬,他就会异常高兴。

(二) 问题分析

从这段材料中,我们可以看出小余存在以下问题:

(1) 小余对违反规则后的惩罚,非常反感。面对惩罚,他干脆"罢工",没有对自己的行为负责的态度。

(2) 对于规则,小余显得很矛盾,有点"只许州官放火不许百姓点灯"的味道;对于老师的表扬、他兴高采烈,对于同学的不认可以及老师的批评,他不愿接受。这些截然不同的反应,可见他知道规则,却又难以落实;迫切希望被重视、被认可。

培养学生的规则意识不但是学生形成健康人格的需要,也是班主任建设和谐班集体的重要抓手。导致学生缺乏规则意识的原因可能有以下几种:

(1) 学生存在认知偏差,常把"规则"与"自由"对立,不理解各种规则制定的原因,不能认识到破坏规则可能带来的严重后果。

(2) 部分学生的心理需求往往会促使他们故意破坏规则,用各种"怪异"行为来求得老师和同学的关注。根据马斯洛的需要层次理论中的尊重理论指出:人人都希望自己有稳定的社会地位，希望个人的能力和成就得到社会的承认。学生亦是如此。部分学生更是迫切地希望得到同学间的信赖、尊重和公正评价，感受自己价值的存在，但往往未采取正确的表达方式来引起他人注意，满足自我需求。从心理学和家庭教育的角度分析，这样的学生也往往可能缺乏家庭的关爱。

（三）实践支招

1. 学生破坏规则后，抗拒惩罚。惩罚无效，怎么办？

教育离不开惩罚。教师惩罚必须建立在帮助学生成长的基础上，只有以此为出发点，惩罚教育才能被学生所接受。如何通过有效和适度的惩罚，帮助学生建立规则意识是关键。

（1）惩罚的方式。惩罚方式有两种。第一种惩罚简单粗暴：在问题行为发生后，施加某种痛苦或厌恶的刺激，以减少受罚行为再次发生的可能性。第二种惩罚方法则具有艺术性，符合学生身心发展规律。一般来讲，第二类惩罚比第一类轻一些，并且有效性高。因此，我在学生出现问题行为时，首先考虑第二类。小余在体育课上反复犯规，我会和体育老师事先沟通好，适度地缩减他自由活动时间，暂时收回某种奖励或暂时取消某种娱乐活动的权利。让其明白必须履行遵守课堂规则的义务，才可以享受课堂活动的权利。对于小余的作业与值日问题，我一般不采取多遍订正，多做值日等，因为那样会加深他对于完成作业和做值日的厌恶与逆反。我会先让他补上要交的作业，然后视情况让他在校完成当天的作业，并且保证时间和质量，以此规范他的作业习惯。针对他值日偷懒问题，我会把"惩罚"化为激励。在他第二次轮到值日的时候，我会观察他值日细节，肯定他做得好的地方，引导同学们发现他的优点，给予他更多的信任。

（2）惩罚后，让爱延伸。惩罚后要爱护有加，惩罚肯定会使学生的心情受到影响，因而教师不能一罚了之，应该在恰当的时机找他聊聊天，谈谈心，"晓之以理，动之以情"，巩固惩罚效果。俗话说的"打一下，撸一下"就是如此。这样可以帮助学生将缺点、错误认识透彻，加强学生"为自己的行为负责"的责任感，让学生感到教师一直在关注着自己，从而激起改正错误的信心和勇气。有时候，学生能够在"有爱"的师生沟通过程中吐露自己的真实想法。小余对于自己体锻课的所作所为给出的理由是：他觉得体锻课就是放松的时候，自己可以想干什么就干什么，为什么还要遵守课堂规则呢？针对他的想法，我用了很多发生在身边同学们的真人真事，让他明白凡事都有规则，如果不遵守一定规则，很可能会造成自己或其他同学受伤的情况；其次，玩耍和遵守纪律并不冲突，两者相辅相成，缺一不可。

2. 学生做出种种"怪异"行为求关注，怎么办？

（1）当课堂上学生出现类似于小余的用怪声朗读时，为了保证正常教育教学，教师可不予理睬，那么很快学生的"怪异"行为可能会终止。如果学生的行为一直持续并影响了教学，教师可以采取一些安抚措施，比如：摸摸孩子的头、拍拍他们的肩膀，或是请孩子回答问题、做与教学相关的展示，以此表达对学生的关注，适当地满足他们的需求。事后，可以找个恰当的时机与学生沟通，让他明白如何正确地表达自己参与课堂活动的方式。

（2）在班级日常学习生活中，学生在博取关注失败的情况下，发脾气，怎么办？我们可采取适度的冷处理，给他时间，待他冷静后引导他进行反思。当然，提倡冷处理并不是对学生的坏脾气不闻不问，也要分场合和原因。比如：小余由于未能得到班级同学的认可,他在课堂上发脾气撕纸,下课还赌气不擦黑板。课堂上我不予理睬,课后,我自己把黑板擦掉,以免影响下一节课的学习,以此给他时间,让他冷静反思。面对小余同学每隔几周的精彩"个人表演",我知道他还需要受到同学和老师更多的关注,对于他的部分表演,我没有做出任何反应,对他进行适度"冷处理"。慢慢地小余同学也感到事与愿违的"失落",于是也在慢慢地规范起自己的行为来,或者是在我平静的提醒之后有所收敛。其实,学生会意识到发脾气并没有什么好玩之后,那么他的脾气可能就会越来越小,最后也许就很少发脾气了。而这段"风平浪静"的冷静期,则是老师开展教育工作的契机。

(3) 通过班中职能岗位的轮岗、各种活动为这些同学搭设舞台。让他们更多地参与到班级管理以及班级活动中来,发挥自己的作用,增强自信心。本学期开学,小余竞选学校的大队委员,虽然最终落选了,但是我还是肯定了他的勇气。我发现他对科学课很感兴趣。同时,我鼓励他尝试担任科学课代表。这样可以让他参与班级相关学科管理工作,我给予一定的方法指导,时刻提醒他待人接物的方式,帮助他获得一定的成就感。同时,我用岗位责任人的要求来要求他,让他自发地提高对自己各方面的要求,帮助他养成以身作则、认真作业的学习习惯。

3. 家校联系

面对如此矛盾而又迫切希望得到认可的小余,我们有必要通过家校联系,深入了解孩子,给出家庭教育指导,鼓励家长给予孩子更多的关爱、信心与支持。通过家访等沟通方式,我了解到他的个性源于他矛盾的家庭教育模式:他的父亲脾气比较急躁,遇到问题动不动就想用武力解决,丝毫没有给他解释的余地,父亲对他的教育也持推卸的态度,父子间的对话也只是限于生活的必需。小余更愿意和母亲亲近,母亲虽然事后和他讲道理,但往往迁就他比较多,难免护短。因此,小余虽明白道理,但是不知怎样去做,他的很多"另类"行为出发点虽是好的,但采取的方式不恰当。在与他父母交谈时,我不断地表示对小余同学有期待,最恰当的教育方式应是家校的结合:父亲可以试着倾听小余的需求,明白他需要什么;武力解决不了问题,只能助长小余冲动的个性,母亲这时应该以讲理为主,以此来规范小余的行为,父亲也要时常提醒母亲,不能迁就护短。

培养学生的规则意识是教育的一个重点。规则意识的养成不是一朝一夕的事,需要我们有耐心、有恒心地帮助学生们养成遵守规则的好习惯。当学生的规则意识转为自律并内化为学生的行为准则后,我们才能真正构建起和谐班集体、和谐校园。

接手新班级,如何提高班级凝聚力

上海市储能中学 刘 燚

课程目标

(1) 帮助青年班主任了解班级凝聚力的概念。

(2) 帮助职初班主任了解并初步掌握提高班级凝聚力的方法。

课程实施

一、情景再现

一封职初教师的求助信,表达新班级家访、军训后反映出的散漫冷漠,班主任有些不知所措。

二、问题分析

班级文化松散——同学之间冷漠,班级活动以个人为中心,班级荣誉感淡薄,班级活动漠不关心,班集体名存实亡,对于班级的每一个成员来说无足轻重。

三、实践支招

(一) 凝聚力的定义：班级共同体

凝聚力是指团队对成员的吸引力，成员对团队的向心力，以及团队成员之间的内在聚合力。班主任运用真诚的情感和细微的举措，去化解、消除学生的挫折和矛盾，通过情感激励增强团队的亲和力和向心力，从而感召学生、凝聚学生；通过班级管理和活动，展现学生个人风采，促进班级对学生的吸引力和学生之间的相互吸引力，它含有"向心力"和"内部团结"的双重含义。要把班级搞好、教好、培养好；要组织好、引导好、协调好同学们的学习、工作、生活；要把一个班级搞活，心向一处使，就必须增强班级凝聚力。

(二) 如何增强班级凝聚力

要想增强班级凝聚力，就要强化班级成员身份的认同，这种认同可以产生强大的向心力和凝聚力，让学生有归属感——具有认同感——支持班集体，使学生从内心认同自己的班级身份，最终班级凝聚力提升。以"以制度规范人心、以活动凝聚人心"为原则，开展实施一系列活动增强班级凝聚力。

1. 我建我家，营造集体归属感

归属感是个体对群体的认同、满意和依恋程度的情感体验。

(1) 温馨教室。温馨舒适的教室环境布置，不仅可以培养学生良好的卫生习惯，还给学生增添学习生活的乐趣。

(2) 精神氛围。班风是班级的作风，是集体大多数成员思想、情感、意志的综合反映。优良的班风肯定支持学生的道德行为、良好表现，对不道德行为则会造成一种强大的压力，促使其转化。班主任对学生施以情感激励，积极干预学生的内心活动，可以提高学生对班级的热爱，培养学生主人翁意识和集体荣誉感。

1）构建正确班级舆论导向：是非分明，黑白分明。比如：六年级春游时，3个同学在超市里买了一根棒冰，为求刺激，"顺手"多拿了两根，回到同学群中时，炫耀说出过程，一个同学站出来指责他们，其他同学也立即响应，纷纷批评他们，三人意识到错误，鼓起勇气回到超市，补足少付的费用。返校后，班主任就此事进行了班级讨论，引导全班意识到第一个站出来指责的同学极富正义感，值得学习，而这3位同学行为有错，但能勇于面对错误，及时改正，值得肯定。

2）奖惩分明，一视同仁。①赏罚公正，班主任事先了解情况，弄清事实，客观公正；②赏罚有信，对全班学生一视同仁，不能将个人的感情因素掺杂其中；③赏罚有度，不管赏、罚，把握尺度，以防失度；④赏罚有方，赏罚一定要讲究方法与策略，如赏罚并行，赏罚及时，罚点赏面（缩小罚的面，扩大赏的面）等。比如：一天，总是闯祸的特殊生小刘同学又在操场上与别班几个同学扭打在一起，嘴角还被打出了血，问他事情缘由，他一副无所谓的模样令人生气，我按捺下脾气，叫来围观同学了解事情经过。原来，其他几个班的同学欺负我班的小朱同学，抢了他的交通卡，小朱同学苦苦哀求，对方就是不还。这时小刘看到了，放下前两天还和小朱打架的恩怨，上去一把帮小朱抢回了他的交通卡。了解事情经过之后，我的处理方案是：不允许打架，所以要惩罚，罚他为班级同学换桶装水两周，因为他算得上"伸张正义"、"拔刀相助"，允许小朱同学帮他一起换水。在这个案例中，我没有因为小刘同学的平时表现,而过早地下定论,而是了解情况以后再酌情处理,一来让孩子们知道解决问题不能依靠简单粗暴的打架,二来就事论事地给予当事人较为公正的处理方案。这样一来,班级也逐步形成了积极向上、公正客观的集体氛围。

3)设定班级共同发展目标。未来发展,共同商定。班集体的共同奋斗目标是班集体的理想和前进的方向,让每个人都有话语权,制定班集体的班级目标。在实施班级目标过程中,要将班级目标与个人发展目标相联系,如学习阶段目标、性格弱点改善目标等,并开展丰富多彩的活动帮助学生实现目标。班级目标与个人发展目标都可以记录在案,或者公布上墙,以便互相鼓励、互相学习、集体监督。

2. 我管我家,提升学生集体参与感

完善管理机制,把管理班级的权利还给学生。同时,岗位责任制能够给学生带来成就感、愉悦感。

(1)建立学生干部队伍。设立常务班委会,全面负责班级管理的正常运转;建立值日班委制度,负责处理日常班级事务。学生干部的选拔应该是在班主任意见与学生民主选举相结合的基础上,从人品、能力、表率等方面综合考虑学生干部人选,同时班主任也要在日常工作中逐渐启发学生干部待人接物之道、寻求科学工作方法,帮助干部树立在班里的威信,同时给予其才干发挥的空间。

(2)设置日常岗位工作。除了班干部之外,班主任还可以扩大学生管理团队的成员范围,设置班级日常岗位工作。

1)因需设岗。根据班级日常工作需要设置岗位,如:多媒体管理员(IT总监)、门窗管理员、语言文明监督员、着装规范监督员、微信群管理员、分报员、劳动干事、文艺干事、宣传干事等。

2）因人设岗。鼓励、激励学生发挥个人特长，参与到班级管理中来，如：有学生行为散漫，但思维活跃，点子多，因此可以给他冠以"创意总监"的头衔；有学生不爱热闹，生活在自己世界里，不热衷班级活动，但具有较高的美术天赋，因此可以邀请她参与班级教室布置或黑板报策划，冠以"艺术总监"头衔，鼓励他们发挥个人特长参与班级事务。

3）定期换岗。部分岗位加以合理调配，可以实行轮岗制，让每个学生在不同的岗位上获得丰富的体验和感受，同时也让学生感受自身所应承担的责任。

4）及时增（删）岗。随着班级工作的需要或增、或删工作岗位，做到职责明确，具体到人，并逐步实现人人有岗位，人人有担当。如：运动会期间，设立通讯员、啦啦队等；在春秋游时，设置环境小天使、通讯员等岗位。

设立班级岗位，使更多学生有机会成为班级日常管理的参与者，实现了班级管理民主化。"小岗位"为学生的成长搭建了平台，丰富了学生的角色体验，有助于他们健全人格，使之在班集体中逐步实现自我管理、自我追求、自我实现的有效统一。

（3）完善岗位自评与他评。

1）推动团队评价体系。为淡化学生个人之间的激烈竞争，可采取以小组为单位的团队评价体系，进行一周一次的行规考核评比，小组整体得分越高，则拥有选择下周整队的优先权。通过这种方式促进小组之间的合作交流、相互学习、督促和帮助，以推动小组中每个成员在学习、纪律各方面的积极上进，增强后进学生的集体意识、荣誉感、奋斗精神，从而形成班级的强大凝聚力，圆满完成各项工作，实现班级奋斗目标。

2）岗位责任全员评价。在"分工合理"、"分工明确"的基础上，以能体现出工作质量和工作态度为目标，在全班范围内进行一次学期末的自评与互评，既是一次岗位工作的全民评价，体现民意，更是一次岗位职责再次明确，帮助学生改善工作，强化其责任感与主人翁意识。

3. 我乐我家，增加学生集体幸福感

活动比空洞的"说教"更有说服力，活动使学生当家作主，从而使班集体的凝聚力得到进一步提升。团队氛围可以有效将全班聚合到一起，大家一起分享智慧、分担压力，为共同目标奋斗。

（1）满足合理需求。我班就根据学生兴趣、个人意愿，建立班级小队：如阅读小队、英语口语小队、乒乓球小队、记者小队等班级社团。一次校级节目征集，班级同学踊跃报名，纷争不下，于是索性按照节目类型分类，进行小组合作，如：歌唱类、舞蹈类、器乐类、语言小品类等，再进行比较，选出最佳节目上报学校。

（2）体验成功感受。通过各类校级活动，如：军训、运动会、慈善义卖、节庆活动、课本剧比赛、歌咏比赛、诗歌朗诵比赛、换戴大红领巾、14岁集体生日等，也可以利用班级某个契机，组织活动，引导学生感受付出、感受成功。比如：有一个阶段，班级男生特别喜欢在课间折纸飞机，你来我往地扔来扔去，我灵机一动，利用班会课进行了一次纸飞机大赛，把他们的注意力转移到如何折叠出飞得高或者飞得远的飞机上，使他们发现即使玩，也要通过高技术表现出高水平，同时，让他们在此过程中获得了成功感。又比如：有同学的公共卫生意识很差，总是乱扔草稿纸，我就开展了一个环保"保龄球"大赛,让同学们把废弃的草稿纸收集起来捏成一个纸球,再收集若干空饮料瓶,摆成一定的图形,进行"保龄球"大赛。学生们对此活动极为踊跃,并通过它,收获了成功感,更养成了不乱扔垃圾的习惯。

(3)体会自主创新。鼓励学生自主安排各种零星时间,如开设精彩早自修/七彩午休:"中国诗词大会"、"朗读者"、自主课堂、智慧讲坛、电影观摩,丰富社会实践活动经验,体会自主创新所带来的成就感与满足感。

4. 我护我家,加强集体荣誉感

(1)班荣我荣。通过各类校级活动教育学生创建与维护集体荣誉,强调集体荣誉跟每个人的努力分不开,鼓励学生携手并进,为集体争光,学生们在努力完成活动后,自然而然地产生自豪感和荣誉感,增强了上进心和进取心。此外,为了维护这份来之不易的荣誉,鼓励学生还必须增强自我克制力。

(2)面面俱到。关爱特殊学生,不留班级建设死角。班主任要关心班级中贫困的、残疾的、单亲的、学业和品行上有问题的特殊学生,要给予他们更多的爱,关注他们的成长,这样可以利于班级向心力的养成,有利于特殊学生的成长与成才。

四、小　　结

总而言之,一个有凝聚力的班集体,成员的个人目标与集体目标一致,成员能够自觉遵守班级行为准则,班级具有能够实行自我管理的小干部队伍,舆论健康向上,人际关系和谐凝聚。

学习习惯的培养

上海市曹杨二中附属江桥实验中学　崔　宏

课程目标

（1）了解学生学习习惯养成的重要意义。

（2）掌握培养学生学习习惯的方法和技巧。

课程实施

一、情景再现

（一）情景1

自修课上，学生们都在做自己的事情，然而细细观察却发现：有的学生咬着笔沉思却始终不动；有的看着窗外，百无聊赖；还有的拉着旁边的同学窃窃私语，时不时捂着嘴巴怕笑出声；还有的好像已经进入了梦乡……当然，也有在奋笔疾书的同学，但这样对比鲜明的画面却让人怎么都放不下心。问问学生怎么会这样？他们会说：老师让做的我都做好了，没事儿干啊！

问题揭示：学生缺乏自主学习的意识，没有良好的学习习惯，效率低下。

(二) 情景 2

家长常常抱怨:"在家里天天说,反复说,写作业的时候要专心、动作快,就是做不好,一会儿喝水,一会儿上厕所,要不然就是东西落在了学校,真是没办法!"还有家长会上,那不陌生的情景:"老师,我家孩子你多说说,我们说的不管用,很多题目我们也教不来,让他自己学,好像就没有头绪了,考试前复习了那么久也没什么效果。"也有家访时:"这孩子真的很努力,看他每天学啊学,怎么就是成绩提高不上去?"

上述情景可以说班主任或科任老师都遇到过,那么到底是什么原因让学生缺少自主学习的动力,或是学习效率不高呢?

二、问题分析

初中阶段,是学生学习习惯养成及巩固的重要时期。班主任在教育学生的内容里,培养学生养成良好的学习习惯是重要内容之一。

通过平常的观察,我们不难发现,学生在学习方面会出现下面这些现象。

(1) 缺乏时间观念,不会合理分配和利用时间。
(2) 学习缺乏计划性,有依赖心理。
(3) 课堂听课容易分神,不善于整理课堂学习笔记。
(4) 课前预习和学习准备形式主义。
(5) 不用或少用工具书,课后不复习。
(6) 死记知识,审题不细致,不懂得验算。
(7) 缺乏质疑精神,不愿参与合作学习。
(8) 书写不规范,坐姿懒散,喜欢插嘴。

类似的情况，还有很多。那么，我们该怎么做呢？首先，我们要了解影响学生学习习惯养成的内外因。

1. 成长中自我认识的过程

为什么要学习？学习的乐趣到底在哪里？我将来要成为什么样的人……这些困惑，常常令学生迷失方向，他们思考生命的意义，思考自己人生的方向，但由于其生理和心理发展水平的差异，在认识自我的过程中，就会出现不同的外显表象。接受信息能力强的学生，会尽早完成这个认识过程，责任感、自控能力都有所提升。相反，接受信息能力较弱，或是被动接受的学生，会显得茫然，缺少目标和动力。

2. 外部环境的影响与干预

影响学生学习习惯的客观因素有很多，主要来自家庭、校园和社会。在学生家中，是否有利于学习的环境，比如有独立学习的书桌、书柜，家人是否有读书学习的习惯等。在学校里，是否有浓郁的学习氛围，有互帮互助的同学和老师的悉心指导等。同时，心理学上也讲到了人有"趋同心理"，这就是很多时候，家长希望自己的孩子能与成绩较好的同学在一起。

三、实践支招

职初班主任在第一次接触学生时，就会明显感觉到学生学习习惯的差异，如果遇到习惯不太好的学生，先不要着急，学生正处于成长阶段，有一些拖拉、马虎的习惯，也属正常，关键是该如何让学生养成自主学习的好习惯呢。不妨试试下面介绍的几个小方法。

1. 帮助学生自我规划，设定目标

在对学生充分了解的基础上，帮助学生确立自己的学习目标,这个目标有大有小,可以是整个初中阶段的大目标,可以是每个年级的目标,也可以是每个学期、每个月的学习目标,也就是目标要有总目标和阶段性目标。同时,一定要督促学生将目标具体化,并写出来,贴于书桌前或是墙壁上,时刻提醒自己,激励自己。

2. 培养学生自主学习,巧用妙招

确立了目标,就要努力实现目标,在这个过程中,班主任可以借助下面的方法帮助学生养成好习惯。

(1) 善于用"表格"。学习计划的制订,使用表格是最简便的方法了。要把计划中的大小目标列清楚,同时写清楚每一个阶段的具体做法,落实到具体的日期和时间,这样,计划一目了然,同时也能考察完成情况。这个"表格"还可以用到很多地方,比如班级管理的规章制度、小组合作的评比、每周的事务安排等等。可以说,用表格大大提高了效率,也容易见效果。

(2) 重视"预习"。班主任可以与老师沟通,指导学生认真做好预习工作,教给学生学会借助工具书、网络来查阅资料。同时,还要注意预习的基本步骤。预习时,要注重资料的归类和整理,且一定要做好标记,只有用文字记录下来,才能让学生对预习的内容有深刻的印象,不理解的地方及时做好记号,可以请教同学,也可以带到教室与老师交流。要提高课堂听课的效率和效果,必须重视预习。当然,班主任不能只"强调",要经常与学生交流预习的情况,让学生体验预习过再学习的好处,有了成功的体验才会坚持做下去。

(3) 借助展示和评比。课堂笔记、复习笔记都是学习的好帮手,重点、难点都在其中,学生应该学会记笔记;整理错题集也是帮助学生查缺补漏的好方法;整齐的书桌和完整的复习资料,是学生思路清晰,善于管理的表现……那么,该怎样让学生重视起来呢？借助微信交流平台(家长群)、班会课、队会课、活动课等形式,教给学生整理的方法,多多展示做得好的同学的成果,以正面的力量引导其他同学不断完善自己。同时,对于始终无法完全做好的同学,要手把手地与其一起整理,耐心的指导会让学生产生感恩的心理,进而自我完善。

(4) 备忘录的大用途。很多班主任会懊恼一件事:收作业。作业收不全,课代表头疼,老师也头疼。而收不齐的原因,无非就是学生不肯交(没做)和交不了(忘记带)。这个时候,小小的备忘录就可以发挥大用途了。班主任和老师鞭长莫及,没办法监管学生在家里的学习。这个时候,需要家校配合,完成备忘录的记录工作,首先是备忘录要记录完整的作业内容及要求(校内),其次,每项作业后面写明完成该项作业的起止时间。这样做,一方面记录了学生完成作业的用时,同时,通过时间的长短、与其他同学完成时间的差异,也可了解学生哪项作业遇到了问题,及时与该科任老师沟通,了解这一阶段该生的知识点的掌握情况,判断学生是由于知识掌握情况耗时还是因为不够专心耗时。及时与任课老师和家长沟通,解决问题。

(5) 分层教育。学习习惯的问题,每个学生的表现各不相同,但总能归出几类。那些有着较强的自制力的学生,能够开展自主学习和自我管理,班主任对这部分学生可以委以重任,发挥榜样作用。还有一部分学生因为懒惰,有时能保持好习惯,有时又会拖拉、马虎,这部分学生可能是"娇生惯养"型,那么发动学生家长的作用,班主任要"勤"教育、"勤"表扬,给家长和学生戴起"高帽子",利于学生的自我完善心理。再有小部分学生因为心理、思想或行为方面有所偏差,产生"厌学"的心理或养成惰性,就需要班主任老师协同心理辅导老师共同开导和教育,以关怀和宽容为主,让学生从情感上接纳,才能触动其心灵,扭转现状。

(6)小组合作模式。为让学生有更加积极的学习态度,班主任可尝试通过小组合作学习模式来培养学生的好习惯。首先,小组合作的分组需要"高低"搭配好,学科互补、能力强弱都要考虑。小组自主管理,分设岗位,人人尽责。这样,小组内每位成员都有责任,都有学习的榜样和竞争的对象。其次,小组合作,最好有延续性。可搭配小组值日、班级管理"轮周制度",即一周内,由该组负责班级卫生和日常管理,一周的时间,能充分锻炼小组成员的管理能力、协调能力及向心力。这样,每位组员都有了责任意识与集体意识,在学习上也会形成互帮互助的"学习团队"。再次,小组和小组间,可以组织竞赛和评比,以此提高各组的学习积极性和参与意识。

3.自学成才之"他山之石可以攻玉"

"世上本无路,走的人多了便成了路",的确,很多时候,我们需要与他人交流经验,通过分享和讨论,转变一个角度看问题,或许就有不同于以往的收获。很多教育专家、学者在"培养孩子的好习惯"方面,有很多研究成果,也有一些父母总结了一些成功的经验,这些都是可以学习和借鉴的。下面就推荐几本这方面的书籍,开卷有益,愿能从中获得灵感。

(1)内蒙古人民出版社出版的《培养最优秀的孩子》(王晶晶)。

（2）华东师范大学出版社出版的《12招妙计让孩子不厌学》（金忠明、周辉）。

（3）武汉大学出版社出版的《班级管理》（齐学红）。

（4）万卷出版社出版的《教师的课堂管理艺术》（默梵）。

（5）华东师范大学出版社出版的《创建幸福教室的35个秘密》（梁岗）。

（6）浙江教育出版社出版的《一位智慧校长给家长的50封亲笔信》（潘志平）。

综上，培养学生学习的好习惯，虽不易，却不是难以攻破的，在前进中摸索，在过程中积累，今天的"学"者，他日定是"学者"，学生如此，教师亦如此。

一日常规落实中的几个重要环节

金山剑桥实验中学　王　慧

课程目标

1. 帮助职初班主任了解一日常规的重要性和必要性。

2. 让职初班主任了解如何从几个关键环节入手更好地落实一日常规。

课程实施

一、一日常规重要性概述

班级管理离不开班级常规。俗话说:"没有规矩,不成方圆"。一个良好班集体的形成,必须有一个人人都遵守的班级规章制度。中学生班级一日常规就是需要中学生每天遵守的班级规则和规定,是中学生一日生活的各种活动中应该遵守的基本行为规范。班级一日常规的设立不仅仅有助于形成良好的班风、班貌,同时对中学生形成良好的学习习惯和生活习惯也有很大的帮助。一日常规的有效落实是开展其他各项教育教学活动的基础。

"播下行为,收获习惯。播下习惯,收获性格"。可见习惯养成教育的重要性,而良好的行为习惯是可以通过教育来培养的。习惯教育也应该常抓不放。班主任是班集体的组织者和领导者,加强常规教育形成良好班风是班主任重要职责之一。

二、一日常规的重要组成部分

1. 卫生

(1) 桌椅整齐、地面桌肚无垃圾、地板墙壁无脚印。

(2) 走廊、包干区的整洁。

(3) 讲台及教室的多媒体设备。

(4) 劳动工具的摆放。

(5) 墙壁布置的美化。

(6) 电器、各种开关、卫生工具的维护。

2. 礼仪

(1) 红领巾、校徽、团徽的佩戴、校服的穿着。

(2) 发型、首饰的佩戴。

(3) 主动和老师、同学问好。

(4) 参加升旗仪式要严肃、庄重。

(5) 下课不大声喧哗。

(6) 上下楼梯不拥挤。

(7) 参加集会时按指定位置就座,尊重演员。

3. 纪律

(1) 早晨到校。

(2) 课堂听课。

（3）课后作业。

（4）午餐及午休。

（5）两操及大课间。

三、实际操作过程中可能出现的问题

1. 卫生方面

（1）学生打扫不及时、不认真。

（2）学生不明确自己的职责。

（3）对于良好环境的维护和监督不力。

2. 礼仪方面

（1）学生经常忘记戴红领巾。

（2）下课会大声喧哗，追逐打闹。

3. 纪律方面

（1）早晨到校可能会抄作业。

（2）一些课堂上不认真听讲。

（3）午餐及午休吵闹。

四、面对可能出现的问题，我们该怎么做？

（一）建立健全常规制度

"家有家规，班有班规"。新接手一个班级，作为班主任首先应该做两件事情：制定可以遵循的规矩和教会学生如何遵守规则。具体说来，班级的一日常规主要包括以下几个方面：入校、晨读要求、课堂要求、课间要求、午休、自习要求、两操要求、集会。具体见表1。

表1 班级的一日常规

进校、晨读	1. 坚持按时到校,不迟到、不早退、不旷课,有事要请假。 2. 一律穿校服进校,佩戴好校徽、红领巾,团员佩戴团徽。 3. 进出校门下车推行,在指定的地点停车、上锁、停齐,不在校内骑车。未满12岁的学生不允许骑车。 4. 男生不留长发,女生不烫发、不化妆,不佩戴饰品挂件,不穿高跟鞋。 5. 进入校园一律向值班教师和学生问好。 6. 当天的值日生和值日班长提前到校打扫卫生(6:50),其他同学到班级后立刻交作业,不得到校补作业、抄袭作业。 7. 在老师和课代表的带领下,认真开始晨读。
课堂要求	1. 上课铃响后,要做到:一快、二静、三齐 (1) 一快:听到预备铃响后,应迅速进入教室坐好,并做好上课准备。任课教师进教室后,班长喊起立,学生向老师行礼问好,在老师还礼后立即坐好。凡迟到者,需敲门得到老师允许后方可进入教室。 (2) 二静:教室里保持安静、精神饱满、坐姿端正,静候老师上课。 (3) 三齐:学习用品、书本带齐,课桌前后左右摆齐,学生前后坐齐。 2. 课堂上要做到四不、一专、一认真 (1) 四不:不随便讲话、插话,不做小动作,不做其他学科作业,不看与课堂内容无关的书刊。 (2) 一专:专心听讲、积极思考、认真记笔记、发问举手,回答问题声音响亮。 (3) 一认真:认真做好课堂练习。 3. 凡到其他专用教室上课,各班需提前在教室外排好队,沿途不准说话,保持安静,不大声喧哗(如遇眼保健操,在专用教室做眼保健操)
课间要求	1. 下课后,值日生及时擦净黑板及黑板槽的粉笔灰。 2. 课间不准在教室和走廊追逐、吵闹、大声喧哗;不准出校门,有特殊事,需班主任批条。上下楼梯靠右侧走,不要拥挤、跑跳。 3. 不得在教室内电脑上玩游戏、玩手机等。 4. 爱护公物设施,不随便敲打攀爬公物,不在墙壁上乱涂乱画。 5. 进老师办公室要先喊报告,老师允许后方可进入,不准乱翻试卷、练习本等。
两操、升旗要求	1. 大课间活动集队要做到静、齐、快,做操姿势要正确,动作要到位。进退场秩序井然,保持安静。 2. 自觉认真做好眼保健操,及时闭眼,穴位正确,用力适当,注意用眼卫生。 3. 升国旗时要肃立,齐唱国歌,精神饱满,少先队员行队礼。

(续表)

体育活动和集会要求	1. 积极参加各项体育活动,有事、有病不能参加时须经老师批准,做到不迟到、不早退、不无故旷课。 2. 一切听从各任课教师的安排,不得擅自活动。 3. 在上课期间,一律不准在教学区内拍球,影响其他学生正常上课。 4. 爱护体育器材和其他专用教室器材,用完后交还原处,活动中注意人身安全。 5. 班会课时要准时进班,不做作业,不做其他与班会无关的事情及活动。 6. 集会时要按时到场,做到保持安静,认真听讲,必要时要求做记录。 7. 参加校级大型活动时,听从统一指挥,不得随意走动和说笑,不做与会议无关的事情。 8. 组织观看电影和观看演出时,不迟到、不早退、按指定位置就座,不准说笑打斗和窜位,尊重演职人员,适时鼓掌,不准起哄和带零食。 9. 积极主动参加学校组织的各种实践活动。
就餐要求	1. 用餐时,各组按照顺序拿饭,排好队,后门出、前门进。 2. 用餐时讲文明,不大声喧哗,要爱惜粮食,不乱倒剩饭剩菜,吃剩的饭菜要倒在指定的容器内。 3. 注意用餐卫生,饭前铺好桌布,饭前饭后要洗手。尊重服务人员。
午休、自习的要求	1. 午间若学校有统一规定,则按照学校的要求开展相应的活动。若学校没有统一安排,班委则按照班级情况有针对性地开展一些主题活动,如英文歌曲的欣赏、观看电影、古诗词诵读等等。若集体午休,那么需要统一的时间。 2. 不论是中午的自习还是自习课上,自习时一律保持安静,合理安排自己的学习活动,当天的值日班长和纪律委员负责自习课的纪律,所有同学不得随意走动、不得交头接耳,有问题及时到办公室向老师汇报。

班规的制定虽无定法,但也有章可循,这个"章"即要根据自己班级的特点,制定适合自己班的规定。

(二)激励学生自主管理、完善各项管理制度

班级常规管理是一项整体的育人工程。因此,班主任必须想方设法构建学生自我管理体制,把学生的积极性调动起来,形成合力,共同构筑学生自我管理机制,比如说设置多种岗位,让每位学生都有机会服务同学、锻炼自己、提高自己。

像我们班就有一套清晰明朗的管理模式，做到事事有人干，人人有事干。

我们班的班干部组织体系图，包括班长、副班长、学习委员、劳动委员(A、B，分别负责早上和下午的卫生)、纪律委员、体育委员(A、B，分别负责做操和大课间活动)、各科课代表，如图1所示。

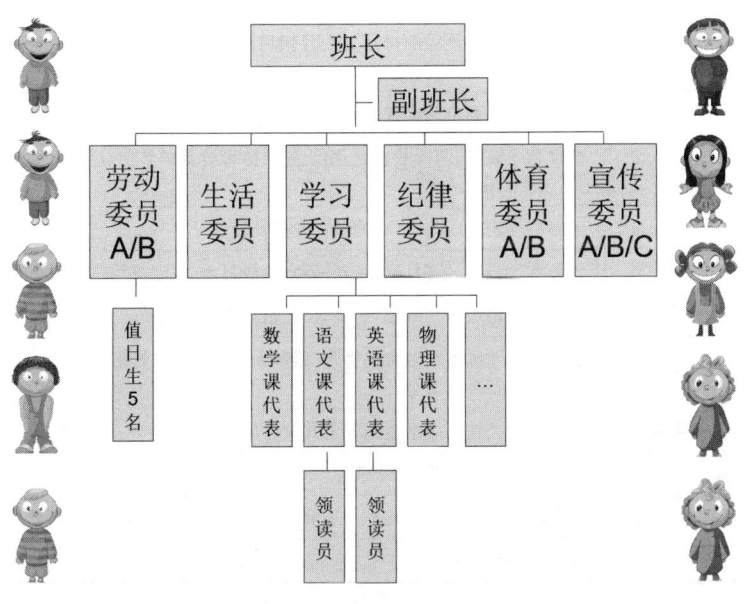

图1　班干部组织体系图

除了图上的这些，还有小组长，电脑管理员，饮水机管理员，大大小小加起来一共达到了班级人数的2/3。这样做一是为了扩大班级管理人员覆盖面，让更多同学参与到班级事务中。表2是我班级的一张值日安排表。

表2 班级管理工作岗位安排一览表(2016.9)

班委

职 务	人员	每日主要职责(详见个人职务清单)
班长兼中队长	陈懿儿	全面负责班级各项事宜,协助班主任抓好一日常规
副班长	金 豆 唐宇豪	协助班长及老师管理好班级的一切事务
学习委员	王漪瑶 罗艳丹	指定并督促各科课代表及时交作业,经常与科任老师交流
卫生委员	陈婉婷 黄 昕	检查班级的每日卫生打扫情况,主要时间为早晨、大课间、餐后及放学
劳动委员	裴凯旋	全面负责检查劳动工具的摆放整齐
体育委员	俞佳慧 黄 昕	整队、两操的检查,组织各项体育竞赛的参加;组织好大课间活动
文娱委员	戚若欣	班会、团队活动的节目安排及排练
宣传委员	张晨琛	板报、墙报、班级布置等宣传栏目
生活委员	张昊宇	班级公物维修、伙食费、住宿等生活问题
纪律委员	陆 逸 裴凯旋	老师不在时主动管理,维持班级纪律,抓好班中每个人在校的安全
安全委员	杨 浩	关注班级学生的安全并及时向老师汇报
专项部门			
黑板报策划部	戚若欣 胡琳雪 陈婉婷 王漪瑶 奚晨悦 金 豆	
班会策划部	各个小组轮流	

课代表

语文	罗雅丹 顾欣妍 王漪瑶	数学	裴凯旋 金 豆 陈婉婷
英语	陈懿儿 张昊宇 陆 逸	外教	陈懿儿
科学	邵阮峰	体育	黄 昕 俞佳慧
历史	唐宇杰	地理	彭伟豪
音乐	戚若欣	劳技	顾欣宇
美术	金嘉琦	思品	汤佳杰

专管员

午　　餐	当天的值日班长	讲台、粉笔	奚晨悦　邹子恒
门窗桌椅	杨添胤　徐金喆	电视周边	戈可颖　袁祎婧　杨浩
饮水机周边	张雨馨　王珏	抬水及换水	黄昕　等
抹布扫帚摆放	谈鑫蕊　胡琳雪	礼仪检查	路佳节　奚曹辉

副班主任安排(负责全天的各个时间段,确保班级一切正常)

	星期一	星期二	星期三	星期四	星期五
单周	陈婉婷 张昊宇	王漪瑶 汤佳杰	金嘉琦 戚若欣	陈懿儿 杨添胤	黄昕 阮晓莹
双周	金豆 裴凯旋	唐宇豪 奚晨悦	俞佳慧 曹奕杨	彭伟豪 张晨琛	陆逸 黄嘉译

此外,为了明确责任,每一个人都负责明确的事项,每一件事都有明确的责任人。如副班长负责的是午餐,他要管理同学们排队取饭的纪律和线路,必须后门出前门进,先拿饭再盛汤,并检查同学们的餐盘。再如,我们班有两位领读员,分别负责语文和英语的早自习 7:05—7:20 这段时间。英语领读员会设计许多早读活动,包括抽查同学们背诵英文报,组织听写。为了分解班干部压力,对于个别职位,采取责任分工制。如劳动委员,最初我们也只设一名,他早上 7:10 之前要带领值日生打扫卫生,下午放学后又要组织打扫,很辛苦,几天之后他也没有干劲了。现在我们两名劳动委员,一个负责早上上课前,一个负责下午放学后,各司其职。各时间段班干部职责见表3。

表3　各时间段班干部职责

时　间	责任人	事　项
早晨到校 7:05—7:20	各科代表	收作业

(续表)

时　间	责任人	事　项
早晨到校 7:05—7:20	劳动委员 A	督促卫生
	语文/英语课代表	带领早读
9:30	劳动委员	检查卫生
9:35	体育委员 A、B	大课间活动
10:00—10:05	值日班长、纪律委员	眼　操
11:35	副班长	午　餐
12:00	纪律委员、值日班长	午　休
16:30	班干部	总　结
17:00	劳动委员 B	督促卫生

(三) 建立有效的评价和总结机制

既然我们教学上要求堂堂清、日日清,每天的知识当天解决,那我们学生的管理工作能不能也是每天一得,每天一清呢?为了及时解决班级内出现的问题,双向评价班干部和同学,我们从预备进校开始就实施了坚持使用"班级日志"。

1. 让班级日志伴随学生成长

(1) 记什么?——班级日志内容的最合理设计。设计班级日志可以不拘一格。班级日志的内容主要包括:出勤、纪律、卫生、课堂、自习、两操、就餐、午晚休、表扬、批评、重大事件、感想、建议等方面。当然班级日志不应该成为同学的"生死簿",而应该成为一本班级日常学习生活的真实记录。记录的内容可以简单为每日大事、趣闻花絮、见解建议、苦恼困惑、值日班长心语等。班级日志应当成为值日班长与班主任、任课老师及学生的每日对话的平台。

(2) 谁来记?——班级日志记录人的最佳安排。我校一直以来坚持"双自主"的课改理念。因此自主管理应当从预备开始，诚然班日志也应当交由学生来记录了。在我们班级，班级日志的记录人采用"各小组组长—值日班长—副班主任；多人—两人—个人"模式进行。由各小组组长向值日班长汇报情况，最后由副班主任全面负责记录。值日班长采取轮流制，副班主任每天安排两位同学。相信每一个同学都能做好。让所有学生轮流记录，肯定会有部分学生的工作不尽如人意，但是让每一个同学在承担责任时受到自我教育，体会到管理班级的艰辛，会更加自觉遵守班级规章制度。

（3）怎么记？——班级日志的最完善的记录要求

1）班级日志的记录要求：①认真记录每一项内容，养成良好的习惯，展示自己最精彩的一面；②用心填写值日感悟与大家分享自己的值班体会，互相交流感悟也是一种潜移默化的教育；③记录真实情况，为避免班级日志流于形式，要求每位值日班长必须有真人真事记录，反映当天班级发生的真实情况。

2）人人主动保护好班级日志，装订成册，作为班级文化建设的重要部分。这样，学生会更加关注、认同班级日志，就能最大地发挥出其教育管理功能。

怎么用？——班级日志最大效益的实现。

1）每日反馈：①利用晨会、上课前、午间、活动前等一切适合的时间，应对刚发生的班级某种现象或某些个别行为，及时做引导、教育；②每天的放学由副班主任或者值日班长对当天的整体情况进行总结，并针对相关情况做出处理；③利用班级日志，并结合学生的整体情况与家长及时反馈，增进家校沟通。

2）每周反馈：①把每个人每周的得分加以汇总，得出每人一周的均分后,主要做纵向比较,旨在激励每个孩子跟每天的自己比赛。争取不让一个孩子掉队;②利用每周五班会,重温本周的形象积分结果,与学生共同总结过去的这一周,让孩子再次明了是非。

3) 每月反馈。每个月针对不同的孩子以及孩子各方面的表现,设定几个奖项:学习方面有"发言明星"、"书写明星"、"守纪明星";常规方面有"劳动明星"、"进步明星",特别是"进步明星"是给有些需要特别关注的孩子颁发的,给以阶段性的鼓励和肯定。

通过这种双向评价和监督,班干部就会认真地履行职责,不能敷衍懈怠,同学们自然就会规范自己的行为。

2. 实行积分制,开展小队竞赛

在班级管理中,我们还应当充分考虑不同年龄段学生的心理特征。比如说预备年级的学生天真烂漫,既具有争强好胜的特点,又具有乐于助人的热情。一日常规的落实中,我们可以在班级中大力开展竞争活动。如组建班级小队,开展"小队比拼,争奇斗艳"的活动。

我把班级的同学分成了8个学研体小队,每个小队都有自己的队名,如"FFF Team""Sunshine Team"等。不同的小队名蕴含着不同的意义,在一定程度上也给了各小队队员一定的约束,无形中为建设班级良好学风起到了促进作用。各学研体小队不仅仅在学习上开展竞赛,在行为习惯常规方面也进行比赛。

各小队均配一名纪律委员,在每日的积分过程中,各小队的纪律委员并不是给本小队的学生打分,而是与其他小队交换。如A队的纪律委员负责记录B队的所有学生情况。对于每天的积分情况,我们会在周五下午的班会课或者周一上午的晨会课进行总结,同时请各队长们针对下周的学习提出建议。对于表现突出的小队,我们将颁发奖品和奖状,以资鼓励。表4为学生打分表。

表4 学生打分表

G1: 第周	按时到校并戴红领巾	按时交并完成作业	按时打扫卫生	按时并认真早读	上课积极,认真听讲	下课不追逐打闹	不说脏话、粗话	午饭排队不浪费	大课间整齐有序	讲文明,有礼貌	周一	周二	周三	周四	周五
	10分	10分	10分	10分	10分	10分	10分	10分	10分		总得分				
陈懿儿															
邵阮峰															
袁祎婧															
奚曹辉															
戈可颖															
黄敏杰															
备注															

五、一日常规落实过程中的注意事项

(1) 一日常规文字措辞方面的规范性。

(2) 尽量避免在常规中出现"惩罚"的字样。

(3) 常规的制定应该建立在师生对话的基础上。

(4) 确保一日常规的可实施性。

(5) 要始终树立"管是为了不管"的理念。

(6) 要善于学习、观察和思考。

(7) 对班干部及犯错误的学生给予及时的指导。

第五章 主题班会设计方案

志不强者智不达
——目标引领发展

上海市金山剑桥实验中学　王　慧

设计背景

著名诗人爱默生说:"心向着自己目标前进的人,整个世界都会给他让路。"新出台的"中国学生发展核心素养"旨在培养全面发展的人,其中就责任担当方面要求每个学生都应该学会对自己和对他人负责;在自主发展方面也提到了要引导学生学会自主学习、自主管理,有自己的目标和方向。由此可见,目标引领发展对当今中学生肩负起自己的责任而言很重要。

通过对所执教班级学生的课前调查问卷显示,本班级有57%的学生对于未来没有确切的思考,体现在对当前学习、生活的重要性认识模糊,还没有明确的目标,所以对自己没有什么具体要求。而初中4年是人生的一个重大转折点,良好的学习习惯、自觉的学习态度、适切的学习目标对于今后的发展非常重要。教师有责任引领学生在六年级适应初中生活,初步理解人生发展,给自己确立明确的目标,以此增强成长的动力和热情,朝着预定的目标努力奋进。

本节课结合当前社会发展的要求、初中学生培养目标及本班级的班情,旨在帮助学生树立清晰的奋斗目标,合理规划自己的学习生活,并为之付出努力。这对于学生责任意识的提升具有重要意义。

教育目标

(1)通过故事、案例分析等形式引导学生认识到目标对于自身发展的重要性及制定目标的原则。

(2)引导学生关注制定目标的注意事项,并从不同的方面为一年的学习及生活制定合理的目标。

(3)帮助同学们意识到实现目标的过程是艰辛的,需要脚踏实地、坚持不懈,才能实现心中美好的梦想。

课前准备

一、教师准备

(1)组织学生进行问卷小调查,完成数据统计。

(2)整合文字、图片、视频、音乐等资源,制作多媒体课件。

二、学生准备

学生撰写关于个人目标的周记。

教育过程

第一篇章 感知目标的重要性

一、故事导入,引出主题

(1)呈现《猴子捡玉米》的漫画,让学生讲故事。

（2）引导学生思考这个故事给我们的启示。

（设计说明：《猴子捡玉米》的故事对学生来说非常熟悉，学生在一个活泼轻松的氛围中能更愉快更自然地接受良好的目标教育。让学生参与到故事的讲述中，能充分调动学生的积极性，从而更好地引出"目标"这一话题。）

二、两份调查问卷的呈现及讨论

（1）呈现本班问卷统计数据图，透过数据看问题。

（设计说明：让学生分析本班问卷调查的结果，引导学生意识到自己对于目标的认识模糊，在目标设定方面还存在一些问题。）

（2）研究哈佛大学的问卷调查。

（设计说明：带领学生共同分析哈佛大学的调查，引导学生认识到制定目标对于自身发展的重要性。）

三、分享俞敏洪的演讲——《像树一样活着》

（设计说明：正如俞敏洪所说，每一条河流都有自己的梦想，同样，每个学生也都应该有自己的理想和目标。通过观看俞敏洪的演讲，再次帮助学生认识到目标的重要性。）

第二篇章　合理确定自己的目标

一、如何设定目标

1. 看一看，议一议

（设计说明：研究 4 位学生的目标范例，带领学生分析这些目标存在的问题，从而引导学生初步思考制定目标需要注意的几大原则。)

2. 看一看,学一学

(设计说明:让学生观看另外四位学生的目标,带领学生分析这些目标制定的依据,从而进一步引导学生归纳制定目标需要考虑的因素。)

二、DIY 我的目标

(1)学生根据所学内容,制定适合自己的目标。

(设计说明:学生结合课前的准备及本堂课所学的知识,再次思考并制定适合自己的目标。)

(2)学生将自己的目标张贴于理想之树上。

第三篇章　努力达成自己的目标

一、议一议:如何实现目标?

(设计说明:学生结合自己制定的目标,在小组内进行讨论,思考如何实现自己的目标。)

二、交　　流

(设计说明:教师从理想之树上随机摘下几位同学的目标树叶,并请同学谈谈自己制定目标的依据及实现目标的行动,并请其他同学提出意见或建议。)

三、体会实现目标的不易

(1)玩游戏。

(2) 看漫画,静心思考。

(设计说明:通过游戏体会到实现目标的不易;通过看漫画,思考自己的日常的行为,让学生看到目标实现的过程中会有很多阻碍,需要我们有一颗持之以恒的决心。)

四、观看名人演讲,再次感悟实现目标需要坚持

五、小　　结

后续拓展

(1) 与父母一起完善自己的个人成长目标及近期规划。

(2) 学期结束前举行一次教师、家长、学生共同参与的联谊会,交流大家的点滴成长,进一步树立发展的信心。

课后反思

这节课对于我来说更多的是一次锻炼、是一次学习。对主题教育课,我认为应该是从班级实际情况出发、从问题出发,为解决某一个问题而开设的课。由于我是借班上课,对学生并不了解,于是一个月之前我就来松江给孩子们做了一个问卷调查。从与班主任的沟通和问卷的反馈来看,该班学生学习成绩优异、学习态度也很端正,但是部分学生缺乏学习的动力,也缺乏一定的目标意识。结合核心素养中对责任担当提出的要求及预备学段的年龄特征,我将本节课的主题确定为"目标",主要从目标的重要性、如何确定目标及怎样达成目标 3 个方面展开。在第一板块中,我通过呈现两个问卷调查让学生展开讨论从而引导学生认识到目标的重要性;在第二板块中,我通过呈现我自己班级学生制定的目标，带领学生从正反两个方面分析，从而总结出制定目标需要注意的事项。此外，我也现场让学生制定了自己的目标；在第三板块中，我通过小组讨论、个别提问、漫画呈现、视频总结等形式引发学生思考如何实现目标。

虽然整个教育过程比较流畅，但是仔细推敲还有很多需要思考的地方。如：就本节课的课题来看，如选题范围再缩小一点，这样做或许更有针对性也更具有操作性；此外，在整节课的板书方面，我应该多下功夫，思考如何创意地将教育内容系统化呈现。

友善,让社会生活更美好

上海市储能中学　刘　燚

设计背景

与人为善是中华民族的传统美德,它是门槛最低的道德素养,上善若水又是最高的道德修养;社会责任感就是在一个特定的社会里,每个人在心里和感觉上对其他人的伦理关怀和义务。

初中生正处于从少年向青年迈进的转折点,但现在的孩子自我中心意识较强,不能体谅他人,常常宽以待己,严于律人,遇事斤斤计较,致使学生间矛盾层出不穷,上升到社会环境中,将会产生严重的社会问题。因此,开展本次主题班会旨在让学生体会到,生活中与人为善可以让大家都保持愉悦的心情,减少矛盾和纠纷,享受色彩斑斓的生活,让我们的社会变得和谐、美好,这也是一种感恩社会、回馈社会、爱护社会的责任意识的体现,创造和谐班级、家庭是学生阶段能对社会尽的责任之一,这种品质也是学生以后为社会作贡献的思想基础。

教育目标

(1) 深化学生对"友善"的理解:帮助、体谅、宽容。

(2) 帮助学生懂得友善是人际交往的基本准则。

(3) 提高学生间融洽交往的能力,友善待人,与人为善,最终让我们的社会变得和谐、美好,这也是一种感恩社会、回馈社会、爱护社会的责任意识体现。

课前准备

一、教师准备

制作多媒体课件。

二、学生准备

(1) 排练两个小品:《公交车之战》《风扇风波》。

(2) 思考:①从个人经历中,寻找"友善助人"的事例;②从身旁寻找曾经体谅过你的人和事例。

教育过程

环节一:公益广告(视频:《举手之劳,请你传递》)

(设计说明:通过视频中陌生人之间的举手之劳和细小帮助,引导学生进入中心话题。)

环节二:帮助他人

1. 小品

小品《公交车之战》简介如下。

小甲一早急奔至车站,冲破人群,粗鲁上车,引起其他乘客不满。小甲上车后抱怨司机停车太远,付车费时突然发现没带零钱,因其犯了众怒,无人愿帮,无奈被迫于下一站下车。

而就在小甲下车的同一站,小乙正准备上车,遇见一个老人家,以及一个怀抱孩子的母亲,主动将他们护送上车,发现未带交通卡,极为尴尬,孩子母亲见状,帮他投币。

2. 讨论

(1) 二人为什么会有不同的际遇?

(2) 从个人经历中,寻找"友善助人"的事例并进行分享。

(设计说明:通过熟悉的情景,并经过讨论,引导学生了解不求回报地帮助他人,会带来身心愉快,并在无意间播下美好的种子。)

环节三:体谅宽容

1. 小品

小品《风扇之争》简介如下。

中午,小乙打完羽毛球,大汗淋漓,回教室休息,正打算开风扇,看见有一女生生病趴在桌上休息,便悄悄离开教室。

此时,打完篮球的小甲,也大汗淋漓,回教室猛开风扇,生病的女生出言请小甲帮忙,周围也有同学提出关掉风扇,小甲断然拒绝,并与同学发生冲突。

2. 讨论

二人的行为,你赞同哪一个?为什么?

3. 感谢体谅

将感谢的话和感谢的原因,用简单的语言写在小纸片上,对身边曾经体谅过你的人,说一句"谢谢"。

(设计说明:通过学生校园生活中常见事例,让学生感受到体谅的力量,学会换位思考,理解他人难处,可以减少矛盾,让人感受到温暖,使周围环境温馨融洽。通过感谢他人对自己的体谅,鼓励体谅的行为。)

环节四：上善若水

1. 视频

水流视频。

2. 讨论

（1）水的特性是什么？

（2）习近平主席在2014年北京APEC会议中提到的"上善若水"是什么意思？

（设计说明：通过对成语"上善若水"含义的理解，引导学生去体会水所代表的"温和，宽容，不求回报"的力量，提升主题。）

环节五：教师总结

（设计说明：通过对课堂内容与活动的回顾，引导学生明白：助人为乐使人温暖，体谅宽容减少矛盾，并再次点题：创造和谐班级、家庭是学生阶段能对社会尽的责任之一，这种品质也是学生以后为社会作贡献的思想基础。）

预期效果

在经过本次主题班会后，学生能逐步学着与人为善，在日常生活小事中帮助、体谅和宽容他人，减少矛盾纠纷，保持愉悦心情，享受色彩斑斓的生活，让我们的社会变得和谐、美好，这也是一种感恩社会、回馈社会、爱护社会的责任意识体现。

课后反思

本次主题班会，旨在弘扬中华民族"与人为善"的传统美德，在设计环节时，我努力依循认识规律，从学生的校园生活入手，发现并理解友善的力量和它所带来的美好，同时体会"上善若水"的含义，使学生从感性的形象认识上升到理性高度。同时希望学生体会到,生活中与人为善可以让大家都能保持愉悦的心情,减少矛盾和纠纷,享受色彩斑斓的生活,让我们的社会变得和谐、美好,这也是一种感恩社会、回馈社会、爱护社会的责任意识体现。

本课的切入口贴近学生生活实际,从他们身边发生的事情说起,整个课堂洋溢着淡淡的温馨,在谈及感谢他人对自己的体谅时,一度使课堂气氛达到高潮。再加上精心选择的乐曲,给人心灵以强烈的震撼,恰如其分地渲染烘托了课堂气氛。而且,课堂也注重了实效性。

当然,此次主题班会也有不尽如人意的地方。由于课堂时间有限,部分同学没能在课堂上倾诉自己的心声;课堂组织形式还有待进一步改进和丰富。

但经过本课之后,相信学生对如何做一个能受到人家欢迎的人有了初步的认识,并能够意识到友好和善可以让自己的生活变得更美好,同时,可以更敏锐地观察到身边友善的人以及友善的事,并意识到,创造和谐班级、家庭是学生阶段能对社会尽的责任之一,这种品质也是学生以后为社会作贡献的思想基础。

幸福在哪里

上海市敬业初级中学　杨　颖

设计背景

对于"责任"这个词，我们往往更注重学生个体对他人、对集体的责任，较少涉及别人对我们的付出，尽到的责任。其实，让学生感受到他人的付出、别人的尽责，能更好地引导他们思考自己的责任并付诸行动。本节课的设计旨在通过"感受别人对我的尽责—思考我该尽到的责任—实践我能尽到的责任"的过程，让学生能够从生活点滴幸福中，体会责任、践行责任。

本班学生的户籍所在地、父母文化层次和家庭经济状况各有不同，所以彼此难免羡慕别人的家庭条件好、父母管得宽松、家里只有一个孩子等所谓的"开心""幸福"，对现有生活不满较多，对生活中的幸福感受力较差，更不易体会他人的尽责与付出。希望通过本次主题谈话课让学生明白每个人都有自己的幸福，并且幸福存在于生活点点滴滴之中，这些都是父母、师长等对我们尽责才有的，不盲目地与别人做无谓的比较，而是享受自己的小幸福，并为别人和自己的生活努力尽责、创造幸福。

教育目标

(1) 认知:让学生了解平凡生活中的幸福,以及他人为创造这样的幸福所尽的责任。

(2) 情感:让学生感受并懂得珍惜生活中的小幸福,并体会幸福地生活也是一种责任。

(3) 行动:让学生从今天起懂得付出,为他人努力尽责、创造幸福。

课前准备

(1) 采访、制作所需播放的视频。

(2) 游戏道具。

(3) PPT课件制作。

教育过程

一、歌曲引入

播放歌曲《别看我只是一只羊》。

(设计说明:用学生熟悉的动画片主题曲作为课堂导入部分,从歌词中引出主题词——幸福。)

二、感悟幸福

1. 大家说幸福

幸福是什么,如果你去寻问一千个人,可能会有一千个答案。不如让我们先来看看大家是怎么说的吧。

播放事先采访制作的视频《幸福大家说》。

那么,你心目中的幸福是什么呢?大家也来说说吧。

（学生自由发言，说说他们心中认为什么是幸福。）

2. 比较中感悟幸福

播放一组图片：饥饿的人、战区的人、没书读的人等。

你觉得他们心目中的幸福是什么？

（学生发言说出他们觉得图中人想要的幸福是什么。）

现在，你觉得你幸福吗？

3. 感悟身边小幸福

看了刚才的图片，除了刚才同学们说过的那些幸福，你觉得在你的生活中还有哪些幸福的事呢？

（学生发言。）

学生讲述过程中，注意根据学生的发言情况，以自己的感受和身边的事例进行适当引导。

（学生在上述发言时，注意及时归纳板书。）

感悟幸福小诀窍：

(1) 留心平常生活，从中感悟幸福。

(2) 幸福如人饮水，冷暖自知，要追求属于自己的幸福。

(3) 珍惜幸福，不要等幸福的脚步走远后再后悔。

三、创造幸福

1. 游戏互动

在刚才同学们讲述中，我们感受到很多的幸福点滴，其实最幸福的并不是拥有很多幸福的人，你们想知道什么样的人才是最幸福的吗？

让我们先来做个游戏吧。

游戏规则：

（1）每组出一名学生作为监督员，到其他组进行游戏监督。

（2）每组其他学生围坐在桌子边，手肘用小木棍绑住以达到手臂不能弯曲的目的。

（3）所有人必须坐着完成比赛。

（4）根据每组具体人数，桌子中央放一碗小西红柿（每人1个）。

（5）将碗里西红柿最快吃完的小组获胜。

从这个游戏中，你悟到了什么？

（学生发言，谈谈做游戏的感受。）

其实，这个游戏并不是老师自创的，而是源于一个故事——《天堂和地狱》

有人和上帝讨论天堂和地狱的问题。上帝对他说："来吧！我让你看看天堂和地狱的区别。"

他们先来到地狱，走进一个房间。一群人围着很大的桌子，桌子中央一大锅肉汤，但每个人看上去一脸饿相，瘦骨伶仃。他们每个人都有一只可以够到锅里的汤勺，但汤勺底部有一个小洞，而且汤勺的柄比他们的手臂还长，等把汤勺拿回来，汤也漏完了，自己没法把汤送进嘴里。有肉汤喝不到肚子。只能望"汤"兴叹，无可奈何。

"来吧！我再让你看看天堂。"上帝把这个人领到另一个房间。这里的一切和刚才那个房间没什么不同，一锅汤、一群人、一样的有个洞的长柄汤勺，但大家都身宽体胖，正在快乐地歌唱着幸福。

"为什么？"这个人不解地问，"为什么地狱的人喝不到肉汤，而天堂的人却能喝到？"

上帝微笑着说:"很简单,在这儿,他们都会喂别人。"

一念为己是地狱,一念为他是天堂。

没错,最幸福的人是创造幸福的人,俗话说:赠人玫瑰手有余香,为别人创造幸福,给别人带来幸福的同时,自己也能感到幸福,所以是双份的幸福。同学们,你们是不是也想成为这样的创造幸福的人呢?

2. 小组讨论

我们能给谁创造幸福?

我们能给他们创造怎样的幸福?

我们怎样给他们创造幸福?

3. 发言交流

怎样让别人因我的存在而感到幸福?可以从以下4方面展开。

(1) 让父母因我的存在而感到幸福。

(2) 让老师因我的存在而感到幸福。

(3) 让同学因我的存在而感到幸福。

(4) 让社会因我的存在而感到幸福。

四、幸 福 行 动

到这儿,想必大家都对"幸福"这个词有了更深刻的理解,也知道怎样的人才是最幸福的人,那就让我们从今天开始行动起来,将你给别人带来的幸福点滴记录下来,积攒起来,一个月后,我们来比一比,看看谁是这个月最幸福的人。

最后,让我们用《幸福在哪里》这首歌结束我们这堂课。

课后反思

本节课围绕"幸福"这个话题展开，通过对"幸福"的思考，带领学生感受身边幸福、践行、履责幸福，整节课的操作还是很顺利，课堂流程也很完整，学生的当堂表现也不错，应该说达到了预期的效果。

整节课的设计从学生生活出发，让学生有话可说；问题的设计既有引导性，又不失开放性，没有明显的对错之分，让学生愿意说出心里话。通过充分的沟通，在内心深处引起学生共鸣，从而触发他们为他人创造幸福的责任意识。游戏、歌曲等环节的加入也使得课堂气氛活跃，形式多样。

本节课从"幸福"这个简单、容易谈论的话题出发，从而引申到"责任"这个话题，符合主题谈话课的"主题隐蔽"原则，但整堂课"幸福"过重，"责任"则显得略微欠缺，可对教学环节设计进行进一步的修正，或者在课后进行一些相关教育活动，从而加强和巩固教育效果。

橘瓣的三道风味
——"互帮互助,友善他人"体验式主题班会

上海外国语大学闵行外国语中学　黄世言

设计背景

　　班级任课老师说我们班级学生热情、友好。比如老师们来班级听公开课,他们会热情招呼老师坐在他们旁边;老师出去培训,他们会热情对老师说老师慢走,路上小心,等等。但让我看到的另一面却是他们的冷漠:午餐有同学把汤打翻泼到身上,其余同学不为所动,继续吃饭;课代表搬着一大沓作业不慎摔在门口,本子洒满一地,没人前来帮忙捡起,反而对其哈哈大笑……
　　是热情友好,还是冷漠自私?
　　社会主义核心价值观倡导的"友善",强调公民之间互相帮助、互相关心。为培育和践行社会主义友善价值观,发扬互帮互助的精神,同时结合班级的实际情况,特开展了本次主题教育活动。

教育目标

　　(1)让学生从"三吃橘瓣"的活动中,逐步认识互助,并能感

悟互助。

(2) 培养学生有一颗热情助人的心,并能身体力行地去帮助他人,具有互助的精神。

课前准备

(1) 制作PPT。

(2) 完成问卷调查,并做好相关统计。

(3) 完成录像及绘画作品。

教育过程

一、第一道风味:苦——认识互助

初吃橘子

发放每人一根约1米长的棍子,棍子底端绑有一根牙签,要求用牙签戳住橘瓣,送入自己嘴中,看谁能最先自己吃到自己戳住的橘瓣。要求:右手只能握在棍子顶端,左手不能帮忙。

学生按照要求开始去吃橘瓣。他们很容易把橘瓣戳到牙签上,但是,由于棍子太长,怎么也没法把橘瓣放到自己嘴里,各种怪样子在教室里演绎开了。

(一) 说一说

师:同学们,橘瓣是什么味道的呀?

生:老师,吃都没吃到呢?

师:喔,都没吃到呀。那是不是你们跟老师客气呀?

生1:不是的。是你给我们的这个棍子太长了,够不着呀。

生2:这不可能吃得到! 老师,您是存心不让我们吃吧?

生3:真沮丧,拼命把橘瓣往嘴里放,就是够不着。这棍子短一些就好了。

师:呵呵,想吃,却吃不到。这橘瓣的味道,苦涩呀!那——真的吃不到吗?

(二)思一思

师:下面请听一个故事——《天堂与地狱》。

生:认真听故事。

师:听了这个故事,你有了什么发现呢?

生1:单靠自己的力量,是永远也无法吃到橘瓣的。但是我们可以把橘瓣放入别人嘴里。

生2:要学会互助。只有互帮互助,我们才能解决很多问题。

> **要点评议**
>
> 以吃"橘瓣"的体验活动开始,既能引起学生的兴趣与参与的热情,又能让学生在活动中充分体验、感悟,从而认识到"互助"的重要性。

二、第二道风味:酸——直面互助

再吃橘子

按同样的条件与方法,让同学们再吃橘瓣。

师:同学们,我们明白了天堂和地域的区别,人与人要互帮互助。那么,再按照前面的要求,我们再来吃橘瓣。那么,你会怎样来吃呢?

生:拿起长棍子,用牙签戳住橘瓣,然后,彼此放到同伴的口中。

师:橘瓣是什么味道。

生:甜的。

师:喔,不——

(一) 直面现实一

活动:搬课桌椅。让班级学生右手搬起课桌,左手搬起课椅,以站立的姿势,维持5分钟,看谁能坚持到。

(刚开始大家还行,但坚持到5分钟的寥寥无几。)

师:问生1,你这么个高个儿,坚持大概几分钟?

生1:不到3分钟吧。这新课桌椅太重了。搬不动。

生2:老师,左右手都要搬着,很累的。

师:那么我们来看一个幻灯片。

内容:这个学期运动会要求每个班级搬20张桌子到场地。学校新配置的桌椅比较重,班级安排了3组同学搬。这些同学得把桌椅搬下搬上。尤其是运动会结束后,要搬上5楼的教室,很是费力。而那些不用搬的同学轻松地从搬桌椅同学的旁边走过,欢声笑语一片,丝毫没有注意到那些吃力地搬着课桌椅的同学。

师:看到这样的画面,你有怎样的感受?

生1:觉着自己很不好。应该帮助他们。

生2:我是个男生,刚刚站着搬桌椅也就坚持了3分钟。如果是从1楼搬上5楼,还真费力!想想那次我也没帮他们,很不应该。

师:那我们问问当时搬桌椅的同学,他们当时又是怎样的心理呢?

生1:很想别的同学来帮忙呀!可是,竟然没人来帮!

生2：我是先搬椅子上来，后来搬桌子。搬了两次，也没人说帮我一下。心里很委屈。

生3：我个子小力气也小，我一边搬一边愤愤地想，怎么就没人帮我一下。哼，下次你们有困难，我也不帮你们！

师：在我们身边，这样的事情只有"搬课桌椅"一事吗？还有多少这样的事情呀！

(二) 直面现实二

呈现两组数据：

师：PPT上呈现的是课前出现的两组问卷调查的数据。

生：学生仔细看这两组数据。

师：从两组数据中，你看出了什么？

生1：在A组3个问题中，选择"会"的比例是75%。在B组3个问题中，选择"不会"的均接近90%。

生2：我觉着A组的比例应该接近90%才对。同学要你帮的这"忙"容易帮，却不帮，这很不好。

生3：我发现B组问题中，你要帮助别人的前提是需要自己牺牲一些利益，或者要给自己带来麻烦时，这就几乎没人愿意帮了。

(三) 叩问心灵

师：面对搬课桌椅的同学，面对我们问卷调查的结果，我想问，我们为什么会这样？

(学生讨论、交流。)

老师总结：我们的内心多了一些冷漠与自私，少了一些热心与友善。对周围需要帮助的群体视而不见，漠然置之。因为这样，我们意识不到去帮助别人，也不会在别人提出需要帮助后帮助别人，更不在会给自己带来麻烦时去寻求别人帮助自己。

我想此时再要大家回答我前面的问题,橘瓣的味道是甜的吗?

(学生没有了声音。)

师:在这些现实面前,我们看到了我们多么可怕的冷漠与自私呀。如果我们人人是这样,那么我们就生活在地狱里呀!品尝这样的橘瓣能甜吗?它是酸的呀。

> **要点评议**
>
> "搬桌椅"活动体验、情境的展现,让学生直面"骨感"的现实,让现实撞击其心灵,进而认识到现实背后的原因,去剖析,并正确认识自己。

三、第三道风味:甜——感悟实践互助

三 吃 橘 子

(一)互助,如此简单

用同样的要求与方法再吃橘瓣。不同的是,盘子里只剩下最后一瓣橘瓣了。

师:你们会怎样来吃这瓣橘子呢?

生1:我们两人是一人吃一半。大家一起分享。

生2:我说给她吃,她说给我吃,我们还在谦让着谁都没吃呢!

生3:我们两个中他喜欢吃橘子,我就给他了。

生4:我们谁都没吃,送给邻组的大强他们了。他们两个都喜欢吃。

……

师：互助，其实很简单。就是同吃一个橘瓣：一起分享、一起谦让、一起关爱、把彼此放入心中。

（二）互助，真的不难

1. 问题再现

下雨了，同学问你借伞，但是你正好只有一把伞，你会借给他吗？

师：我们在前面的调查问卷中，当自身利益受到冲突时，90%的同学会选择不去帮助别人。其实，这时帮助别人也不难。你不把伞借给别人，你一样可以帮助别人。谁能解决这个问题呢？

生1：对于同学借伞一事。我可以帮她去问有没有谁带了两把伞呀，或者问问有没有和她是顺路的，她们两个人共撑一把伞回家呀。

生2：也可以让离校近的家长送一把伞过来，打电话就可以解决。

生3：可以借给她钱，让她打车回去呀。

师：总之是有办法的，是能帮助别人的。

2. 再看互助

师：从这里看，什么是互助呢？

生：互助是相互帮助，但不一定就是要牺牲你的利益。

生：互助关键是要达到一种共赢。这样你既帮助了别人，自己也有收获。其实很多时候我们帮助别人时是很困难的。但无需去拒绝，而是想办法去帮助他人。

师：是呀。能舍己为人，是一种高尚的境界。我们不舍己，但也能为人。只要我们有一颗乐于助人的心，我们就可以获得互帮互助的共赢。

3. 互助，让我牵紧你的手

（1）PPT出示班级里互助的美好瞬间。

（2）学生活动：找到曾经需要你的帮助，你却没有给他帮助的同学，说声对不起；找到曾经帮助过你的同学，说声谢谢。

> **要点评议**
>
> 这个环节有梯度：意识上认识到互助的简单，再到"看似要牺牲自己利益去帮助别人的事情"上的简单，到最后牵手互助的简单。整个环节在活动中开始，最后在活动中结束。

四、教 师 小 结

这节课，老师带着大家一起吃橘瓣。橘瓣的味道由涩到酸，由酸到甜，品味橘瓣的过程，也是我们品味互助的过程。我们42个同学，因为缘分，走在了一起，亲如兄妹，情同手足。我们是一家人，应该互帮互助，和谐友好地一起学习成长。因此，我们要意识到去关心班级同学，关注班级需要帮助的人，做一个热心的人。同时，我们也要学会在自己有困难有麻烦的时候，如何用更好的方法去帮助他人。做一个善于帮助他人的人。只有互帮互助，我们才会生活在天堂里，我们的班级才会更美好。

课后反思

品德形成体现出"感知—体验—明理—导行"的过程，而体验性活动表现出的"活动—体验—感悟"内化规律与之相契合。因此，设计体验型活动，让学生在活动中体验感悟，是促进品德形成、实现德育良效的一个好途径。

该课例以体验活动为主。首先是以"吃橘瓣"的主线体验活动贯穿始终:初吃橘瓣—再吃橘瓣—三吃橘瓣。学生人人参与到"吃橘瓣"的活动中,他们有兴趣、有乐趣,更是在三吃橘瓣的活动中,认识了互助—直面互助—感悟实践了互助,层层深入,环环相扣,在体验感悟、活动参与、启发认识中,知道了互助的重要、了解到班级同学不互助的原因、并能意识到要积极实践互助。其次是单线体验活动的点缀与补充。课堂除了主线体验活动外,还设计了如"搬课桌椅""让我说声对不起谢谢"的单线体验式活动。这些活动零碎的点缀在主体活动中,恰到好处地对主体活动起到补充助力的作用。

把体验活动作为班会课的主打歌,少了枯燥的说教、听厌了的大道理,而是激发学生自我省悟、自我教育和主动改变;不再是一人或几人在台上表演,绝大多数人只能当观众,而是每个学生都是主人,每个学生都是参与者;不再是一言堂,而是通过营造宽松、启发式的环境,让全体学生针对某一问题去讨论、思考,畅所欲言,激发出思想火花,在多种价值观、人生观的冲击和交织中为解决问题提供多角度的分析与方法,为观察他人观念及情感反应,提供机会。

那么该如何设计体验活动呢?

最关键的是体验活动要以小见大,以微见真,最终"实现小活动大德育"的目的。

班会课离不开活动的设计。体验型活动并不是轰轰烈烈,越大越好,而是要能"以小见大,以微见真",通过"小活动"为载体来实现"大德育"目的。

该课例中无论是吃橘瓣的体验活动还是搬课桌椅的体验活动，都能从学生的兴趣出发，通过让学生参加活动，体验活动中蕴含的道德内涵与价值，最终达到互助的目的。

因此，体验性的活动不求宏观的大，而是具体时间的短，条件简单，易于操作等活动特点。它要求教师设计精心，做到针对性强、学生的参与性大、内容形式新颖有趣、短小精悍。让活动具有启发性、可操作性与体验性，最终让学生能人人参与，产生心灵的体验、情感的感动与认识的感悟。

静待镜"花"开
——自律伴我成长

上海外国语大学松江外国语学校　刘　可

设计背景

2016年9月,教育部发布《中国学生发展核心素养》研究成果。核心素养分为文化基础、自主发展、社会参与3个方面,其中,社会参与素养包括责任担当与实践创新两大素养,"自律"作为责任与担当素养之一,是中学生必须具备的核心素养的重要组成部分,在学生人格的健康发展中起着极其重要的作用。

"未来的学校教育,必须把教育的对象变成自己教育的主体,受教育的人,必须成为教育他自己的人。"联合国教科文组织《学会生存》一书中如是说。苏霍姆林斯基也曾说过:"只有能够激发学生进行自我教育的教育,才是真正的教育。"

通过对所带班级学生在行为规范和学习上的问卷调查,发现他们的自我管理能力较差,不能很好地约束自己的行为,表现在课间吵闹现象严重,学习上大都缺少积极性,自律不够,需要老师和家长经常性督促。本节班会课,从发现问题—分析问题—解决问题这一思路,引导学生明白自律对一个人成长的影响和意义,以及如何在行为和学习上自律。

教育目标

(1) 引导学生了解"自律"在行为规范和学习方面的重要性与积极意义。

(2) 逐步培养学生"自律"的良好品质,了解并运用自我管理的一些方法,提高个人的自主管理能力。

(3) 体验"自律"这一美好的品质与力量,不断内化为行为上的动力。

课前准备

(1) 拍摄学生视频资料,并根据需要进行剪切。

(2) 搜集同学们在学习和生活中存在的不自律问题并做好问卷调查。

(3) 学生查找有关"自律"的名言与故事。

(4) 收集关于"自律"的素材,并制作PPT。

教育过程

一、序幕:照镜子,找问题

通过问卷调查的反馈饼图(饼图就是小标题的镜子),发现同学们身上存在的两个问题:①学习上不够主动;②对着镜子自我鼓励与对话很难坚持。

问题预设如下:

(1) 学习不主动体现在哪些具体事件上?

(2) 为什么自己学习不主动?

(3) 既然对着镜子自我鼓励与对话有用,为什么不坚持去做呢?

(4)那大家觉得我们怎么样才能解决好这两个问题呢?(自律,持之以恒)PPT呈现课题:静待镜"花"开——自律伴我成长。

(设计说明:通过课前的问卷调查,了解学生实际的问题,通过发现问题,让主题更贴近学生,同时,也让学生更能理解本节课的实际意义。)

二、主旋律:细看镜中人,细品镜中事

第一幕:教师引入:最近一位家长在孩子的教育上很烦心,到底是什么事呢?(引出录音:妈妈的苦恼。)

小组讨论:(1)妈妈的苦恼在哪里?
　　　　　(2)给这个孩子支支招让他改进以消除妈妈的苦恼。

(学生积极讨论,提出自己的想法。)

第二幕:小小陪审团:自律是美好的,充满正能量的。无论是我们的学习还是生活中都是离不开它的。下面老师邀请大家成为陪审团的成员,走近校园里发生的一件事。

案例呈现:某一男生下课在玩,另一名同学不小心碰到他,虽然同学给他道歉,但他不接受,很生气,还说话很难听,结果两人产生矛盾,甚至还动起手来。后来,经过老师的批评教育后,他跟同学也道了歉。可在写反思时他这样说道:"谁让他先惹我的,反正我比他有力气,个子也比他大,我得多打他两下,我可不能吃亏……"

陪审团讨论:(1)案例中的男生有没有错?错在哪儿?

(2) 遇到这样的事情,这位男生应该怎么做?

陪审团结案陈词:(由小组长发言,说说通过案例,你学到了什么?)

(设计说明:通过两个具体事例(一个学习,一个生活),引导学生认识到一个人如果缺少自律,会给自己、他人带来不良影响,继而认识到自律的重要性。)

三、升华篇:他山之石,可以攻玉

1. 远处的"大石头"

播放视频:《圣贤对话》

思考:刚才我们欣赏了一段古代两位著名的先贤的对话,大家知道其中的两位主人公是谁吗? 你有何感悟?

(设计说明:通过先贤事例,引发同学们的思考,引导他们进行内省,以及如何反省自己。)

2. 身边的"小石头"

小记者采访视频:《改变——源自自律》。

思考:这是刘同学第一学期和第二学期在学习上的前后对比,相信大家看了以后,都有不一样的体会,看了这个视频,你有何启发?

(设计说明:让孩子们从身边的典型事例中感悟,用心思考并有所启发,进而学习怎么样才能改进自己。)

四、尾声:呼唤心中的自律

结合所读《管好自己就能飞》和学习经历,每位同学给自己摘录或自创一句"自律"座右铭写到下发的书签上,并说一说理由。

(设计说明:通过之前的阅读经历与体会,引导学生写出自己喜欢的话语或自创的座右铭,呼唤心中的自律,真正做到学习和思考、实践相结合。)

五、课 堂 总 结

自律的养成是一个长期的过程。只有不断提高自我管理能力,勇敢面对来自各方面的挑战,抵挡住各种各样的诱惑,才能逐渐养成良好的自律习惯。老师期待同学们在学习的道路上以自律为伴,绽放出属于自己最美丽的花朵。

最后用两句自律名言与同学们共勉。"如若你想征服全世界,你就得征服自己。""征服自己的一切弱点,正是一个人伟大的起始。"

后续拓展

(1)利用学生所写的书签,出一期以"自律"为主题的黑板报,加强班级的文化建设,营造浓郁的自律氛围。

(2)把这次主题班会讨论的情况和代表性的发言制作成班报,并分发给家长,欢迎家长来稿参与讨论,形成教育的合力。

(3)利用十分钟队会或假日小队等形式,鼓励学生交流在自律方面取得的进步,不断激发学生自我管理的信心。

课后反思

主题班会课终于告一段落。从接到通知到上完课,内心是煎熬的,不过,收获是甜蜜的。

这里非常感谢高飞工作室全体伙伴在课前给予的帮助,每个伙伴都出工出力，课前进行研讨，提出自己的设想。尤其是导师高飞老师给予我这次锻炼的机会，他不辞辛劳、耐心指导。第一次试教时由于主题不够明确，教育效果并未达成，只能推倒重来。第二次试教时，由于市区的学生跟郊区的学生有差异，课堂效果还是没有完全呈现。所以，高老师一开始对本次班会课有点担忧，好在后面不断反复修改，不断完善，才不至于出丑。也感谢毛裕介老师百忙之中过来听课指导以及其他过来听课和指导的专家领导。

本堂课基于课前关于学生在行为和学习上的问卷调查，发现两个比较突出的问题，引起学生思考。通过两个反面事例，引导学生明白自律对一个人成长的影响和意义，再通过两个视频启发学生如何进行自律，让学生明确自律的方法，最后让学生自己说一说在自律上如何去做。

整堂课上下来，还有很多细节上需要再加工与处理。但是，通过这堂课，自己有很多的收获与感悟。

1. 过程重于结果

课前查阅大量资料，再整理加工筛选材料，不断磨课，调整思路，甚至于正式上课的当天，教案还在修改中，把自己的思考放进去。柏拉图说："思维是灵魂的自我谈话。"是的，课前准备的过程就是不断思考的过程，通过与自己不断对话，不断改进教学思路，不断追问自己哪里还需调整，真正做到学习与思考相结合。这样一个学习的过程要远远大于这堂课本身。

2. 基于学生问题的设计

2017年4月28日《解放日报》上有一篇报道，说上海教师教学国际调查历经3年，按比例匿名抽取沪上各区县公办民办

199所初中学校的3 925位教师。调查发现,上海教师擅长指导学生"掌握基本知识和基本技能",但培养学生的"自我控制学习"不足。"自我控制策略"的内涵包括但不限于:乐于自主学习的倾向和态度;确定学习计划、选择有效方法。建议指出,应当提升教师指导学生"学会学习"的能力,特别是让学生学会"自我控制学习"和"深度学习"的能力。

面对这样的现状,如何通过班会课让学生真正有所思有所悟有所得,是我一直思考的问题,这也是我在平时的教育教学中一直非常关注的。

好在之前一直特别注重学生在自我管理能力和自主学习能力方面的培养,有很多成效。本节主题课上,通过问题的层层设计,学生在不断思考,积极发言,提出很多有价值的问题,课堂的最后,几个发言的学生说出一些令人意想不到的感悟让听课的老师们大为惊讶。这些都说明,这样一节主题班会课,对学生来说,是有很多收获的。

3. 主题班会课的价值

虽然一节班会课不一定让每一个学生都有很多收获,但是,这一堂课对很多同学来说,影响是深远的。之所以这样有底气地说,是因为到现在还有同学在写作中提到班会课对他们的帮助很大,让他们从原来的不自律慢慢学会了自律。在与同学的交流中,不少同学也提到这一节班会课对他们触动很大,在家里他们会自觉坚持对着镜子练习胆量,坚持经典诵读,已经养成习惯,成为每日必做的一个环节。看到这些孩子真正的改变,我心底里特别欣慰和感动。

当然,本节班会课也有很多需要改进之处,自律的养成需要一个长期的过程。一堂课不可能就解决学生存在的很多问题,以后仍然需要继续努力,不断提高学生自主学习和自我管理的能力。

破壳而出——坚持的力量

上海市金陵中学 方婷婷

设计背景

对于已进入初二年级第二学期的学生来说,正面临着来自各方面的巨大变化与挑战:①身体正在急剧发育,使他们积蓄了大量的能量,容易过度兴奋;②学习上的任务很重,不得不面对激烈的竞争,心理压力普遍比较大;③随着年龄的增长,渴望对外部社会有更多的了解,各种各样的信息纷至沓来,这就使他们要处理的问题越来越多,越来越复杂。而学生的意志力较为薄弱,支配他们的多是事物的新奇性、趣味性和刺激性,当顺利时兴致勃勃,甚至"得意忘形",对未来充满信心;而遭遇挫折时,则情绪沮丧,万念俱灰,放任自流。

在前期开展的"十四岁集体生日"系列活动之一——撰写题为《给父母的一封信》中,学生们纷纷感恩父母多年来的养育之恩及良苦用心,并立志通过好好学习来回报父母,但有不少学生在信中提及自身存在"拖延、懒惰、不够用功"等不良习惯,面对这样的自己,渴望改变,但似乎有点力不从心。

我认为班级中的大部分学生有明确目标:好好学习,有聚焦力(坚持每天或自主或被动地学习);唯独缺乏困难克服时的那一点点坚持、毅力。通过这节主题谈话课,尝试着让学生能够认识自我,发现自己与同学们的改变无处不在;探讨引起这些改变的原因:坚持每天改变一点点;分享当遇到困难挫折时如何去克服它,希望学生能够有一些自己的思考与行动。

教育目标

(1) 通过学生自身的经历、经验的分享,加强学生的自我意识。

(2) 保持已有的学习动力,稳步提高学习能力,迎接初三的到来。

(3) 当遇到困难时,尝试改变自身动力不足、方向不明等情况,让学生能尽快适应越来越紧张的学习生活。

课前准备

(1) 阅读学生们在"十四岁集体生日"活动中撰写题为《给父母的一封信》,发现学生中普遍存在的缺乏坚持与毅力的问题。

(2) 收集关于"坚持、励志"的素材,制作PPT。

教育过程

一、观看PPT,引发话题

(1) 进行一个数字游戏,播放一组PPT,展现一个数学算式的变化式,直观体会到点滴变化的力量。

(2) 通过所观看的PPT,引发话题:破壳而出——源于坚持的力量。

(3) 分享事例:我也曾默默坚持,破壳而出。

二、百家争鸣,深入话题

(1) 学生在前阶段"十四岁集体生日"活动中,撰写题为《给父母的一封信》,分享其中的一些摘句,并做简单的评价与分析。

(2) 观看视频,讨论:哪些要素可以帮助你坚持下去。

(3) 在明确坚持所需的要素,再次深入分析学生的摘句。

三、再接再厉,再上层楼

(1) 向学生介绍21天法则,积累点滴的变化。

(2) 规划未来,制定短期目标。

(3) 教师总结。

四、故事分析,罗列对策(教学实录)

1. 观看视频,讨论

分享视频,介绍故事背景:故事发生在某高中的校橄榄球队,因前几年校级比赛成绩不佳,导致众多优秀队员离开,由新生队员组成的菜鸟球队,本周末将迎来联盟中最强对手的挑战,这是比赛前的一场训练活动。

要求学生带着问题去观看视频内容:在视频中,让你印象最深刻的是那一幕或者哪段对话?

学生:布洛克自己已经非常痛苦,但他仍然坚持着。

学生:布洛克一开始是对自己没有信心完成50码的,最后在他的坚持下,他横跨了整个橄榄球场。

教师:刚才两位同学,不约而同都对影片中的后半段印象深刻,被布洛克和教练之间的对话所感染,也为画面最后的定格而震撼。作为数学老师的我,还关注了影片中所出现的一些数据,我们一起来回顾一下吧。

教师:影片的一开始,教练对全体队员做过一次小惩罚,大家还记得是什么吗?

学生集体回答:死亡爬行10码。

教师:我们从队员们的言行上能够感觉到这个惩罚怎么样吗?

学生集体回答:应该是蛮痛苦的,很累的。

教师:死亡爬行有什么要求吗?

学生三三两两回答:身上要背一个同伴,爬行过程中膝盖不能落地。

教师:对于布洛克的死亡爬行,教练对他是什么要求?

学生集体回答:50码。

教师:布洛克对自己的要求又是什么?

学生集体回答:30码。

教师:最后定格的画面是布洛克爬行完了整个橄榄球场,有没有哪位同学知道这相当于多少码?

学生:100码?

教师:非常接近了,实际是110码,是50码的两倍还多。110码换算到我们熟悉的"米"这个单位,相当于100米。

教师:布洛克不仅爬行了这100米,在整个过程中他还背负着自己的同伴。这个同伴我们看到比布洛克瘦小,在影片其他部分提到,他的体重也有70公斤。布洛克还要身负橄榄球运动的特殊保护装备,这套护甲本身又有5公斤重。而这个比我们稍长一些的布洛克,就是在背负着总共75公斤的情况下,进行着死亡爬行,并且全程膝盖不能着地,四肢着地,一步步爬行了这100米。面对着这一系列的数字,我更被布洛克震惊了!

教师:我根据教练与布洛克的对话频率、姿态、语言,分成了3个阶段。让我们带着问题重温这3段:布洛克的状态如何?教练与他有哪些对话?他们之间发生了哪些姿势变化、语速变化、频率变化?

2. 再次深入分析视频

与学生一起,逐渐完成板书。

第一阶段

教师:在第一阶段,布洛克与教练之间有哪些对话,频率如何,什么姿态?

学生:他们没说什么话。

学生:布洛克问了教练"我到了没有?"。

学生:布洛克还说了"我没有停下来,只是休息一下"。

教师:布洛克一共就说了这两句。那此时教练说了什么?

学生:教练回答他"你不用管现在是不是到了30码"。

教师:布洛克在这个阶段状态如何?

学生:布洛克精力充沛。

学生:一鼓作气。

教师:此时教练又是怎么样的呢?

学生:教练让他不要管结果,继续往前爬。

教师:好的。这个时候的教练,对布洛克是做了小小的修正。

教师:整个这个阶段,布洛克都是轻松的。我们再一起来回顾第二阶段。

第二阶段

学生：布洛克很疲惫。

教师：布洛克比刚才艰难很多，显出了疲态。教练呢？

学生：教练让他坚持下去。

学生：教练在鼓励他。

教师：不知道大家注意到了没有，在这个阶段没有出现爬行的码数。你能从影片中，感受到布洛克现在爬了多少码吗？

学生：肯定超过50码了。

教师：你从哪里感觉到的。

学生：队友。

教师：队友怎么样？

学生：队友们都震惊了。

教师：我们从他的队友身上感觉到他已经超越了自己的目标了。

教师：刚才我们提到布洛克现在是疲惫的。你从哪些地方能感受到他的疲惫？

学生：看到布洛克的手臂在抖动。

学生：布洛克和教练的对话多了。

教师：教练在不断地鼓励布洛克，让他坚持。布洛克有哪些话呢？

学生：他说他很痛。

学生：他说自己已经不行了。

教师：我们想象一下，如果教练现在说，你已经到了50码，会发生什么？

学生：直接趴下了，不爬了。

教师：布洛克已经想要放弃了。还好他不知道自己的成绩。

教师：这个阶段，我们可以怎么命名呢？

学生：疲劳期。

教师：身心俱疲的布洛克还要继续往前爬，让我们一起感受那一幕震撼我们的场景。

第三阶段

教师：我们首先看到了教练已经改变了姿势，是与布洛克一起爬到终点的。

教师：对话频率极高的第三段中，布洛克是什么状态？

学生：极限状态。

教师：你从哪些地方感受到他的极限？

学生：他直接就趴下了。

学生：到达终点后，他都没有自己去拉眼罩，他连拉眼罩的力气都没有了。

学生：布洛克在爬行中不断地大声喊叫。

教师：你觉得布洛克为什么会大声喊叫。

学生：他在自我激励。

教师：你有没有像布洛克那样，大声喊叫，激励自己呢？

学生：有时会的。

教师：你觉得教练在这个阶段怎么样？

学生：让布洛克撑住。

学生：告诉布洛克，还有几步就好了。

教师：有没有注意到教练是从多少步开始鼓励的？

学生：从 20 步开始。

学生：从30步开始鼓励的。

教师：从30步开始,然后……

学生：20步。

学生：10步。

学生：5步。

学生：2步。

教师：在这个过程中,布洛克对教练信任吗?

学生：非常信任。

教师：教练从一开始提的码数要求,到这个阶段提的步数要求,目标变化了,教练把大目标分解成了具体的、力所能及的小目标。

教师：教练除了提到步数,还说了什么?

学生：你要坚持。

学生：你要依靠自己的意志力。

教师：教练非常了解布洛克,不断地在鼓励他。

学生：他的手臂都在抖。

教师：布洛克真的已经到了……

学生：自己的极限了。

教师：我们把这个阶段,称为布洛克的极限期,他也突破了自己的极限。

教师：布洛克一路的坚持,最终让他抵达了110码的终点,这就是坚持的力量(板书:力量)。它不仅使布洛克抵达预设的目标,还突破自己的极限,激发自己的潜能。

教师：当我们遇到困难时,也想有这样一个教练在一旁不断地激励我;可我们往往会身处孤境,需要的是自我的激励,自我

的一些对策。(板书:表1)

表1　布洛克的3个阶段

阶　　段	布洛克—表现	教练—对策
轻松期	自信 斗志	修正
困难期	想要放弃	鼓励 信心 肯定
突破期	达到极限 时时放弃	大目标分解为小目标 意志力

五、感言分享,剖析原因

教师:面对初三紧张的学习生活和中考压力,不免会产生各种各样的问题,并结合"困难与对策",从自身角度尝试突破。

PPT展示,请一位同学朗读:爸爸妈妈,我对你们说:"我也想要成绩提高,我努力了,也尝试着改变我的学习方法,可是我的成绩却还是原地踏步,或许这已经是我的极限了吧……"

教师:结合我们之前的内容,你认为这位同学现在处于"坚持"道路上的哪个阶段?

学生:疲惫期,想要放弃。

教师:这位同学看不到自己成绩的提高,就如同之前所说的鸡蛋,还处于静静孵化的阶段,没有任何改变。同学们给他出出主意,对于疲惫期的这位同学,该怎么办呢?

学生:自我鼓励。

学生:用意志力。

学生:鼓励自己,我一定行的,只要继续努力,一定会提高成绩的!

六、方法助力,关键在"我"

1. 向学生介绍 21 天法则,积累点滴的变化

教师:不断地鼓励自己,激发自己的斗志,这是加强自己的意志力。除了意志力的坚定,我们往往还需要方法的助力,将大目标分解为小目标,我来给大家介绍一种学习方法——21 天法则。

据研究,大脑构筑一条新的神经通道需要 21 天时间。所以,人的行为暗示,经 21 天以上的重复,会形成习惯。习惯的形成大致分两个阶段:

第一阶段:1—7 天,这个阶段你必须不时提醒自己注意改变,并刻意要求自己。因为你一不留意,你的坏情绪、坏毛病就会浮出水面,让你又回到从前。你在提醒自己、要求自己的同时,也许会感到很不自然、很不舒服,然而,这种"不自然、不舒服"是正常的。

第二阶段:7—21 天,经过一周的刻意要求,你已经觉得比较自然、比较舒服了,但你不可大意,一不留神,你的坏情绪、坏毛病还会再来破坏你,让你回到从前。所以,你还要刻意提醒自己,要求自己。

2. 规划未来,制定短期的小目标,互相交流

发放"我的 21 天行动计划",请学生在课堂上制作填写。

利用实物投影仪,交流分享。

学生:行动目标:每天坚持画一幅人体结构(动态)。激励自己的一句话:学好人体构造,才可以画更多。

学生:激励自己的一句话:一定要坚持下去哦,不能放弃!放弃了你就是个懦夫。

学生:行动目标:每天读 5 分钟的英语原版书。激励自己的一句话:永不言败。

3. 教师总结

教师:这节课我们是从一个数学式子开始的,今天我也想用一个数学式子来结尾:$1^{365}=1$,如果这一年我们保持原样,我们还是原来的自己;$1.01^{365}=37.8$,如果这一年我们能够每天进步一点点,那我们将变得非常强大;$0.99^{365}=0.026$,如果这一年我们每天退步一点点,那我们将退步很多!

教师:有位名人曾经说过,鸡蛋从外打破,它仍是个鸡蛋;但如果从内打破,它就是一个生命。今天我们每位同学都为自己设定了一个小小的目标,而这"21 天的行动计划"恰好与鸡蛋的孵化时间相契合,老师期待着同学们的"破壳而出"

课后反思

时光荏苒,转眼间,我已加入高飞名师工作室学习近一年,围绕着"主题谈话课"和"责任担当"这两者的结合,开展一系列的学习实践活动,让我从"主题谈话课"的旁观者,逐渐走近它、尝试它、收获它。

1. 初识主题谈话课

工作室多次邀请了主题谈话课的专家毛裕介老师,做题为《关于主题谈话课想到的两个问题》讲座,让我这个青年班主任走近主题谈话课。主题谈话课首先需要教师自己转变立场,从原有的老师带着知识走进学生,到老师带着学生走进知识,更突出了教师的主导与学生的主体;其次教师需要改进自己的问题设置:将一个个教育意图隐匿起来,运用助产士的问法,引导学生自我生成、选择价值观,这比教师单向的给予、宣传更有效果。

在认识到了主题谈话课是老师与学生在同一平台上的对话,那如何选择能够聊得起来的话题呢？名师工作室的各位老师与我校青年班主任开展的《主题谈话课的话题选择》讨论,进一步拉近了我与主题谈话课。话题要贴合学生的实际问题,让学生有话可说;可以引入多种媒介、技术,如调查问卷、视频、心理游戏等,让学生怀着轻松的心情投入谈话;营造出让学生具有强烈体验的氛围,引发学生共鸣、畅所欲言。

理论的学习是为了更好地实践,在渐渐了解"主题谈话课"之后,我分别参与讨论了"责任担当"的丰富内容,观摩了多位组内学员的课例,这使我更贴近了主题谈话课。老师都从旁观角度切入,让学生能够放松地投入;老师适当的追问,引导学生说出"你想说的";老师放下架子,与学生平等的立场,使老师可以站在学生的立场开展话题。

2. 小试牛刀

经过一系列的学习与观摩后,我尝试着撰写一份主题谈话课的方案。本着"学生存在哪些共性问题,我想要解决学生中的什么问题"的想法,我选择了本次主题谈话课的话题——坚持。也想尝试着这个被老师们反复教育学生的主题,利用主题谈话课的形式,引导学生自己形成、获得,产生更好的效果。

俗话说"看人挑担不吃力",待我自己动手实践时,才让我真正逼近了主题谈话课。在经过了几次的试讲、与多位指导老师的头脑风暴后,让我对主题谈话课有了更深的认识与理解。

主题谈话课的线索聚焦、明确。我的这节主题谈话课从初设的"坚持"这个大主题，逐渐聚焦、落实，形成现在以"个人内在动力在坚持中的重要作用"为主题的谈话课，并结合意志与方法，更易让学生能够自然获得。

主题谈话课的教育目的性需要隐藏。明确、直白的教育目的常常会使学生产生戒备心，达不到预期效果。分析了学生特点后，在与高飞老师的多次磨课中，我们决定纵向挖掘视频信息，最终我将层层剖析励志视频作为本节课的重点，让学生们从旁观者的角度来敞开话题，逐步将自己带入到剧中角色，从而产生共鸣，达到教育目的。

主题谈话课需要教师立场的变化。不是以我为主的说教、宣传，而是站在学生立场的分享、感悟。主题谈话课上的我，已不是高高在上的宣传者，而是教育资源的分享者、学生们的倾听者、谈话内容的引导者。在这个舞台上，学生才是真正的主体，在平等的聊天氛围中，自主选择、自发形成判断力，才能使教育效果更持久。

主题谈话课需要系列化，从多个不同角度切入，成为一个主题活动。如果把这节主题谈话课中的坚持看成"实干"，那今后的主题还可以深入为"如何实干不蛮干""如何实干更要巧干"等，不仅培养学生的踏实刻苦，也关注学生的智慧与创新。

在这有限的学习实践中，我感受到了"倾听与追问、存放与生成、选择与给予、传统与时代"的魅力，更引导我去进一步提高、完善自己。如果说通过这一系列活动使我破壳而出，那对于还是小鸡的我来说，前进的路上还有太多需要学习、成长与磨炼。

洪荒少女的初心

上海市市东中学 周 琦

设计背景

近期正式发布的"中国学生发展核心素养"共分为文化基础、自主发展、社会参与3个方面。其中,自主发展方面的"学会学习"素养具体包括乐学善学、勤于反思、信息意识等基本要点,这也是当前学生比较欠缺的一个方面。同时,学习也是一种对自己成长、对社会发展负责的体现,与学生的责任感密切相关。

目前,初三学生面临着升学压力,出现了不少分化甚至退化的现象。如何自主学习,完成自己的学业,并在中考取得理想的成绩,是每个学生面临的现实问题。一部分学生不能很好适应这种变化,学习处于被动状况。关键时期,应引导学生认识到自身对自己负责、对家庭和社会负责的责任,重新认识学习是学生的首要职责,应全身心投入。

教育目标

(1) 通过探究、交流,认识"坚持"对初三学习的重要性。

(2) 引导学生转变学习态度,学会对自己的学业负责。

课前准备

(1) PPT 制作。

(2) 电子书包准备。

(3) 视频的制作。

教育过程

第一章：洪荒之力

(1) 表情包引出今日主角"傅园慧"。

(2) 傅园慧赛后采访视频播放。

(3) 提问：什么是洪荒之力？

洪荒之力是怎么形成的？（展示中国地震局的解释和小说《花千骨》中的解释。）

傅园慧的洪荒之力又是怎么形成的？（通过百度百科搜索"傅园慧"的资料。）

（播放一段傅园慧的采访）

（设计说明：通过"洪荒之力"引出今天的讨论主题"勤学"。洪荒之力也是自然界长期积累起来的力量，由小力量慢慢磨炼，慢慢积蓄，最终成了强大的洪荒之力。这和我们同学应该具备的治学态度是一样的道理，只有"勤奋学习"才能使自己不断积累，最终爆发出属于自己的"洪荒之力"。）

第二章：黑池之谜

(1) 图示"黑池"：展示"洗砚池"的图片，提问大家可否知道为什么这个池子里的水是黑色的？难道也是洪荒之力所致吗？

(2) 引出王羲之洗砚池的故事。

思考：王羲之的"洪荒之力"是怎么形成的？（勤奋练习，勤

学苦练)

(3)小组讨论:你们现在有没有"洪荒之力"?为什么?怎么样才能拥有自己的洪荒之力?

设计意图:通过古人的成功案例,与前一章节"傅园慧"的故事相得益彰,同时联系学生实际,让学生明白现在大家正处于"勤学积累"的重要时刻。

第三章:指点迷津

(1)观看一段傅园慧的负面报道:在2016年国际泳联短池世界杯北京站比赛中,傅园慧一共报名3项比赛,两项未进决赛,仅获50米自由泳第7名。

思考:现在我们的"洪荒少女"遇到了一点麻烦,她的"洪荒之力"正在减弱,让我们一起来看一看,能不能帮到她呢?

(2)我们的困惑:用电子书包展示一个案例和几个可选项。

情景1:小童成绩中等偏上,人特别聪明,考取高中是他的目标,这次月考不费吹灰之力就取得了好成绩,他觉得已经有能力达到这个目标了。于是他学习态度随便,非常不认真,回家作业经常少做漏做瞎做,甚至于不做。

你对小童有什么看法?

A. 既然小童可以在不做作业的情况下,就取得好成绩,那又何必强求他认真读书呢?

B. 即使自己成绩够好了,但作为学生,做作业是最基本的行为规范,也是本分,作业还是要做的。不做作业五次就违反了校规,是要处分的。

C. 小童对自己的目标定的太低了,按照他的能力,他可以定一个区重点的目标,这样也有利于他将来考上好的大学。

D. 一次考试的成功,也许是前一段时间的努力学习的积累成果,也许是运气特别好,并不能代表一切。学习知识就应该抱有认真勤勉的学习态度,才能把基础打扎实,不能只顾眼前利益。

情景 2:小丁同学英语成绩不好,开学初,他给自己制定了每天背诵 20 个单词,看一篇英文的计划,可是一个月过去了,10 月份的月考,他仍旧是原来的不及格分数,丝毫没有进步。他心里非常沮丧。

A. 说明他并没有学英语的天赋,没开窍,还是把精力放到其他学科上去,总分提高还快一点,就放弃英语吧。

B. 他只坚持了一个月,要想取得好成绩,就要坚持做下去,不断积累,相信一定会有进步的。

C. 他的英语基础比较差,提高起来当然很慢,也许最后也不一定能进步很多,但是相信对他将来的学习一定会有帮助。我鼓励他坚持下去。

小组讨论:(展示投票结果)根据大家刚才的投票结果,请给小童和小丁一些建议。

(3) 成长引领:有请已经毕业的学长,用他的亲身体验来给大家指点迷津。

小结:作为学生任何时候都不能放弃任何一门学科的学业,学习是我们的首要职责所在,遇到问题和困难应该找出原因并设法解决。而且在学习过程中努力做到精益求精,一知半解或忽视基础都是不良的学习习惯和态度。

尾声:回归初心

傅园慧的夺冠报道:北京时间 11 月 18 日,在日本东京举行的2016年亚洲游泳锦标赛中,傅园慧赢得50米仰泳和100米仰泳的冠军,并且她在100米比赛中以59秒70的成绩打破了高畅在2009年创造的赛会纪录59秒96。

不管是站在你们面前真真切切的学长还是电视新闻里傅园慧,还是王羲之大书法家,都告诉我们一个道理:要想成功,就一定要勤奋努力,坚持不懈!

后续拓展

(1) 写一篇周记,谈谈今天班会课的体会,找找自己的初心。

(2) 修改自己的心愿卡,给自己定一个"小目标"。

课后反思

首先,传统教学与信息技术的教学整合有着十分明显的差别,在教学和学习过程中使用现代信息技术,必须使用新的、有效的、适合于教育主题的技术手段,在充分发挥信息技术的优势的同时,要注意使用的方式方法,不能为了使用信息技术而使用,它是我们的教育工具,利用网络的资源优势、交互优势和探索优势等现代教育手段,引导学生在自己探索的过程中主动学习。

其次,主题班会中主题的选择一定是学生现实问题的反映。我们对学生核心素养要有一个全面深入的理解。作为班主任,应有敏锐的洞察能力,聚焦学生关键问题,为学生在十字路口引路,给他们指明方向,让他们少走弯路。同时,我们在实践过程中,需要关注素材的选择和使用,用得合理、用得深入、用得有效。

点评

活：一节课，有限的时间和空间里，通过教师的引导激活学生的思维。马斯洛强调人的多层次需求，实现这些需求的过程往往是艰辛的，但又是幸福的。学生的成长需求有阶段性，符合学生年龄层次需求的教育活动是必要的，也是必须的。而学生在这节班会课中引发的思考和探索，也应该体现出延续性特点。在今后的学习生活中能有所显现。所以说，能够符合学生成长需求的话题，才具有生命力。

新：从小处来说，贴近生活，热点热门的话题往往是学生关注的焦点，所以说，主题班会也需要不断创新。主题谈话式班会课更加体现语言的交互性、启发性和延伸性。所以在选择主题时，要在内容、形式上寻找契合点。其次，学生的责任意识的培养，是老生常谈的话题，而多媒体的介入，新模式的尝试都能给学生一个全新的视角，老树新芽，生生不息。正如读过散文的人都能感受到"形散神聚"的美感，谈话式主题班会课也有异曲同工之妙，生花妙语，润物无声，也正体现了德育无痕化的境界。

实：班会课是开展德育工作的重要抓手，从教育目标来说，一节主题班会课的主题一定是来自生情，班主任对于班级学情的分析越深入，教育目标就越明确。换句话说，开课的背景必定是以学生的实际需求为基础。初中阶段的学生，正处于人生观、价值观形成的重要时期，说得重一点，责任意识强弱关乎其今后人生发展的方向和成败。责任意识化为更加具体的内容,那么今天周老师的"勤学"和"坚持"就真正地实现了"以人为本"的教育初衷。言有尽而意无穷,我相信,每位学生都能在丰富具体的故事中有所体味,有所感悟。

——曹杨二中附属江桥实验中学　崔　宏

不忘初心　聚力前行

上海光明初级中学　张葛颖

设计背景

《中国学生发展核心素养》分为人文素养、自主发展、社会参与3个维度，又细分为6个方面和18个基本点，其中，责任担当属于社会参与板块。责任担当中的社会责任层面，明确中学生应具有主动作为，履职尽责，对自我和他人负责的素养。

在前一阶段的学习中，学生初步学习和践行自我管理的若干方法，但未能认识到自我责任与集体责任之间的关系，同学们的自我责任落实程度也有待进一步提高。班级也还存在着一些问题：部分班干部自身作用和岗位意识有待加强、履职方法和能力有待提升；班级同学主动承担班级事务能动性有所下降。因此，如何引导学生在落实自我管理的基础上，增强对集体负责的意识；明确对自己负责与对集体负责两者之间的关系；找到可行的承担集体责任的途径，是本次教育活动的重点。

教育目标

知识目标：帮助学生明确自己在班中应该承担的自我管理

责任以及岗位责任。

行为目标：通过自评和互评，帮助学生干部反思岗位责任的落实情况；鼓励班级同学给出改进责任落实的可行方法，提高班干部履职能力。通过榜样引领，引导学生学习如何做到自我管理，促使学生明白自我管理就是对自己和班集体负责，自觉践行对班集体的责任意识。

情感目标：培养和强化学生的责任意识，体验自我管理和对集体负责的魅力，加深对班级管理的参与意识，激发学生奉献精神，促进和谐班集体建设。

课前准备

（1）班级开展班干部职能大讨论。

（2）班主任号召同学们建设教室绿色角；招募绿色管理员。

（3）班主任查找相关所需材料、制作PPT。

教育过程

一、导　　入

回顾当初的誓言。班干部和普通队员的誓言：一条杠杠、一份责任。

（设计说明：回忆任职宣言，回顾当时的初心。）

二、一条杠杠　一份责任

1. 岗位责任自评与互评

活动内容：岗位责任人履职能力自评，班级同学对班干部的履职情况评价。

（设计说明：通过阶段自评和互评，引导岗位责任人对自身工作进行小结、反思工作中的不足或提出管理过程中的困惑。）

2. 大家来支招

活动内容：班级同学一起为班级工作中的难题出谋划策

（设计说明：通过头脑风暴形式，帮助岗位责任人找到可行的解决方法。帮助他们提高履职能力。出谋划策的过程，也是同学们关心集体，履行对他人、对集体的责任。）

三、集体事务　人人有责

1. 班级案例呈现

（1）课代表提前提醒同学准备下节课的书，同学三三两两地不予配合。

（2）作业本在讲台上放了一天却无人问津。

（设计说明：通过师生谈话形式呈现班级中的问题，通过讨论，帮助班级同学明确：班集体发展的关键在于每个人对自身管理责任的履行，即只要做好自我管理，就是履行了自己在班中的责任；以及对集体的关心，即每位同学都应该尽到对集体的责任。）

2. 诉说我的故事

活动内容：班级同学分享成功自我管理事例（自修课上，课间，拓展课上，班级工作中）

（设计说明：通过学生们自我管理经历的讲述，进行正面导行，告诉其他同学遇到类似问题应该怎么做，引导学生学习他人的经验。）

3. 绿色角创建纪实

活动内容：绿色管理员谈谈绿色角的创建过程

（设计说明：通过对绿色角创建过程以及照顾过程的回顾，帮助学生体验承担集体责任的暖心力量。）

四、不忘初心　聚力前行

小结：学会自我管理、发挥榜样示范作用、协作配合、积极思考、时刻关心集体、主动承担班级事务，就是履行了所肩负的集体责任。

后续拓展

（1）岗位责任员做好职能规划，期末进行阶段性小结。

（2）班级同学进一步从学会自爱、学会自制、善于规划三个方面入手，提高自我管理能力，配合岗位责任人做好班级管理，推动和谐集体建设。

课后反思

本课以责任担当为抓手，引导学生在落实自我管理的基础上，增强对集体负责的意识；明确对自己负责与对集体负责两者之间的关系；找到可行的承担集体责任的途径，是本次教育活动的重点。

本课分为两个板块。第一板块为提升岗位责任人的责任意识，提高落实责任的方法。通过岗位责任人的阶段自评和同学互评，引导他们对自身工作进行小结、反思工作中的不足、提出管理过程中的困惑；通过头脑风暴形式，帮助岗位责任人找到可行的解决方法，帮助他们提高履职能力，这个过程同时也是同学们关心集体，履行对他人、对集体的责任。第二板块从班中所存在的问题出发，通过讨论，帮助班级同学明确：班集体发展的关键在于每个人对自身管理责任的履行以及对集体的关心。通过学生们自我管理经历的讲述，进行正面导行，告诉其他同学遇到类似问题应该怎么做，引导学生学习他人的经验。以回顾绿色角的创建及维护过程为正面引导，帮助学生体验承担集体责任的暖心力量。

整个教育过程运用助产式的设问方式，让学生说出自己真实的内心想法、让学生有话可说。教师与学生的问答互动自然流畅，基本达到教育目标。

本课的课程容量比较大。各个环节在有限的时间中，没有把环节之前的内在联系很好地呈现。

让关爱充满尊重的温暖

上海市曹杨二中附属江桥实验中学　崔　宏

设计背景

班级里开展小组合作学习,每位组员都有自己结对的同学,学习能力强的帮助有需要的同学,结成对子,一段时间后考查学习效果,进步的奖励……

小月的英语一直是自己的弱项,她试过很多方法,但效果都不佳。这次她分到了佳佳的小组,佳佳是班级英语成绩最好的,又是班长,她主动要求和小月结成对子,帮助小月提高英语成绩。小月本来是满心欢喜,可是热心的佳佳却当着全组同学的面给小月来了个约法三章,还提出了学习目标。小月的脸红红的,她感觉大家都在盯着自己,那一个个鲜红的英语分数好像都在嘲笑自己一样。看着面带微笑、侃侃而谈的佳佳,小月生气地转身走开了……

为了帮助小月,佳佳付出了时间和耐心,却没能赢得小月的感谢,反而让两个人产生了嫌隙,佳佳不懂这是为什么？针对佳佳和小月的事,班级里展开了讨论。大家都觉得佳佳是一片好心,但也感觉小月的确很伤心,两个人都没错,只是互相帮助的时候,佳佳没有注意方式方法,让自己"爽快"的话语伤到了小月的自尊心。于是,大家决定召开一次"做友爱善良的好心人,更要懂得尊重他人"的主题班会。

教育目标

(1) 关爱他人的同时,更懂得尊重他人;做好心人,更要做个细心人。

(2) 掌握待人接物的基本原则,学会友善待人又能尊重他人。

教育过程

一、活动准备(简列)

(1) 了解本次班会课的背景(阅读一篇特殊的周记)。

(2) 各小组对此展开前期讨论(感想、办法)。

(3) 与家人交流这篇特殊的周记。

(4) 搜集社会、校园好心人的事迹、故事。

(5) 排演情景剧

(6) 整理展示课件

(7) 设计许愿树

(8) 设计倡议书

(9) 邀请参加班会的家长,原则上是每个小组一位。

二、情 景 再 现

由5位同学饰演。

三、谈谈感想

各小组交流情景再现的感受。

四、讨论交流

(一) 精灵果小组——老师、同学们,我想对你们说

观点:友善待人、关爱他人是中华民族的传统美德,无论如何我们都应该学会关心身边的同学、老师,让他们感受到集体的温暖。

(分享明星的慈善行动、寻找身边友善待人的好榜样、说说学校为广大学生默默做的助学活动等)

(二) 精灵海小组——佳佳同学,我想对你说

观点:帮助他人是好事,但是要把握好分寸,注意场合,言语适当。

(要拥有快乐,就要与自信、勇气、宽容成为好朋友,拥有这些,才是尊重自己,也一定会赢得他人的尊重。)

(三) 精灵雪小组——小月,我想对你说

观点:学习和生活中遇到困难,我们需要他人的帮助,善意的帮助,我们要调整心态,恰当沟通,并且心怀感恩。

(班委代表发言,并由班长带领全体班委承诺:公平公正地对待每个人、每件事,严于律己、真诚待人,关爱和尊重每位同学。)

(四) 精灵月小组——孩子们,爸爸妈妈想对你们说

观点:培养自己宽阔的胸怀,开朗的性格,建立和谐的人际关系。家长从家庭教育的角度提出建议。

（倾听家长的留言，学会正确的沟通方式；倾听老师的指导，找到生活中倾诉的朋友）

五、悄悄话、心愿卡

（1）班主任寄语（对学生的表现给予肯定，同时重申本节班会课的目的和意义，鼓励学生做尊重他人的友爱善良的好心人、细心人）

（2）邀请小月和佳佳，说说自己的看法，是否能从大家的建议中获得帮助，重归于好。

（3）填写心愿卡，布置许愿树。

学生们把自己生活中或是学习上的心愿写在心愿卡上（写好心愿和自己的名字），看到各种卡上写着的各种心愿，可以在上面悄悄地留言，或是悄悄地帮助他实现心愿。让"关爱"变得更加友善、温馨。

后续拓展

学生能从本次班会课中明白关爱他人，应该懂得尊重他人，做友爱善良的好心人，只有方法得当，才算是好事一桩。

向全校同学宣传这次班会课的思考结果，发起倡议：做尊重他人的友爱善良的好心人、细心人。

教学反思

牢记社会主义核心价值观，培养学生的责任意识，在初中的起始年级，更要着重关注学生的待人接物、思维方式等。在人际交往这方面，学生时常有苦恼，我从班级的实际情况出发，结合学校德育工作的重点和学期计划，开展了这次以"友爱善良"为主题的班会课,下面从 3 个方面来讲述这节班会课的设计和开展过程。

一、班会课的背景

为深入贯彻和践行社会主义核心价值观,我们学校组织开展了一系列活动,在分年级教育目标的框架下,六年级开展以"做友爱善良的好心人"为主题的活动。对于六年级的学生而言,他们单纯而真诚,心地善良,乐于助人,怎样才能让他们既参与活动,提高意识,又能有所收获,我和学生们开始了认认真真的思考。我的想法是,学生们都知道"友爱善良"是中华民族的传统美德,在日常的学习和生活中,也能够做到友善待人、乐于助人,所以,这节班会课的前提是:肯定学生具有这样优秀的品质,接下来,就是让学生们通过观察,发现问题,让友善更加具有人性美,能释放真正的正能量。

二、抓住教育的契机

课前的情景剧,经过了一定的加工和改编,但是故事的原型基本体现了出来。是一位学生在小组合作学习中感受到了巨大的压力和困惑,虽然她也知道同学的态度没有恶意,但心里却始终无法释怀。做好心人,却往往起不到好的效果,这就不是出发点的问题,而是方式方法的问题。于是,我把这个案例和学生们一起分享,也让学生们回家和家长交流。学生们的想法很多,也从中感悟到了很多,家长们对这个问题,也有自己的看法,在我们前期多次交流讨论的基础上,确定了这节班会课的形式,以小组为单位,把比较集中的 4 个解决方案展示给大家,同时,从坚定"做友爱善良的好心人"的信念,到提高自我心理调适能力,再有班干部的仪式教育,最后以集体许愿的形式落实这节班会课的教育成果。

我想,班主任总能在平时发现一些小问题,而这些看似不起眼的小问题,往往就是一个个难得的教育契机。开展班会课,不宜把话题放得太大,太高,只有贴近学生的生活,才是真正的有意义。

三、注重细节

从学校组织活动开始,从年级层面到班级层面,有很丰富的内容,一项项开展起来,学生的积极性很高,但如果只是一时的热情,那么活动结束后效果就会打折扣。号召学生做友爱善良的好心人,更要指导学生做细心人。

细心观察学生,了解学生的真实想法和需求,每一个主题均来自学生,来自教育的价值和意义。这样的活动,学生具有更高的参与意识、会用心地思考,效果也会更加明显。

我认为,开展班会课,几十分钟的时间,呈现的是前期充分的准备,很多时候,教育的效果不仅仅体现在课堂上,更多的是融合在准备的过程中。做一个细心的班主任,才能走进学生的心里。

点评

"友善"是中华民族的传统美德,是为人的基本道德准则,做一个友善的人,是我们教育的目标,也是重要内容之一。牢记社会主义核心价值观,立足于校本分年级班级活动,遵从学生成长发展的需求,这一节"做友爱善良的好心人"主题班会做了很好的诠释。"待人友善"的道理,每一位学生都懂得,但在日常生活中,究竟该怎样与人相处,怎么做才是真正意义上的"友善"?崔老师和学生们一起探讨"友善待人,还要尊重他人"的话题,组织学生充分地交流想法,既有生生活动,也有学生与家长的互动,更有老师的指点,学生获得信息的渠道拓宽了,视野变得开阔,思维也更加活跃。形式上,4个小组从不同角度、用不同形式展示各自研讨的结果:有身边的榜样、名人效应,有仪式教育和责任教育,还有"知心话"与"许愿树"的独特设计。整节课,学生荡漾在友善的暖波里,重新审视身边的同学、老师和家人,对"友善"有了更深层次的理解。但愿学生能保持这份纯心,永远做一个友善待人的好心人。

第六章 研究报告

聚焦核心素养"责任担当",提升初中班级活动育人成效的案例研究

一、研究计划的执行情况

(一) 研究目标

(1) 加强课题组(班主任工作室)全体成员对学生核心素养的认识,针对当前学生严重缺乏"责任担当"的实际问题,关注初中阶段学生的全面成长。

(2) 在活动设计与实践的过程中,逐步探索符合初中学生身心发展特点的责任教育,有层次、有重点地提升学生责任意识。

(3) 通过活动,反思班主任在日常教育过程中的不足,提炼成功经验,为其他班主任提供可供借鉴的责任教育范例,共同提高初中生"责任担当"教育成效。

(二) 研究内容

1. 上海市初级中学班级活动育人现状调查

问卷的主要内容包括学校的基本情况、班主任的基本情况

（职称、最终学历、担任班主任的时间、所获荣誉及成果等）、班级开展活动育人的基本情况（频率、主题的确定、活动的组织开展、教师和学生的评价等）、德育主管部门的评价等。

2. 上海市初中活动育人中存在的问题与影响因素分析

现状调查的结果，主要分析班主任在开展班级教育活动过程中存在的问题，如主题选择的随意性、活动组织的简单化、班主任过强的操控等。对于影响因素进行分类归纳，明确需研究改进的方面。

3. 学生核心素养"责任担当"

研读相关文件、报告，通过学习及专家讲座，深入理解核心素养各要点的内涵。对"责任担当"做进一步理论解读，结合上海市"民族精神教育纲要"的相关要求，明确初中阶段各年级的教育重点。

4. 班级活动育人的有效操作

班级活动是班主任建设班集体、促进学生健康成长的必不可少的教育载体。在前期梳理问题、归纳难点的基础上，开展教育实践活动。班主任聚焦"责任担当"，结合自己任教班级的实际情况，开展能发挥学生主体作用、活动内容形式新颖、促进学生人格发展的有效班级教育活动。

5. 班级活动育人评价体系

在实践过程中，积累经验，探索对班级活动的有效性进行合理的评价，不断提升围绕"责任担当"开展的各类活动的成效。在满足学生成长需求的同时，促进班主任自身育德能力和专业化程度的提升。

(三) 研究方法与步骤

1. 第一阶段

第一阶段为项目启动阶段，运用文献研究法对相关文献和现有研究成果进行归纳、分析，明确核心素养中"责任担当"在促进学生全面发展中的重要意义，为本课题提供研究基础和依据。运用调查研究法，在上海多个区县进行了问卷调查，面向初中学生、家长和在职班主任，了解当前学校教育中责任意识培养的现状，从而制订研究计划，并结合理论研究与专家指导，进一步完善了研究方案。

2. 第二阶段

第二阶段是项目的实践阶段，在这个过程中，运用行动研究法，先后完成了3项任务：对班主任们进行了聚焦"责任担当"教育的培训，提高基层班主任对这个研究重点的理解与认识；结合班级实际情况，开展了具体有效的活动设计与实施，形成了一批有研究价值的教案与课例；探讨了初中开展责任教育的重点与难点，初步形成了各年段的教育重点，梳理出提升活动育人实效的经验。

二、研究重点、难点、亮点

(一) 项目研究重点与难点

(1) 通过本项目研究，加强工作室全体成员对学生核心素养尤其是"责任担当"的理解，提升对责任教育重要性和必要性的认识，培养一批专业素养高、精于活动育人的班主任队伍，是本项目的研究重点和需要突破的难点之一。

(2) 通过本项目研究，逐步明确初中阶段对学生开展"责任担当"教育的侧重点,寻找活动实效不断提升的关键点,从而在活动形式、活动成效等方面形成可供基层班主任老师学习、借鉴的经验,这是本项目的另一研究重点和难点。

(二)项目研究亮点

(1)开展本课题研究,能紧密结合中国学生核心素养,通过对其中"责任担当"的深入解读,明确初中不同年段学生的培养重点,形成符合学生认知特点和心理成长规律的教育目标。

(2)在课题研究过程中,通过学生情况分析、活动主题确定、活动方案设计、活动组织实施等环节进行深入调查研究、精心设计,通过案例研究创新"责任担当"主题活动形式,探究提升活动品质、育人成效的原则、方法与实施途径,形成其他班主任可借鉴的经验。

(3)通过本项目研究,能帮助班主任们积累更多的核心素养"责任担当"教育资源与案例。通过新媒体的运用,如微信公众号、博客、视频、APP等,传播具有强大生命力的优秀素养,通过适切的、现代化的教育途径,把正能量传递给学生。

(三)研究主要观点

1. 核心概念

(1)核心素养。2014年3月,"核心素养"一词,首次出现在国家文件中。在教育部印发的《关于全面深化课程改革落实立德树人根本任务的意见》中,"核心素养"被置于深化课程改革、落实立德树人目标的基础地位。"核心素养"指学生应具备的适应终身发展和社会发展需要的必备品格和关键能力,突出强调个人修养、社会关爱、家国情怀,更加注重自主发展、合作参与、创新实践。中国学生发展核心素养,以科学性、时代性和民族性为基本原则,以培养"全面发展的人"为核心,分为文化基础、自主发展、社会参与3个方面。综合表现为人文底蕴、科学精神、学会学习、健康生活、责任担当、实践创新六大素养,具体细化为国家认同等18个基本要点。

(2)责任担当。"责任担当"主要是学生在处理与社会、国家、国际等关系方面所形成的情感态度、价值取向和行为方式。具体包括社会责任、国家认同、国际理解等基本要点。

(3)活动育人。"活动育人",就是让学生成为活动的主体,通过开展丰富多彩的、震撼学生心灵的班级活动,发掘学生的生命活力,让学生在活动中感受学习和生活的乐趣,体验生命的价值,让活动成为我们对学生进行潜移默化教育的主阵地。

2. "责任担当"案例研究的产生与途径

习总书记用日常生活中"扣扣子"的比喻,形象地说明了走好人生第一步、引导学生从青少年时期树立正确理想信念的重要意义。班级是学生日常学习生活的最重要场所,开展班级活动是落实教育目标、凝聚班级人心、形成班级特色的主要途径,但现在很多班级活动沦为就事论事或应付任务,活动的组织规划、特色凸显、教育延伸等方面思考不够,活动育人的成效不显著。初中学生的个体意识在青春期阶段发展显著,初中阶段也是培养学生独立人格和责任意识的关键时段。但目前的情况不容乐观,很多学生享受了家庭无微不至的关爱,养成了骄纵的习气,不知道自己肩负的责任和成长的意义,导致玩物丧志、兴趣偏离正常轨道。有鉴于此,本课题聚焦于学生核心素养之"责任担当",研究适合初中学生的有特点、上品质的班级活动。

责任教育是活动育人的目标,活动育人是责任教育的途径,两者需要有机结合,不断创新和实践,方能找到规律、提升教育实效。因此,通过学习提升班主任对责任意识的认识,转变教育观念;通过精心设计凸显学生主体作用的各种类型的班级主题教育活动、少先队活动、社会实践活动,引导学生提升责任感,并能以积极乐观的态度规划自己的初中生活,真正肩负起自己的个人责任、集体责任和社会责任。通过丰富的活动,师生在此过程中,共同成长,互相促进。教师更好地融入学生的生活,思考教育的新方法、提炼新经验,对于班主任教师自身的成长也具有重要意义。

三、研究成果及突破

1. 加强了对学生核心素养之"责任担当"的理解

随着现代社会的不断发展进步,社会竞争日趋激烈,对人才的综合素质要求越来越高。与此同时,基础教育课程改革中明确提出了新课程的培养目标,即要培养学生具有爱国主义、集体主义精神,热爱社会主义、继承和发扬中华民族的优秀传统和革命传统,具有社会主义民主法制意识,遵守国家法律和社会公德,具有社会责任感。可见培养责任感已经引起国家的重视。从学生的健康成长来看,当前的家庭给予了学生过多的关爱和呵护,学业成为家庭和学生全力以赴的焦点,学生的责任意识被忽视,导致学生的个性得不到全面发展,很多班主任老师也忽视了这一块教育内容。

在课题研究过程中,工作室全体成员积极投入课题研究,对核心素养及其中的责任担当进行了深入的学习和探究,反思自己在原来的班级工作中的不足之处。通过学习,大家逐步转变教育观念,树立起帮助学生健全人格、全面发展的信念,从而为设计有效的班级活动、凸显学生主体作用打下坚实的基础。

2. 增强了课题组成员的科研意识,明确工作室"责任担当"项目研究的重点与方向

为了推进课题研究,前期课题组邀请了黄浦区教育学院副院长李峻老师,为课题组做《一线教师如何开展德育科研》的辅导报告,帮助大家走进德育科研。邀请德育专家毛裕介老师,指导课题组成员开展问卷设计的专题指导。毛老师了解了课题申报的情况和主要研究方向,对如何逐步推进、如何申报子课题进行了详细的指导。会后,课题组成员都撰写了总课题下的自己研究的子课题,找到自己的研究方向,进行德育科研的初步尝试。后续请市师资培训中心英配昌博士担任课题组专家指导,就大家设计的问卷进行个别化指导,培训后分组修改,并利用问卷星进行网上调研。课题组成员在所在学校和区域周边学校开展问卷调查,通过二维码进行网上调研。涉及近 20 所初中学校,分布于上海 6 个区,有公办和民办、市区和偏远区等不同类型,较有代表性。

通过调研,我们发现,目前的初中学生确实存在自我意识浓重、个人责任淡化的问题。很多学生平时以自我为中心,过多考虑自己,只求权利,不尽义务,对他人要求高,对自己要求低;服务和奉献精神不足,公德、纪律意识低下,角色责任弱化。同时,个人责任与社会责任错位。责任感是人们所体验自己对社会或他人所负的道德责任感情,部分学生对社会缺乏责任意识,不能把社会责任和个人责任统一起来,这种缺乏社会责任的意识,过分强调自我的人格缺陷,导致青少年学生责任意识的狭隘,摆不

正个人与社会之间的关系。个人自扫门前雪,不积极参加集体活动,对人对事都比较冷淡,自私自利。当二者发生利益冲突时,更多的强调自我需要,忽略甚至抛弃社会责任,表现出个人责任和社会责任的严重错位。

调研结果充分说明了,对学生进行责任担当教育的紧迫性和必要性。课题组根据这个结果,着力于提升班主任实施责任教育的意识和能力,着力于提升活动育人的实效,努力改变当前学生责任教育的不足,促进学生人格全面发展。

3. 确定"责任担当"的初中实践重点,设计相关活动

课题组进行了"责任担当"教育内涵的研究,邀请了上海市德育专家黄静华、张小敏、毛裕介、洪耀伟、英配昌等,定期与成员进行集体备课,研究"责任担当"教育活动的具体实践操作方案。在专家的指导下,课题组成员分小组进行活动设计并在实践中进行检验和反思。

在实践过程中,结合初中各年段学生的身心发展特点和原有认知基础,课题组确立了初中分年级"责任担当"教育的目标分解,见表1。

表1 初中分年级"责任担当"教育的目标分解

	个人责任	社会责任	国家认同	环保责任
六年级	孝悌风范		热爱家乡	
七年级	立志勤学	岗位锻炼	传统文化	认识环境
八年级	修身冶情	集体荣誉	文化交流	爱护环境
九年级		文明友善	爱国奉献	建设环境

4. 构建了以人为本的"责任担当"实践框架与途径

通过课题研究,构建了以人为本的"责任担当"实践框架与

落实途径(见图1)。从内外两个途径对学生个体发挥正向影响,内外统合、互相影响和促进。

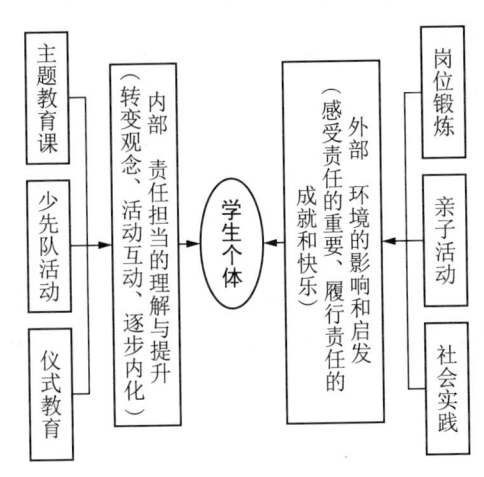

图1 以人为本的"责任担当"实践框架

(1) 内部。通过主题教育课、少先队活动课、仪式教育等活动,利用课堂主渠道,在课堂互动中,引导学生理解责任担当的内涵;设计各种小组活动,师生、生生互动,在体验的过程中,深化学生的理解并鼓励学生在思想和行为上进一步提升责任感,内化为自己的自觉行为。

(2) 外部。通过开展岗位锻炼、亲子活动、社会实践,带领学生进入集体和社会生活真实场景,通过外部环境的影响和启发,使学生的所思所感能够在社会生活中得到印证。在活动过程中带领学生感受责任的重要、履行责任的成就和快乐,形成正向的个人价值观,最终内化为自身的品格,从外部帮助学生体验、思考和成长。

在课题推进过程中,项目组成员紧密结合各自学校和班级的特点,开展了类型不同的活动,落实分年级的教育重点。

在个人责任方面,以主题教育课、少先队活动课为主要形式,先后开展了《责任,让我成长》《静待镜花开》《志不强者智不达——目标引领发展》等研究课。在集体责任方面,开展了"微岗锻炼""寻找责任心,培养责任感"中队主题活动。在社会责任方面,立足于走进社会,以实践活动为主,开展了典型活动案例研讨,如《节能,从我做起》,组织学生参观上海科学节能展示馆,引导学生认识到能源的重要性与能源的不可再生性,认识到节能环保,人人有责,节能环保,从我做起,培养学生的社会责任感。在国家认同方面,坚持继承中华优秀传统文化,培养学生的一颗中国心。如结合光明初级中学的法语特色,开展了法语小导游志愿者活动,既展示了中国人民的热情,服务中外游客,不断增强民族自豪感,加强文化交流。还有的另辟蹊径,以"决胜舌尖"为题,以饮食文化为主线,贯穿了初中4年的责任教育,以轻松有趣的饮食文化为载体,培养学生的家庭责任和社会责任,取得了很好效果。

通过活动设计与实践,大家一致认为,要上好此类课,需要注意以下几点。

(1)要充分理解和关注初中学生的年龄特点,把教育主题情景化,创设具体的、学生身边的教育情境,把大道理变成小道理,把深道理变成浅显的道理,把远离学生实际的变成学生身边的、熟悉的,从而提高教育效果。

(2)注重体验。只有在体验的基础上,学生才能产生思想碰撞,进而思考、求变。在活动中,班主任不要急于把结论告诉学生，而要充分利用课堂上和校外的各种活动资源，使学生获得情感上的充分体验，开展学生的自我教育。并设置两难问题，使学生在两难选择中进一步思考，从而在正确选择的基础上发生行为改变。

（3）调动多方力量，开展协同教育。教育是一个有机的生态环境，学生责任担当的意识和行为，不可能停留在纸上谈兵的阶段，必须把学校、家庭、社区各种教育资源加以整合，为学生的成长创造更有利的条件。

通过活动实践后的调查结果表明，学生对各项活动评价总体较好，在思想上和行为上均有不同程度的正向改变。家长也在活动中逐渐改变"只要读好书，其他都不用管"的片面教育观，更加重视学生的全面发展。同时，班主任得到了学生们的认同和喜爱，他们的专业成长有了显著的变化。班主任的眼光更加柔和，对学生发自内心的尊重、关爱和鼓励，他们的育人智慧吸引着学生和家长一起参与到责任教育中来，班级的生态环境和家庭的生活环境质量产生了积极的变化。

四、成果的应用价值

《培育初中学生责任意识的实践研究》项目的开展，对于学生核心素养的认识与提升做出了积极的探索和实践。从个体自学到专家指导，从调研了解学生责任意识的现状和发展需求，通过培训树立正确的理念，转变基层班主任的态度，掌握组织实施"责任担当"教育的方法和技能。在活动实施过程中，以社会主义核心价值观为价值引导，聚焦学生当前最为缺乏的核心素养之一—"责任担当"，启发学生认识责任、锻炼意志品质，勇于承担责任、践行责任,并在此过程中体验成长的快乐。学生在班主任的带领下,做好自我分析,规划初中发展目标,视野不断扩大,从家庭、班级、校园、到社区、社会,做到课内与课外结合、理论与实践结合,在活动育人的过程中成长,责任意识与实践能力不断增强,为人生发展奠定良好的思想基础。

在研究过程中,课题组充分利用工作室学员所在学校的资源,开展多场区域联动活动,共同探讨学生责任教育开展的方法和途径,不断提升活动育人的成效。课题组在百年老校——上海市市东中学,就主题班会在学生核心素养培养中的适切性进行了学习和研讨。在松江区上外松外学校举行了"主题班会中提高学生'责任担当'意识的实践研究"项目推进活动。两堂课都源于班情,并且是班级中存在的"责任感"缺失问题,这样的活动有根基、接地气,也就展现出真实、有效的特点。在黄浦区光明初级中学,与黄浦区班主任团队、杨浦区班主任工作坊联合研讨,推广经验。本项目的研究成果将对初中学校开展"责任担当"教育具有很好的借鉴意义,为基层班主任提供了鲜活的、可供借鉴的范例。

五、下阶段研究展望

1. 对学生核心素养之"责任担当"的年级教育目标进行进一步思考和完善

由于项目研究时间有限,目前针对"责任担当"进行了横向的分解和相对应的活动设计研究,六至九年级分别针对责任的一个或多个方面进行研究。但是,这4个方面不是可以横向截然分开的,它们在纵向上有内在的联系。同一主题在不同的年级、依据学生不同的身心发展水平,可以有不同的教育侧重点和不同的深度。下阶段将在主题的深化和纵向教育目标设定上进一步探究和修改,更好地实现研究的目标。

2. 深化"责任担当"教育班主任队伍的专业发展

在活动育人中提升初中"责任担当"教育的实效,离不开一支理念新、能力强、善反思的专业班主任队伍。课题组成员在研究期间,自身的研究能力和教育能力在原有基础上得到了较大提升,成为助力身边班主任成长的资源。"责任担当"是一个长期的教育过程,因此,后期在深入研究的同时,可以充分发挥辐射引领的"种子"作用,带动本校、学区、全区的班主任队伍建设,提升专业化发展水平。

参考文献

[1] 初中学生"责任担当"核心素养的现状调查报告(班主任问卷)."培育初中学生责任意识的实践研究"项目组.2017

[2] 初中学生"责任担当"核心素养的现状调查报告(家长问卷)."培育初中学生责任意识的实践研究"项目组.2017

[3] 初中学生"责任担当"核心素养的现状调查报告(学生问卷)."培育初中学生责任意识的实践研究"项目组.2017

[4] 林崇德.中国学生核心素养研究[J].心理与行为研究,2017,15(02):145—154.

[5] 张晶晶.中国学生发展核心素养趋势下教师素养问题探析[J].生活教育,2017(10):42—45.

[6] 钟志农.《班主任心育活动设计丛书:班主任心育活动设计36例(初中卷)》.教育科学出版社.2012

[7] 杨连山.《班级活动创新与问题应对》.西南师范大学出版社.2017